“十二五”职业教育国家规划教材
经全国职业教育教材审定委员会审定

市场营销实务
（中职部分）

（第2版）

主编　杜明汉

中国财经出版传媒集团
中国财政经济出版社

图书在版编目（CIP）数据

市场营销实务．中职部分/杜明汉主编．--2版．--北京：中国财政经济出版社，2020.4（2021.12重印）
“十二五”职业教育国家规划教材
ISBN 978-7-5095-9653-1

Ⅰ.①市… Ⅱ.①杜… Ⅲ.①市场营销学-中等专业学校-教材 Ⅳ.①F713.50

中国版本图书馆CIP数据核字（2020）第031662号

责任编辑：康　苗　　　　责任校对：张　凡
封面设计：华乐功

中国财政经济出版社 出版
URL：http：//www.cfeph.cn
E-mail：cfeph@cfeph.cn

社址：北京市海淀区阜成路甲28号　邮政编码：100142
营销中心电话：010-88191537
北京中兴印刷有限公司印刷　各地新华书店经销
787×1092毫米　16开　15印张　353 000字
2020年5月第2版　2021年12月北京第3次印刷
定价：36.00元
ISBN 978-7-5095-9653-1
（图书出现印装问题，本社负责调换）
本社质量投诉电话：010-88190744
打击盗版举报热线：010-88191661　QQ：2242791300

前言

《市场营销实务（中职部分）》是基于中职市场营销专业培养目标，立足商品流通企业销售服务人员工作实践，围绕素质、知识、技能教育的要求，系统介绍了市场营销的基本内容，系统地设计了素质和技能训练项目，突出了实用性、职业性和实践性的特点，兼顾了中高职衔接的要求。本教材主要是为中职市场营销专业编写的。

本教材在内容和展示方式上有以下特点：

第一，在内容上紧密结合商贸企业市场营销活动实际，选取了商贸流通企业营销活动中最基本的实用知识进行学习。

第二，在内容结构上，根据市场营销知识的内容，设计了 9 个项目、29 个任务。每个任务的学习内容又按照“任务学习目标”“任务描述”“任务学习”“案例分析”“拓展学习”5 个方面进行设计，突出了可操作性。任务学习目标，告诉学生本任务要学习的主要知识、要培养的主要能力和职业素质；任务描述，主要说明学习本任务的价值和意义；任务学习，主要介绍本任务具体学习的知识和技巧；案例分析，是为了加深对本任务重点知识的理解，选取相关案例，依据问题，设计学生个人、学习小组、全班展示、老师点评等讨论分析环节，进行问题探究和小组活动，帮助学生巩固学习的内容，培养同学们理解问题、分析问题的能力；拓展学习，包括拓展学习内容和要求，目的是通过调查、体验等方式，提升同学们运用营销知识、分析营销问题、体验营销活动的综合职业素养。

第三，借鉴了当代课程设计中几种行之有效的方法。

一是问题导学。每个任务都设有学习互动，进行问题思考。任务学习过程中将重点知识设计了“案例分析”，让学生扩展思考。

二是自主学习与小组学习相结合。任务学习内容通俗易懂，便于学生自学。案例分析、拓展学习大都设计由学生小组共同完成，目的是培养学生与人合作、与人交流、分析问题、解决问题等职业核心能力。

三是课内学习与社会实践相结合。营销基本知识从书本和课堂上认真学习即可掌握，实训任务必须要到企业商场调研才能完成，引导同学们走向企业、走向社会实践。

四是过程考核与结果考核相结合。注重过程考核，每个项目后配套的思考与实训，强化学生对知识和能力的训练，思考与实训也可作为期末考试题库，进行结果考核。每个项目的实训任务都有考核表，并有具体的考核规范和标准，既考核知识，也看技能，还要考核营销职业道德和职业核心能力，是过程考核的重要组成部分。

第四，使用本教材的几点建议：

一是课时安排建议表（4 课时 ×20 周 =80 课时），见表 1。

表 1　　课时安排建议表

项目名称		序号	任务名称	建议课时
一	走进市场营销	1	了解市场和市场营销	2
		2	认知市场营销关键术语	2
		3	理解市场营销观念	2
		4	了解市场营销观念的新发展	2
二	市场调研与需求预测	5	学习市场调研方法和技术	2
		6	掌握市场需求预测方法	2
三	消费者购买行为分析	7	认知消费者需求	2
		8	了解消费者购买动机	2
		9	熟悉消费者购买过程	2
四	市场细分与目标市场选择	10	学习市场细分	2
		11	了解目标市场选择	2
		12	掌握市场定位策略	2
		13	认知市场营销组合策略	2
五	产品策略	14	认知产品组合策略	2
		15	认知产品市场生命周期策略	2
		16	了解产品包装策略	2
		17	熟悉销售服务策略	2
六	价格策略	18	熟悉企业定价程序	2
		19	了解企业定价方法	2
		20	学习企业定价策略	2
七	渠道策略	21	认知分销渠道	2
		22	了解中间商	2
八	促销策略	23	认知促销组合	2
		24	熟悉人员推销策略	2
		25	掌握营业推广策略	2
		26	了解公共关系促销	2
		27	了解网络促销	2
九	销售分析与绩效考评	28	了解销售分析	2
		29	熟悉营销人员绩效考评	2
课堂学习小计				58
任务实训				18
机动				4
合　计				80

二是日常考核办法，关注学生三个方面的表现：①平时到课学习情况，课堂上参与小组讨论情况；②平时完成“案例分析”“拓展学习”的表现及成果；③完成思考与实训的练习情况。

每个项目的实训任务一般要提前安排，给学生留出调查时间。根据情况，可让每个同学参与完成9个实训任务项目，以培养学生的营销职业能力。

三是期末考试。在每个项目后的“思考与实训”中，设有选择题、判断题、案例选择题、案例分析题等题型，这些题型是与营业员职业资格证考试题型基本相符的。这既为学生提供了拓展学习的内容，可作为学生考取职业资格证书的模拟练习，又可作为学生进行期中、期末测试用题。

本书由杜明汉、孙金霞担任主编。山西金融职业学院杜明汉教授编写了项目一、项目二、项目三、项目四，山西财贸职业技术学院孙金霞教授编写了项目五、项目六、项目八，山西财贸职业技术学院李光伟讲师编写了项目七、项目九，山西省商务厅高级经济师李志胜同志参与了教材编写提纲和教学内容设计的讨论，并对需求预测、服务策略、销售人员绩效考评等内容提出了具体意见。本次修订由杜明汉、孙金霞完成。

本教材在修订过程中，参考借鉴了国内外大量的市场营销教材，更新了部分内容和案例，限于篇幅未能一一注名，在此表示诚挚谢意。由于作者水平有限，加上时间仓促，难免还存在错误和遗漏，恳请专家同行及读者不吝指正。

编者

2020年1月

目录

项目一
走进市场营销

任务1　了解市场和市场营销

任务学习目标

素质目标：通过本任务知识的学习、案例分析和拓展学习，激发同学们热爱市场营销的兴趣，提高同学们自主学习市场和市场营销相关知识的兴趣。

能力目标：通过本任务的案例分析和拓展学习等活动，会分析市场与市场营销的关系。

知识目标：通过本任务知识学习，能够陈述市场、市场营销概念等陈述性知识。

任务描述

我们生活在社会中，其实每天都与市场营销打交道，你从附近超市琳琅满目的货架上看到市场营销，你从充斥整个电视屏幕、杂志和网络的广告中看到市场营销，在家里、学校和娱乐场所，在人们的工作单位……无论你在做什么，几乎都处在市场营销的包围之中。因此，为了方便我们的生活和工作，我们需要学习和掌握有关市场和市场营销方面的相关知识。

任务学习

我们学习市场营销知识首先要从认知市场和市场营销开始。那么，什么是市场，应从哪些角度去理解市场，什么是市场营销，如何理解市场营销，只有我们真正明白了市场的含义和市场的特征，理解了市场营销的含义及构成要素，才能借助于市场合理组织市场营销活动。本任务主要学习市场的含义和市场的特征、市场营销的含义和市场营销构成要素等内容。

一、市场

企业的营销活动离不开市场，市场是企业进行营销活动的舞台和竞技场，是企业一切营销活动的出发点。

（一）市场的含义

1. 市场是商品交换的场所

这是一种狭义的市场概念，这种认识将市场看作是一个区域，即在特定的空间、固定的时间中，人们进行着商品的交换活动。“日中为市，聚天下之民，取天下之货，交易而退，各得其所”。在这里，买卖双方一手交钱，一手交货，钱货交换，各得其所，如农贸市场、超级市场等。

2. 市场是指某种或某类商品需求的总和

商品的需求是通过买主体现的，因而也可以说，市场是某一产品所有现实买主和潜在买主所组成的群体。哪里有需求，哪里就有市场。对于企业来讲，商品定价以后，如果有人愿意以此价格购买，就意味着产品有市场，愿意购买又有货币支付能力的人越多，企业的市场就越大。在市场经济条件下，企业要面向市场，就是指企业要面向消费者需求。

3. 市场是买主、卖主力量的结合

卖主、买主表现为供求的双方，因而也可以说，市场是供求双方力量相互作用的总和，如“买方市场”“卖方市场”的提法。“买方市场”说明整个市场对买方有利，在交易过程中消费者处于主动地位，由消费者支配着销售关系。“卖方市场”说明整个市场对卖方有利，在交易过程中商品的销售者处于主动地位，由卖方支配着销售关系。因此，准确判断市场供求力量的相对强度和变化趋势，对于企业进行营销决策是十分重要的。

4. 市场是指一定时间、一定地点条件下商品交换关系的总和

这是广义的市场概念，任何一个企业都只能在整体市场上开展营销活动，企业的经营时时刻刻都与市场保持着输入输出的交换关系。正因为如此，市场才成为任何一个企业赖以生存与发展的空间和环境。

市场营销研究的市场是指由一切具有特定的欲望与需求，并且愿意和能够以交换来满足此欲望和需求的现实购买者与潜在购买者组成，即企业如何通过整体市场营销活动，适应并满足顾客需求，以实现经营目标。站在市场营销的立场上，同行（供给者或其他销售者）都是竞争者，构成供给方，卖主（销售者）构成行业，买主（购买者）则构成市场。

【学习互动】

上述几种市场含义的实际意义各不相同，你认为哪一种含义的市场更切合营销实际？当我们说“北京的水果市场很大”时，这里的“水果市场”指哪一种含义的市场？

（二）市场的一般特征

1. 形成市场的基本条件

市场必须具备以下三个条件：①有从事市场交换活动的当事人，包括生产者、中间

商、消费者；②能够满足消费者某种需要的一定数量的商品和劳务，这是构成市场的物质基础；③交易双方都能接受的交易价格、畅通无阻的信息及其他相关的条件。只有具备了以上基本条件，才能成为现实的市场。

2. 构成市场的三要素

要成为市场应包含三个要素，即：①有某种需要的人；②有为满足这种需要的购买能力；③有购买欲望。用公式表示就是：市场 = 人口 + 购买力 + 购买欲望。

构成市场的这三个要素是相互制约、缺一不可的。例如，一个国家或地区人口众多，但收入很低，购买力有限；或购买力虽然很大，但人口很少，都不能形成很大的市场。只有人口多，购买力又高，才能形成一个庞大而具有潜力的市场。但是，如果提供的产品得不到购买者（文化和个性方面）的认同，也不能引起人们的购买欲望。所以，营销市场应该是上述三个要素的统一。

3. 市场活动的基本内容

市场活动的基本内容是商品或劳务的买卖。生产者、中间商和消费者在市场营销中的地位不同、作用不同，参与市场营销的目的不同。生产者、中间商参与市场营销是为商品找到合适的购买者，而消费者参与市场营销是为了购买到合适的满足自身需求的商品。因此，必须正确处理好交换双方的利益关系。

4. 市场的调节机制

市场是沟通生产与消费的桥梁和纽带，是供求双方相互作用的场所。在市场营销活动中，商品交换的客观经济规律，如价值规律、供求规律、竞争规律等，都要通过市场发挥作用，自动调节供求。所以，在营销活动中，营销人员必须自觉地按照市场经济规律办事，这样才能收到事半功倍的效果。

实 例

新疆淘金的启示

纪晓岚在《阅微草堂笔记》中，讲到他被流放到新疆乌鲁木齐时遇到的一件事。新疆北部的阿勒泰地区当时有金矿，很多关内的流民去那里淘金。这件事被清朝政府驻乌鲁木齐的大臣知道了，找谋士来商量。有个谋士出了个主意，说很简单，通往阿勒泰产金区就一条道，派兵把守住关口，不准粮食进去，里面的人没粮食，只有乖乖地出来。驻乌鲁木齐的大臣接受了这个建议，派兵把守路口，不准粮食往里运。这下糟了，里面有好几万人，粮食一短缺就乱了。他们翻山越岭出来后，不少人变成了土匪，到处抢掠。清朝政府派兵去围剿，打了好几年，花费的军饷不知道有多少，结果效果很差。这就是违背了客观经济规律。其实很好办，既然只有一条路可以进去，在门口设个关卡，采了金的人要出来，可以照章纳税。这样，民众有收入，国家也有税收，可以两全其美。

启示：办任何事情都必须遵循客观规律，违背规律就要受到惩罚。市场看似无序，实际上是遵循一定规律运行的，进入市场的各方都必须按市场规则办事，才能取得成功。

二、市场营销

（一）市场营销的含义

“市场营销”译自英文“Marketing”一词。它有两层含义：一是指一整套活动，即对一种能满足现有的和潜在需要的产品或劳务，从设计、定价、促销、运输到销售互为影响的一系列活动的计划和实施过程。当它指活动时将其译为“市场营销”或“营销活动”。二是指一门学科，即建立在经济科学、行为科学、现代管理理论基础之上的应用学科，是一门边缘性、实践性的经济管理学科。当它指学科时，习惯译为“市场营销学”。

市场营销的发展有一个过程。在其发展的不同阶段，其内涵是不同的。世界著名营销专家菲利普·科特勒博士1996年在美国出版的《市场营销原理》一书中将市场营销定义为：市场营销就是通过创造和交换产品和价值，从而使个人或群体满足欲望和需要的社会和管理过程。从这一定义可以看出，市场营销主要包括以下内容：

1. 市场营销是一种创造性的活动

市场营销不仅满足现有顾客的需要，而且激发和满足潜在顾客的需要。

2. 市场营销是一种自愿交换的活动

买卖双方自由交换，使各方通过提供某种东西并取得回报，交换是市场营销的基础。

3. 市场营销是一种满足人们需要的活动

消费者的各种需要和欲望是企业营销活动的出发点。因此，企业必须对市场进行调研，寻求、了解、识别并研究和掌握消费者的需要和欲望，从而确定需求量的大小。

4. 市场营销是一个系统的管理过程

市场营销不仅包括生产经营活动开始之前的具体经济活动，如收集市场信息、市场调研、分析市场机会、进行市场细分、选择目标市场、设计开发新产品等，还包括生产过程完成后进入销售环节的一系列具体的经营活动，如产品定价、选择分销渠道、开展促销活动、提供销售服务等，同时还包括销售结束之后的售后服务、信息反馈等一系列活动。可见，市场营销过程涉及生产、分配、交换和消费等多个方面。

5. 市场营销是企业参与社会的纽带

市场营销是联结企业与社会的纽带。营销活动组织者在制定营销策略时必须权衡企业利益、顾客需要和社会利益，只有处理好企业、顾客和社会三者之间的利益关系，企业经营才能获得可持续发展。

【学习互动】

市场营销就是把产品推销或销售出去，这种说法对吗？

（二）市场营销活动的构成要素

1. 市场营销的实质是一种社会性的经营管理活动

从实质上讲，市场营销是指一种活动，尤其是指企业的经营管理活动。在企业众多的经营管理职能中，最显著、最独特、最核心的职能是市场营销。

相关链接

今天成功的企业，无论大小，盈利性的还是非营利性的，国内的还是国外的，都要以顾客为中心并非常重视市场营销。许多人把市场营销仅仅看作是销售或广告。但是市场营销融合了许多活动，包括调研、产品开发、分销、定价、广告和营业人员销售等活动。这些活动主要用来发现、服务和满足顾客的需要，同时实现企业的目标。市场营销通过许诺更高的价值来寻找吸引新顾客，通过交付满意给顾客来留住并发展现有的顾客。

市场营销在一个充满活力的全球环境中运作。飞速的发展可以在眨眼间使昨日成功的战略变得过时陈腐。在21世纪，市场营销将面对新的挑战和机遇，企业将不得不密切关注市场动态。

2. 市场营销的本质是一种商品交换活动

通俗地讲，市场营销就是做买卖，就是企业围绕产品销售而展开的一系列运筹与谋划活动，而销售就是把产品卖出去，有买才有卖。因此，从本质上说，市场营销是一种商品交换活动。

3. 市场营销的主体是企业

市场营销适用于存在交换的所有领域。从广泛的角度说，市场营销的主体可以是个人、非营利性组织、企业、公司等，但最具有典型意义的营销主体是企业。

4. 市场营销的客体是消费者或顾客

以企业为主体的市场营销活动的对象是消费者（个人消费者或组织消费者），市场营销就是企业面向消费者开展的一种经营活动。

5. 市场营销的核心是交换

从供给和需求两个方面来分析，同时满足自己需求和他人需求的唯一途径就是商品交换，只有同时满足交换双方需要的活动才是市场营销。

6. 市场营销的目的是满足消费者需要的同时企业获取利润

对于企业来说，只有发现消费者现实需要和潜在需要，并通过商品交换尽力去满足，在满足消费者需要的过程中实现企业的赢利，这才是市场营销的基本目标。

7. 市场营销的手段是系统性、整体性的市场经营活动

企业系统性、整体性的营销活动是指为满足目标市场需要而开展的各项市场营销活动，包括从产品生产之前到产品销售之后全过程的所有营销战略和策略，主要包括四个阶段：生产之前的市场调查与市场分析活动；生产之中产品的设计、开发及制造活动；生产之后的销售推广活动；产品销售之后的售后服务、信息反馈、客户关系维护等活动。

案例分析

“自来水哲学”

日本松下公司从1917年创立以来，不断地进行市场创新，从最初制造电灯插口起家，发展到今天的家电巨人。该公司的创始人松下幸之助被誉为“经营之神”。他认为企业的使命就在于不断创新，降低产品成本和价格，要把各种贵重的产品变得像自来水一样便

宜，以造福人类。这就是他们所谓的“自来水哲学”。正是在这种经营思想的指导下，日本松下公司不断进行市场创新，制造物美价廉的产品，获得了巨大的市场。

问题：（1）你是怎样理解日本松下公司的“自来水哲学”的营销思想的？

（2）企业经营者能为顾客生产更高的价值吗？

讨论分析：

个人：每位同学结合案例内容，在固定的学习本上写下你的看法。

小组：请同学们每4个人分为一个小组，1人为组长，1人记录，在小组讨论中每个人陈述个人看法，然后小组成员共同讨论，形成小组意见，准备在班级交流。

全班：每个小组选一位代表在班级交流，陈述本组观点。

教师：教师记录各组陈述要点，最后做点评。

【**提示：**市场营销可满足消费者潜在要求，市场竞争机制使同样的需求有更实用、更实惠的产品满足，市场营销永远是一个充满着竞争、创新的发展过程，任何企业都是在不断创新中满足需求，实现企业经营目标的。】

拓展学习

收集关于商品推销、商品销售、市场营销的观点

1. 拓展学习内容

通过互联网、图书馆等途径收集关于商品推销、商品销售、市场营销的两种不同观点，见表1－1。

表1－1

	商品推销	商品销售	市场营销
观点1			
观点2			
你赞同的观点			
你赞同的依据			

2. 要求

（1）每个同学单独完成拓展学习内容，说明你赞同的观点和赞同的依据，把完成的拓展学习内容上传到班级微信平台。

（2）教师可抽查3－5名学生，请他们在班级展示自己收集的关于商品推销、商品销售、市场营销不同观点的内容，并陈述自己赞同的观点和赞同的依据，教师对同学们陈述的内容和观点进行点评。

任务2　认知市场营销关键术语

任务学习目标

素质目标：通过本任务知识的学习、案例分析和拓展学习，认同市场交换与交易中营销伦理与营销职业道德的相关内容。

能力目标：通过本任务的案例分析和拓展学习，会分析市场营销关键概念的内涵和市场营销关键概念之间的关系。

知识目标：通过本任务知识的学习，能准确陈述市场营销的关键概念等陈述性知识。

任务描述

为了全面理解市场营销的含义，我们还必须了解市场营销的着眼点在哪里（需要）。营销者用什么来满足顾客（产品）。顾客是根据什么来评价和选择产品的（价值）。顾客通过什么方式获得自己需要的物品（交换）。这是进一步理解市场营销含义要继续关注的几个关键术语。

任务学习

我们已学习了市场和市场营销的含义，在这两个概念中，涉及交换、产品、价值、需要和欲望等术语，那么这些术语的具体含义是什么？与市场营销又有什么关系？本任务主要通过介绍需要、欲望和需求，产品或供应，效用和价值，交换和交易，市场等关键术语，来加深对市场营销的内涵和外延的认知。

一、需要、欲望和需求

企业市场营销的首要任务是通过了解人们的需要和欲望，满足需求。所以，人类的需要和欲望是市场营销活动的出发点。

（一）需要

所谓需要，是指个人没有得到某种满足的感受状态，比如人们对衣、食、住、行以及对知识、娱乐、安全和归属等的需要。需要存在于企业市场营销之前，营销活动的组织者只能通过营销活动对人的需要施加影响和引导，并采取适当的营销策略去满足它。

（二）欲望

所谓欲望，是指对上述基本需要的具体满足物的企求，如为了满足“吃”的需要，西方人欲吃三明治、汉堡包，而中国人则需要饺子、面条和米饭等。

（三）需求

所谓需求，是指人们有支付能力并且愿意购买某种产品的欲望。人的欲望是无限的，而支付能力是有限的，当一个人具有购买能力且愿意购买他所期望的产品时，欲望就变成需求。需求可分为现实需求和潜在需求，前者指具有明确意识和足够支付能力的需求；后者指未来即将出现的消费需求。对企业的产品而言，有购买能力的欲望才能形成现实的需求，因此，需要与需求的区别在于是否有足够的购买能力。在关注某种产品的市场需求时，既要看人们是否有购买欲望，又要看是否有足够的货币支付能力。

区分需要、欲望和需求，对企业制定市场营销策略具有重要的意义。人们的需要是企业市场营销活动的基础，只有当人们具有某种需要且具有购买能力时，欲望才能转化为需求。市场营销活动可以影响人们的欲望，因而在某种程度上可以引导并创造需求。

二、产品

人类有需求和欲望，自然就要靠提供某种产品或服务来满足自己的各种需求和欲望。

市场营销中所讲的产品是广义的，任何能满足人们某种需求和欲望的东西都可称为产品。除了我们通常所理解的有形的物品外，还包括无形的服务。脱离人的需求的任何产品都不可能为企业带来利益。因此，企业在开发产品前，必须搞清楚人们的需求。

相关链接

人们用产品来满足自己的各种需求。一般地说，我们用产品和服务分别代表实体产品和无形产品，实体产品实际上是传递服务的工具。

服务的传递还可以通过其他途径进行，如人、地点、活动、组织、机构和思想观念等。当我们觉得烦躁了，可以到剧场观看演出（人）；可以到度假胜地来一次开心的旅行（地点）；可以参加体育活动做些有益的锻炼（活动）；可以加入各种俱乐部（组织机构）。产品这个词包括了一切能够满足需求和欲望的传递工具。

三、效用和价值

消费者通常都面临一大批能满足其需求的产品，在对这些产品进行选择时，人们依据的标准是产品的效用和价值。

所谓效用，是指产品满足人们欲望的能力。效用实际上是一个人的自我心理感受，它来自人的主观评价。所谓价值，就是消费者的付出与所得之间的比率。付出就是指消费者购买产品时应承担的成本，包括金钱成本、时间成本、精力成本和精神成本等；所得就是购买产品时获得的利益，包括感官利益和情感利益等。一般来说，消费者在获得利益的同时也要承担成本，所以市场营销人员应努力通过增加利益、降低成本来提高产品带给消费者的效用和价值。

四、交换和交易

（一）交换

交换，是指从他人处得到所需之物，而以某些东西作为回报的行为。交换方式对人类文明的影响是深远的，它克服了强制取得者的粗暴、乞讨者的怜悯和自行生产者的狭隘。交换是市场营销的必要条件，企业围绕目标顾客开展的一切营销活动都与产品的交换有关，交换是市场营销的核心概念。交换的产生，必须具有五个条件：①至少有交换的双方；②每一方都有对方所需要的有价值的东西；③每一方都能沟通信息和传送物品；④每一方都可以自由地接受或拒绝对方的产品；⑤每一方都相信进行交换是合适的或称心的。

具备了上述条件，就有可能发生交换行为，但交换能否真正发生，取决于双方能否找到交换价值，即交换以后双方都认为比交换以前好，或者至少不比以前差。由此可见，交换是十分复杂的人类行为。

交换应被看作是一个过程，包括一系列的活动，市场营销工作就是促进交换的最有效实施。如果双方正在进行谈判，并趋于达成协议，这就意味着他们正在进行交换。一旦达成协议，就可以视为发生了交易行为。

（二）交易

交易是交换活动的度量单位，是由双方的价值交换所构成的行为。一项交易要包括这样几个方面的内容：至少有两个有价值的事物；双方同意的条件、时间和地点；共同遵守通行的交易规则。

实 例

交换与交易的不同

交换是一个价值创造过程。如果双方正在谈判并很快达成协议，那么他们就在进行交换，协议一旦达成，那就是交易行为发生了。交易是交换的基本单元。交易就是双方之间的价值交换。如王刚给了刘成4000元换了一台电视机，这就是典型的货币交易。然而，货币并不是交易的唯一手段。王刚可以用冰箱换刘成的电视机，这就是易货交易。服务也可以代替实物进行易货交易，比如王刚律师为刘成医生写了一份诉状，作为交换，刘成医生为王刚律师做了一次医疗检查。

【学习互动】

2008年的北京奥运会上，××公司除了给主赛场馆免费安装了两台超大屏幕电视，还给其他赛场安置了多台大屏幕电视，并提供了数码摄像机、数码照相机、监视器等合计近千万元人民币的设备。从市场营销的相关概念来看，上述行为属于交换还是交易？

五、市场

交易的概念导出市场的概念。在这里，市场是指某种产品的现实购买者与潜在购买者需求的总和。从这个意义上说，市场是市场营销的核心概念，因此，只有围绕市场开展的营销活动才能取得成功。

案例分析

“不穿鞋的巨大市场”

美国一家鞋业公司的老板派他的财务主管到非洲国家去了解公司的鞋能否在那里找到销路。一个星期之后，这位主管打电报回来说：“这里的人不穿鞋，因而这里一点市场都没有。”

接着该鞋业公司的总经理决定派最好的推销员到这个国家进行仔细调查。一个星期之后，推销员打电报回来说：“这里的人不穿鞋，是一个巨大的市场。”

鞋业公司总经理为弄清情况，再派他的市场营销副总经理去解决这个问题。两个星期之后，市场营销副总理打回电报说：“这里的人不穿鞋，但是他们有脚疾，穿鞋对脚会有好处的。他们的脚比较小，所以我们必须重新设计鞋子，而且我们必须在教育他们懂得穿鞋有益方面花一大笔钱，在开始之前还必须得到部落首领的同意。这里的人没有什么钱，但是他们种植我未曾尝过的最甜的菠萝。我估计鞋能销售3年以上，因而我们的一切费用包括推销菠萝给一家欧洲连锁超级市场的费用都将得到补偿。总体算起来，我们还可以赚得垫付款30%的利润。我认为，我们应该毫不迟疑地去干。”

问题：（1）面对同样的社会现实，为什么公司派去的三个人会得出不同的结论？

（2）谈谈你对这个案例的理解以及对你的启发。

讨论分析：

个人：每位同学根据案例内容，在固定的学习本上写出你的看法。

小组：同学们每4个人分为一个小组，1人为组长，1人记录，在小组讨论中每个人陈述个人观点，然后小组成员共同讨论，形成小组意见，准备在班级交流。

全班：每个小组选一位代表在班级交流，陈述本小组观点。

教师：记录各小组陈述要点，最后做点评。

【**提示：**从市场营销的角度看，市场需求有潜在需求和现实需求之分。潜在需求是指一部分消费者对某种产品或服务有强烈的需求，而现有产品或服务又无法使之满足的需求状况，企业面对这种状况就要开发市场营销，使潜在需求转变为现实需求。同样，市场需求也有无需求和有需求之分。无需求是指人们对某种产品毫无兴趣或漠不关心的一种需求状况，针对市场无需求状况，市场营销管理的任务就是激发市场需求，即采取各种营销措施，激发人们的兴趣和欲望，创造新的需求。】

拓展学习

需要和需求的关系认知

1. 拓展学习的内容

（1）列出一个单子，写出5种你想拥有的物品。现在想象一下，这些物品都给你了。

（2）接下来列出一个单子，写出5种你喜欢的物品。

（3）现在拿出你所完成的两个单子，说明你想拥有的物品和你喜欢的物品之间的差异，并用所学知识进行分析见表 1－2。

表 1－2

序号	你想拥有的物品	你喜欢的物品
1		
2		
3		
4		
5		
陈述差异		
分析说明		

2. 要求

（1）分析你想拥有的物品和你喜欢的物品之间的差异。

（2）详细分析说明你做出选择的依据。

（3）同学把完成的拓展学习内容上传到班级微信平台。

（4）教师可抽查 3—5 名学生，请他们在班级展示自己对想拥有的物品和喜欢的物品之间的差异分析的内容，并陈述自己分析的依据，教师对各位同学陈述的内容和观点进行点评。

任务 3　理解市场营销观念

任务学习目标

素质目标：通过本任务的学习、案例分析和拓展学习，认同现代市场营销观念指导下的营销活动对营销伦理与营销职业道德的基本要求的内容。

能力目标：通过本任务的案例分析和拓展学习，会分析市场营销观念演变的历史过程，会从多角度分析新旧市场营销观念区别。

知识目标：通过本任务知识的学习，能准确叙述市场营销观念的历史演变、新旧市场观念的区别等陈述性知识。

任务描述

本任务主要是了解在市场经济的发展过程中，厂商的营销观念发生了什么样的变化，先后出现了一些什么样的观念，不同的营销观念与当时的社会经济环境、科学技术水平、消费观念等有什么关系。学习市场营销观念，认识市场营销观念演变的特点，自觉地更新市场营销观念，才能在现代竞争激烈的市场营销活动中立于不败之地。

任务学习

我们了解了什么是市场营销，还要了解什么是市场营销观念，传统营销观念（生产观念、产品观念和推销观念）和现代营销观念（市场营销观念、社会市场营销观念）的具体内涵，了解传统营销观念和现代营销观念的主要区别。市场营销观念既反映了社会生产力水平及市场经济的发展水平，也反映了企业营销管理者对市场营销发展客观规律的认识水平。学习了解市场营销观念的相关知识，有利于营销人员树立正确的营销指导思想，根据不同的市场营销环境，合理运用营销观念，提高企业营销竞争力。

一、市场营销观念的演变

企业的市场营销观念不是固定不变的，它是在一定的经济基础上产生和形成的，是与当时的经济发展形势和市场发展程度相适应的。对市场持不同观念的企业会采取不同的经营方式，进而产生不同的营销效果。随着市场环境的不断变化，市场营销观念经历了一个漫长的演变过程。

（一）生产观念

生产观念是指企业以生产为中心来组织企业的生产经营活动。这种观念是在资本主义工业革命完成以前流行的观念。那时，生产发展缓慢，市场总的趋势是供不应求。因此，企业主要精力都集中在增加产量、降低成本上，很少考虑也没有必要考虑消费者的需求差异。生产观念是指导企业经营行为的最古老的观念。

这种观念的经营着眼点是产品，经营的基本策略是以生产数量多、物美价廉的产品而取得优势，经营的基本方法是等客上门，通过大量生产来取得利润。

（二）产品观念

产品观念是与生产观念并存的一种观念。这种观念认为，消费者欢迎质量高、性能好、有特色、价格合理的产品，因此，企业应集中一切精力提高产品质量，只要产品做到精益求精、物美价廉，顾客就会主动上门，无须大力推销。因此，从根本上说，产品观念只是生产观念的一种表现形式，只是它比生产观念多了一层竞争的色彩。在产品供不应求的情况下，这种观念常常会成为一些企业经营的指导思想。

抱有产品观念的企业最容易导致“市场营销近视症”，即不适当地把注意力放在产品上，而不关注消费者基本需求的满足，在市场营销管理中缺乏远见，只看到自己的产品好，而看不到市场需求在变化，致使企业经营陷入困境。大量的事实证明，货真价实、经久耐用的产品，并不会永远畅销。

（三）推销观念

当企业家不再担心能不能大量生产而是担心生产出来的产品能不能全部销售出去的时候，推销观念应运而生。推销观念的产生是由于产品“过剩”所致。推销的目的是完成现时交易，而不是在满足需求的前提下与顾客建立长期的可获利的关系。推销者侥幸地认为，顾客在强力推销下购买了某产品，从此会喜爱该产品。即使他们不喜欢该产品，不久之后也可能会忘记自己的感受，并再次购买。

（四）市场营销观念

这是一种完全不同于上述三种营销观念的现代营销观念。这种观念认为，企业的市场营销工作应该以目标顾客的需求为中心，从顾客需求出发，集中企业的一切资源和力量，设计生产适销对路的产品，安排适当的市场营销组合，采取比竞争者更有效的策略，满足顾客需求，取得利润。市场营销观念的核心就是：消费者或用户需求什么，企业就应当生产、销售什么，一切以消费者需求为中心。流行的口号是："顾客至上""顾客就是上帝""哪里有消费者需求，哪里就是我们的市场"。

市场营销观念是在买方市场的条件下形成的。20 世纪 50 年代以来，随着科学技术的飞速进步和生产的不断发展，整个资本主义世界市场的格局发生根本变化，买方市场全面形成。企业家们认识到，只抓生产或推销是不够的，在激烈的市场竞争中，企业只有注重产前市场调查研究，善于发现和了解顾客需求，从消费者需求出发，组织生产经营活动，市场需求什么，就生产什么、销售什么，市场需求在整个市场营销中处于中心地位。从推销观念到市场营销观念是企业营销观念的一次深刻变革。

（五）社会营销观念

社会营销观念是对市场营销观念的重要补充和完善。这种观念认为，企业的市场营销活动不仅应当满足顾客的需要并使企业获取利润，还必须考虑到消费者和社会的长远利益。它强调要正确处理好消费者需要、企业利润、社会整体利益之间的矛盾，要统筹兼顾，求得三者之间的协调与平衡。

该观念起源于20 世纪70 年代。进入70 年代以后，国际市场发生了新的变化，西方资本主义出现能源短缺、通货膨胀、环境污染严重、消费者保护运动盛行。奉行市场营销观念的一些企业，在市场营销过程中，虽然满足了顾客的需求，也使企业获取了必要的利润，但损害了消费者的利益或社会的长远利益。如以次充好、缺斤短两、掺杂使假等行为，严重损害了消费者的利益；许多一次性用品给人们带来了方便，但造成了资源的浪费和环境的污染等。社会市场营销观念是市场营销观念的进一步发展，使营销观念进入了更加完善的阶段。

【学习互动】

回顾你熟悉的购买活动，不同营销观念指导下的产品促销有什么特点？

二、新旧营销观念的区别

上述五种营销观念可以归纳为两大类：以生产为中心的生产观念、产品观念和推销观念称之为传统营销观念；以顾客为中心的市场营销观念和社会市场营销观念称为现代营销观念。两类营销观念存在着本质的区别，见表 1 – 3。

表 1 – 3　　新旧营销观念对比表

观念类型	起点	中 心	手 段	目标（终点）
传统营销观念	产品	现有产品	增加生产或加强推销宣传	通过扩大销售获利
现代营销观念	市场	消费者需求	整体营销活动	通过满足顾客需求获利

改革开放几十年的探索与实践，使我国有越来越多的企业家将现代营销观念植入到了企业文化之中。在现代市场营销观念指导下，中国已涌现出华为、海尔等具有国际竞争力的知名企业和品牌。现代营销观念要求企业做到以下3点：第一，顾客至上，把争取顾客作为企业的最高目标；第二，为了满足顾客的需求，必须实施整体市场营销组合策略；第三，企业营销的目标是满足顾客需求，企业获取利润，增进社会福利，促进社会经济可持续发展。

案例分析

为的哥送把遮阳伞

上海某饭店曾搞过一个“为的哥送把遮阳伞，夏日送清凉”的活动。在异常炎热的夏日里，某饭店的员工来到上海浦东机场，向辛苦奔忙的出租车司机送车窗遮阳板和便携式水杯，为他们送去一份夏日里的清凉。当这些司机得到这些精美的礼品时非常惊讶，特别是当他们发现这些礼品是为这次活动特别制作的时候，就更加感动了。毫无疑问，这个饭店的做法，给出租车司机留下了非常深刻的印象。

问题：（1）从营销的角度分析，这家饭店为的哥送遮阳伞的意义是什么？

（2）分析这家饭店运用了什么样的营销观念。

讨论分析：

个人：每位同学根据案例内容，在固定的学习本上写下你对饭店送遮阳伞的看法。

小组：请同学们每4个人分为一组，1人为组长，1人记录，在小组讨论中每个人陈述自己的观点，然后小组成员共同讨论，形成小组意见，准备在班级交流。

全班：每个小组选一位代表在班级发言，陈述本小组观点。

教师：记录各小组陈述要点，最后做点评。

【**提示：**出租车司机对于宾馆饭店来说，是一个非常重要的客源群体。这家饭店这样做，一方面关注了出租车司机，另一方面通过这样的公益活动，为企业树立了良好的社会形象。其最终的结果是，出租车司机得益，企业也从中受益。这就是我们介绍的社会市场营销观念。社会市场营销观念实际上使餐饮企业在关注社会、承担社会责任的同时，企业也赢得了良好的知名度和社会美誉度。】

拓展学习

五种市场营销观念体验

1. 拓展学习内容

假如你负责一家中式餐馆，如果运用五种不同的市场营销观念，试想你分别会怎样经营？

按照要求把内容填入表1－4。

表 1－4 五种营销观念体验分析表

序号	营销观念类型	经营方式（从营销理念、营销方式方法方面详细说明）
1	生产观念	
2	产品观念	
3	推销观念	
4	市场营销观念	
5	社会市场营销观念	

2. 要求

（1）分析每种营销观念的特征，用自己的一句话总结每种营销观念蕴含的理念，总结每种营销观念的营销方式方法。

（2）同学们把完成的拓展学习内容上传到班级微信平台。

（3）教师可抽查3—5名学生，请他们在班级展示自己假如负责一家中式餐馆，运用五种不同的市场营销观念进行经营的理念、营销方式方法，并陈述自己总结的理由，教师对各位同学陈述的内容和观点进行点评。

任务4 了解市场营销观念的新发展

任务学习目标

素质目标：通过本任务知识的学习、案例分析和拓展学习，认同现代市场营销新观念相关理念，培养同学们积极践行绿色、网络、文化营销等现代营销新观念的兴趣。

能力目标：通过本任务的案例分析和拓展学习，具有从宏观环境和市场营销策略等角度分析绿色营销、文化营销、关系营销、大市场营销、直复营销和网络营销等营销观念的基本分析能力。

知识目标：通过本任务知识的学习，能准确陈述绿色营销、文化营销、关系营销、大市场营销、直复营销和网络营销等陈述性知识。

任务描述

本任务主要是了解随着市场经济的发展，人类社会的营销观念又出现了一些新的营销观念，这些营销观念与目前的社会经济环境、科学技术水平、消费观念等有什么关系。随着社会主义市场经济的新发展，还会有新的营销观念不断产生。任何企业都要不断学习和认识新的市场营销观念，自觉地适应新市场营销观念，才能在现代竞争激烈的市场营销活动中立于不败之地。

任务学习

我们了解了什么是市场营销观念，传统营销观念（生产观念、产品观念和推销观念）

和现代营销观念（市场营销观念、社会市场营销观念）的具体内涵，了解了传统营销观念和现代营销观念的主要区别，今天要了解市场营销观念发展的新内容，如绿色营销、文化营销、关系营销、大市场营销、直复营销和网络营销等。全新的时代需要全新的营销观念，谁把握得准、行动得快，谁就拥有市场主动权。企业要想生存和发展，必须确立自己适应时代的新营销观念。

综观市场营销观念的演变过程，可以看出，导致企业更新营销观念的直接原因是市场供求状况的变化，而推动企业营销观念转变的根本原因是市场经济的发展。随着客观环境的变化和发展，市场营销观念在不断地更新，以顾客导向为基点，产生了许多具有现代意义的营销观念。

一、大市场营销

进入 20 世纪 80 年代以来，经济发达国家生产过剩，但是市场有限，同时市场竞争日益激烈。许多国家的政府干预加强，贸易保护主义抬头。为了保护本国的工业，政府采取了一系列关税和非关税贸易壁垒，在这种封闭型或保护型的市场上，已经存在的参与者和批准者往往会设置种种障碍，使得那些能够提供类似产品，甚至能够提供更好产品和服务的企业难以进入市场。于是美国著名的市场营销学家菲利普·科特勒在 1984 年提出了“大市场营销”这一新的营销思想。

所谓“大市场营销观念”就是在实行贸易保护的条件下，为了成功地进入特定市场，并在那里从事经营活动，在策略上协调地施用经济的、心理的、政治的和公共关系手段，以博得外国或各地区有关方面的合作与支持。

科特勒认为，企业面对特定市场，必须运用大市场营销战略，即在产品（Product）、定价（Price）、渠道（Place）、促销（Promotion）策略的基础上，再加上权力（Political Power）和公共关系（Public Relations）策略，并加以综合运用，才能排除通往特定市场大门的障碍，获得营销的成功。

相关链接

现代营销理念的要素

企业要满足消费者需求，就必须考虑如何才算真正满足消费者需求，企业必须完成三项活动：（1）企业必须能够分辨出什么产品才能满足消费者的需求；（2）企业必须能够开发和营销产品或服务，并使消费者相信这些产品或服务比其他的选择要好；（3）企业必须有效地运作。

二、绿色营销

绿色营销观念是指企业要开发经营对生态有益的货真价实的产品，减少污染，保护环境，以改善人类生活质量的经营观念。

绿色营销观念出现于 20 世纪 90 年代。步入 90 年代以后，随着人们生活水平的提高，人口质量的改善，人们更加注重家庭、社会利益，更加关心人类赖以生存的环境，在消费意识上，日益青睐既无污染又有益于身体健康的绿色产品。这种新的消费导向，使越来越多的企业接受和采用更为新型的市场营销观念——绿色营销。绿色营销观念，要求企业从选择生产技术、产品技术、材料选择、包装方式及选择、废弃物的处理方式，直至产品的消费过程，都必须考虑对环境的影响，努力消除和减少生产经营活动对生态环境的破坏，尽量保持人与环境的和谐，不断改善人类的生存环境。

在可持续发展理论的指导下，针对日益严重的环境问题而提出的绿色市场营销观念，将成为21世纪市场营销重要的指导思想，是环境保护意识与市场营销观念相结合的现代营销观念。展望未来，企业在营销活动中，应强调开发绿色产品，传播绿色文明，共同促进人类社会与自然的和谐发展。

三、直复营销

直复营销是使用一种或多种广告媒体，在任何地方都可产生可度量反应或达成交易的一种相互作用的营销体系。直复营销的迅猛发展，源于信息技术的变革。从一定的意义上讲，每一个信息传播渠道都是一个营销渠道，直复营销最充分地利用了各种信息媒体，使营销活动呈现出丰富的多样性。

直复营销包括直邮销售、网络营销、电话营销、电视营销等不同的方式。

【学习互动】

直复营销等同于直接销售，这种说法对吗？

四、关系营销

现代市场营销离不开公共关系。关系营销把企业的营销活动看成一个企业与顾客、供应商、分销商、竞争者、政府机构及其他社会组织发生互动作用的过程。其核心是建立和发展与这些合作伙伴之间的良好关系来实现盈利，特别强调顾客参与、顾客联系和顾客服务。关系营销的最终成果是创立营销关系网络，营销关系网络是一种带有独立性、几乎不可转让的无形资产，营销关系网络之间的竞争已成为主要的竞争手段。

关系营销适用于边际利润很高、顾客不多的产品，如航空公司、电信公司这些企业通过巨额的关系投资，一般能收到较好的效果。

五、文化营销

文化营销指企业在经营活动中，针对自己面临的目标市场的文化环境，采取一系列的文化适应策略，以减少或防止营销与文化特别是异域文化的冲突，进而使营销活动适应并融合于当地社会的一种营销方式。它强调物质需求背后的文化内涵，并把文化观念融合到营销活动的全过程中，而不是仅仅停留在广告、销售等个别环节上。

文化营销强调通过顺应和创造某种价值观，来达到某种程度的满足感。因此可以说，价值观是文化营销的基础，而核心价值观念的构建是文化营销的关键，只有通过发现顾客的价值观，并加以甄别和培养或是企业顺应需求，努力创造核心价值观念，才会使文化营销得以成功。

实 例

哈尔滨某酒厂认为，白酒是中国传统的文明象征，喝酒喝的是文明和风格，喝酒讲酒德。他们在电台主办了一个很受欢迎的直播节目——《老庄话酒》。这一做法，光大了中国酒文化，也取得了产品文化营销的成功。唐朝诗人王维曾有名句："红豆生南国，春来发几枝？愿君多采撷，此物最相思。"从此，红豆便成为世间最纯洁美好的情感的象征。江苏红豆集团生产的红豆衬衫也从其他同类品牌中脱颖而出，成为一个颇具文化内涵的品牌。

六、网络营销

网络营销指组织借助互联网、通信技术和数字交互媒体等现代化技术而开展的各种营销活动，包括网络调研、网络分销、网络促销、网络服务等。网络营销的出现，在一定程度上反映了信息技术的发展对营销领域的影响，并有可能促使传统的营销手段和营销方式发生巨大的变化，也促使传统的分销渠道结构及分销渠道功能发生很大的变化，企业与用户之间的直接沟通将变得越来越便捷、越来越完善，使企业能够以相对低廉的成本，争取更多的顾客和用户。

总之，进入21世纪后，各种组织都在不断地受到变化中的顾客价值偏好倾向、经济发展变化、环境变化、日益激烈的全球竞争以及其他众多的政治和社会问题的影响，必然促使产生更多的现代市场营销理论和营销观念。

案例分析

中式快餐火爆全美的奥秘

熊猫餐厅（Panda Express）——全球最大的中式快餐连锁品牌，开遍了全美47个州，不仅天天有金发碧眼的外国人在门口排长队而且席卷了各大热门美剧。如今熊猫餐厅已开店超过2000家，共有23000多名员工，年赚100亿美元！这个风靡全球的中式快餐巨头火爆的奥秘是什么？

熊猫餐厅刚开业的时候生意十分惨淡，差点关门。创始人在反思中餐馆的传统经营方式中决定要先俘获外国人的心！带着独有"讨好"的人情味差异生意开始天天爆满。

在熊猫餐厅中，对"中餐"的口味做了彻底改变，改变到在中国人看来根本就是"不正宗"的！相较于麦当劳、肯德基在中国仅仅是把炸鸡放到米饭上，熊猫快餐的本土化更深入！根据美国人的口味和选择喜好，熊猫快餐每个店只有20道左右的菜式，并推出了主打爆款"陈皮鸡"和"宫保鸡丁"，这两道菜已经长盛不衰几十年。"陈皮鸡"占到了营业额的30%，"宫保鸡丁"也因熊猫餐厅变成全世界都知道的中餐代表菜。

虽然口味做了调整，但熊猫餐厅坚持延用中国传统的烹饪手法。这种中西结合的有趣碰撞，不仅体现在菜品上，还体现在更多的细节上。比如，因为外国人不怎么会用筷子，熊猫餐厅还将叉与筷结合做出了独特的餐具。

熊猫快餐想要打开市场，尝试性地做了两件事：一是将菜品透明化，每道菜都标明其原料、烹饪方法、调味品等，让美国人能够快速全面地了解中餐，降低认知成本；二是建立“试吃机制”。每位顾客在购买前都有试吃所有菜品的权利，降低美国人尝试中餐的行动成本。熊猫餐厅的创始人曾说过：“有时候我们不要被惯性思维所局限，这世界没有‘一定’，有时候转个身，换一个方向，便是海阔天空。”

（资料来源：“销售与管理”微信公众号，《全球最大中式快餐，年入 100 亿，却永不在中国开店！只因发现了一个潜规则……》。）

问题：熊猫餐厅在美国市场取胜的原因是什么？

讨论分析：

个人：每位同学根据案例内容，在固定的学习本上写下你对熊猫餐厅在美国市场取胜的原因的看法。

小组：请同学们每 6 个人分为一组，1 人为组长，1 人记录，在小组讨论中每个人陈述自己的观点，然后小组成员共同讨论，形成小组意见，准备在班级交流。

全班：每个小组选一位代表在班级发言，陈述本小组观点。

教师：记录各小组陈述要点，最后做点评。

【**提示：**熊猫餐厅在美国市场取胜的原因，是在不断适应消费者需求的基础上，还做了以下两件事：一是将菜品透明化；二是建立“试吃机制”。】

拓展学习

收集新营销观念实例

1. 拓展学习内容

依据学习过的新营销观念知识，将表 1－5 中的 6 个新营销观念各推荐一个实例，说明推荐的理由，并说明实例的出处。

表 1－5　　新营销观念实例一览表

序号	新营销观念	推荐的实例内容介绍	推荐理由	实例出处
1	大市场营销			
2	绿色营销			
3	直复营销			
4	关系营销			
5	文化营销			
6	网络营销			

2. 要求

（1）每种新营销观念推荐的实例一定要有典型性，并对其他同学有启发。

（2）同学们一定要按照要求介绍实例，说明推荐的理由和实例的出处，把完成的拓展学习内容上传到班级微信平台。

（3）教师可抽查3—5名学生，请他们在班级展示自己推荐的实例，说明推荐的理由和实例的出处，教师对各位同学陈述的内容和观点进行点评。

思考与实训

1. 选择题

（1）市场营销的最终目标是（　　）。

A. 销售产品　　B. 企业赢利

C. 塑造形象　　D. 满足需求与欲望

（2）最典型的市场营销主体是（　　）。

A. 企业　　B. 组织

C. 个人　　D. 消费者

（3）市场营销所包含的要素有（　　）。

A. 人口　　B. 购买欲望

C. 购买地点　　D. 购买能力

（4）社会市场营销观念兼顾了（　　）。

A. 消费者利益　　B. 社会整体利益

C. 国家的利益　　D. 企业经济效益

（5）买方市场意味着市场供求的基本态势是（　　）。

A. 供过于求　　B. 供不应求

C. 供求平衡　　D. 供求脱节

（6）从自身利益出发，企业考虑较多的观念是（　　）。

A. 产品观念　　B. 市场营销观念

C. 推销观念　　D. 社会市场营销观

E. 生产观念

（7）（　　）是市场营销的核心。

A. 商品销售　　B. 交换

C. 商品供给　　D. 支付能力

（8）大社会市场营销观念是指在原来4Ps的基础上，再加上（　　）。

A. 公共关系　　B. 人员推销

C. 国家利益　　D. 权利

（9）生产观念强调的是（　　）。

A. 以量取胜　　B. 以廉取胜

C. 以质取胜　　D. 以形象取胜

（10）我们生产最好的电视机，这句话体现了（　　）。

A. 生产观念　　B. 产品观念

C. 推销观念　　D. 市场营销观念

2. 判断题

（1）市场营销可以创造需求。（ ）
（2）市场营销活动就是指在流通领域内进行的经营活动。（ ）
（3）企业生产经营活动的起点是市场，它的归宿和终点是消费者。（ ）
（4）从市场营销者的角度，市场的大小就是指某种商品需求的多少。（ ）
（5）任何产品只要货真价实，就会永远畅销。（ ）
（6）现代市场营销观念的核心就是一切以消费者的需求为中心。（ ）
（7）“顾客就是上帝”意味着顾客或用户需要什么，企业就应当生产或经营什么。（ ）
（8）任何能满足人们需求的东西都是产品，包括人物、观念、组织等。（ ）
（9）市场营销观念是以销定产的观念。（ ）
（10）有什么样的市场营销观念，就会有什么样的营销态度和营销行为。（ ）

3. 案例选择题

美国汽车大王亨利·福特是一位富有创新精神的企业家，他不断采用新材料、新技术和新方法来制造各种新型的汽车。自1902年推出A型车以后，到1908年，英文字母中仅剩七个字母未被福特公司用来命名车型。1908年福特宣布，他的公司从今以后只生产一种汽车，即T型车，因为它集中了以前各种型号汽车的优良特点。其营销哲学就是千方百计增加T型车的产量，降低成本和价格，以便更多地占领市场，获得规模效益。亨利·福特曾傲慢地宣称：“不管顾客需要什么颜色的汽车，我只有一种黑色的。”在T型车上获得巨大成功的福特公司，随着市场的变化，后来也不得不以多样化的产品适应市场的需求变化。

（1）福特公司执行的是（ ）。

A. 产品观念　　B. 生产观念
C. 市场营销观念　　D. 推销观念

（2）福特公司生产T型车考虑较多的观念是（ ）。

A. 推销观念　　B. 市场营销观念
C. 生产观念　　D. 产品观念

（3）福特公司生产T型车时的经营哲学强调的是（ ）。

A. 以量取胜　　B. 以廉取胜
C. 以质取胜　　D. 以形象取胜

（4）福特公司在（ ）条件下，提出“不管顾客需要什么颜色的汽车，我只有一种黑色的”。

A. 供不应求　　B. 供过于求
C. 市场过渡　　D. 供求平衡

（5）在新的市场环境下，汽车生产者必须考虑其产品的环保、节能、人性化设计等，这体现了（ ）。

A. 大市场营销观念　　B. 绿色营销观念

C. 社会市场营销观念　　　　D. 生态营销观念

4. 案例分析题

2018 年我国智能家居市场规模达到 1396 亿元，未来几年仍将保持快速增长，到 2021 年市场规模有望达到 4396 亿元。在巨大市场潜力的驱动下，智能家居成为名副其实的朝阳产业，吸引了诸多企业的抢滩，市场大战如火如荼。

智能家居为什么能如此火爆？是因为其满足了人们日益提高的对美好生活的追求。良好的居家环境可以使居住其中的人们身心愉悦地生活。也正是因为如此，越来越多的人热衷于购置新潮家居，提倡家居文化。智能家居则能够大幅提升家居环境的舒适性、便利性、安全性、艺术性。它以住宅为平台，通过物联网技术将家中的各种设备连接到一起，不仅具有传统的居住功能，还兼备网络通信、信息化家电、设备自动化等属性，具有智能灯光控制、智能电器控制、安防监控系统、智能背景音乐、智能视频共享、可视对讲系统和家庭影院系统等功能。可以说，智能家居汇聚了人们对未来智慧生活的美好想象。

问题：

（1）智能家居为什么会成为朝阳产业？消费者为什么会喜欢智能家居？你喜欢什么样的智能家居？

（2）试分析智能家居运用了什么样的市场营销观念。

5. 实训任务

企业营销调查

（1）背景与情境

你已是一年级市场营销专业的学生，对市场营销很感兴趣，你很想把学习的市场营销知识在实践中体验一下，通过体验了解市场营销活动的奥妙。

（2）实训目标

①素质目标：能文明礼貌、诚信友善，宽和待人，在与企业相关人员的沟通中遵守基本的礼仪规范。

②能力目标：运用所学的相关营销知识学习分析企业的营销活动，运用科学的思维方式认识企业营销活动。

③知识目标：通过实训，结合企业实际能正确陈述市场营销、企业营销、市场营销观念等基本知识。

（3）实训步骤

①每组 4 个人，其中 1 人担任组长，由组长认真组织组员讨论，合理分工，各负其责，相互配合完成实训任务。

②根据每组所选企业经营类别选择两种主要商品，详细了解产品运用什么样的营销观念，企业经营者为什么要选择这样一种观念。如果你经营这样一家企业，你会用什么样的营销观念，并说明为什么。

③实际调查前要从网上和图书馆自觉地搜集企业市场营销相关资料。

（4）实训成果及要求

每组写一篇实训报告（800—1200 字），报告要详细说明组员分工，调查了解企业什么产品类别、具体产品，企业运用的营销观念及具体表现是什么，说明你们分析的结果。详细说明如果你们经营这些商品，会选用什么样的营销观念和选用的理由。

（5）实训时间

在学生学习完本项目内容开始时，即可让学生分组，布置本实训任务，利用课余时间去企业进行调研，并积极撰写调研报告。在本项目学习完后，各组把报告上传到班级微信平台展示交流。

（6）实训评价（见表 1－6）

表 1－6　　企业营销调查实训评价表

项目	评价标准	分值	小组个人自评（30%）	小组成员互评（30%）	教师评价（40%）	小计
素养培养	参与实训的态度端正，积极性高，小组合作意识强，纪律性强，小组讨论积极踊跃	10				
	养成细致、严谨的工作作风，能主动提出关于市场营销调查工作的相关问题	10				
	能够结合企业市场营销调研认识市场营销职业的价值	10				
能力提升	能将所学的营销知识运用到实训任务中，学以致用	10				
	正确分析市场营销活动工作内容	10				
知识应用	能正确认识和理解企业市场营销及特征	10				
	能运用市场营销观念历史演变和现代市场营销观念等知识	10				
项目成果展示	能够独立完成实训任务，完成实训任务及时、主动，并能主动提出问题、解决问题	10				
	市场营销调查报告结构完整，陈述语言规范，报告无错别字，观点正确	10				
	市场营销调查报告展示汇报形式新颖，语速恰当，有感染力	10				
合计		100				

项目二
市场调研与需求预测

任务1　学习市场调研的方法和技术

任务学习目标

素质目标：通过本任务知识的学习、案例分析和拓展学习，认同市场调研对企业营销活动的重要性，培养市场调研活动中践行营销职业道德的能力。

能力目标：通过本任务的案例分析和拓展学习，培养学生与消费者进行良好沟通，进行消费者调查问卷设计和撰写市场调研报告的基本能力。

知识目标：通过本任务知识的学习，能准确陈述市场调研的含义和类型，市场调研的基本方法和技巧等陈述性知识。

任务描述

每一个企业在竞争异常激烈、变化多端的市场上从事营销活动，必须掌握相关的市场信息，重视对市场信息的搜集、整理和分析工作。要获取信息就必须依赖市场调研，经过市场调研活动，在适当的时间，以适当的形式为企业营销主管人员提供适当的市场营销信息，才能帮助企业做出正确的营销决策，为企业的营销活动把握好时机和方向。

任务学习

市场调研是认识和了解市场的基本方法，是企业获取市场信息的重要手段，是营销人员运用科学的方法，有组织、有计划地收集、整理与分析市场营销方面的信息，从而为了解市场的发展状况和变化趋势，为市场预测和营销决策提供科学依据的活动过程。本任务主要了解市场调研的含义、市场调研的内容和类型、市场调研的基本程序和方法、市场调研问卷的设计等基本知识和技能。

一、市场调研的内容和类型

（一）市场调研的内容

1. 宏观环境动态信息

宏观环境动态信息主要包括人口发展动态，经济发展趋势，经济政策的变化，经济法律法规的制定和执行情况及法律法规的调整，社会安全与稳定，自然环境的发展趋势，新技术开发的信息等。

2. 市场动态信息

市场动态信息是反映商品供需关系及其变动过程和趋势的基本信息，包括的主要内容有现有顾客群、潜在顾客群的收入、消费结构，市场供给、需求及其结构等。收集这方面的信息资料，其主要目的在于研究潜在市场与潜在销售量，为制订总体的或地区的销售计划提供依据。

3. 产品动态信息

产品动态信息是指有关市场上与企业现有产品和拟开发产品的供应、销售相关的信息资料，主要内容涉及现有产品与新产品，产品的品质、价格、商标、包装等，销售增长率、产品生命周期特征等。收集这方面的信息资料，可以帮助市场营销者了解产品的创新机会与创新动态，了解和判断产品的销售市场变化以及产品生命周期的变化情况，指导企业正确制定产品营销策略、产品开发和创新策略。

4. 消费者需求信息

消费者需求信息是收集和分析消费者需求以及影响消费者需求及购买行为的信息，包括的内容有消费者的构成信息，消费者购买行为与习惯的信息，消费者购买动机等。由于市场活动的最终目的是满足消费者的需要，在竞争激烈的买方市场上，只有赢得消费者的人心才能制胜。

5. 竞争者信息

竞争者信息是市场调研中的一个重要内容。它收集和处理的信息有：同行竞争者数量，替代品竞争者的分布，竞争对手的规模、产品结构、市场范围、市场营销策略，顾客对竞争者产品、服务和营销策略的评价等。

6. 销售绩效信息

销售绩效信息主要包括销售政策和促销方法的效果信息，包括销售政策的执行情况与出现的新问题，对当前销售方法的评价，广告及其他促销手段效果分析等。收集和分析销售绩效信息是为了建立更有效的销售组织和采取更好的销售方法，以最低的费用和最好的效果，把产品送到消费者手中。

【学习互动】

一个休闲服装企业要了解目前在市场上最为流行的休闲服装样式，应搜集和分析哪些信息？

A. 市场上销售的各种休闲服装样式

B. 各种休闲服装样式的销售量资料

C. 消费者对各种休闲服装样式的看法

D. 各种样式休闲服装的销售增长率

（二）市场调研的类型

1. 探测性调研

当市场营销人员感觉到营销中存在问题，但对问题的性质或范围不甚明确时进行的调研，通常属于探测性调研。这类调研没有特定的调查内容，大多采用非正式调查方式，一般都通过搜集二手资料，或请教一些内行、专家，或参照一些过去类似的案例来进行，目的是明确问题的重点和症结所在，以便再作进一步的调研。例如，某企业营销经理对某项产品近几个月来销售量一直下降，但导致销售下降的原因不清楚，在这种情况下，就可以运用探测性调研，找出可能的原因，然后确定调研重点，作进一步深入调查。

2. 描述性调研

描述性调研是对需要调研的客观事实资料进行收集、记录、分析的正式调研。这类调研以说明被调研内容“是什么”或“怎么样”为主要特征，而不要求研究其原因与结果的关系。例如，要调查某种产品的市场占有率，只要调查清楚该产品在市场上占有比率的数字即可，不必再深入调研其原因。进行这类调研要十分重视事实资料的搜集与记录。

3. 因果关系调研

因果关系调研是为了弄清有关市场变量之间的因果关系而进行的专题调研。这类调研着眼于弄清楚问题的原因与结果之间的因果关系，即要回答“为什么”的问题。如上例中产品市场占有率问题，不仅要调查清楚市场占有率的实际情况，还要弄清楚占有率上升或下降的原因。因果关系调研就是要指出市场变量之间的相互关系，进一步分析何者为因，何者为果。掌握了市场各种现象之间的联系，就能预见市场的发展变化趋势。

4. 预测性调研

预测性调研是为了预测未来市场行情变化趋势而进行的调研，如调研顾客在预测期购买产品的情况。此类调研的特点是在搜集、整理资料的基础上，运用科学的预测方法，分析市场在未来一定时期内产品供需的变化情况，其目的在于切实掌握市场机会，制定有效的营销计划。

二、市场调研的程序和方法

（一）市场调研的程序

市场调研的程序包括设计调研任务和计划，进行准备，实际调研和资料整理与报告4个阶段。

1. 确定问题与调研目的

在执行调研之前，应确定需要解决的问题和调研目的。由于经济现象非常复杂，不易准确发现问题和提出问题，因此，在确定研究问题阶段，通常要先作初步调查（即探测性调查），然后确定调研的问题及其范围。

2. 拟定调研计划

调研计划（也称调研方案）是有关如何深入分析问题、达到调研目标的活动安排。调研计划的内容包括：规定收集什么样的资料、找谁收集资料、谁来收集、如何收集、费用预算等。例如，在拟定搜集资料时，如果企业内外现有的资料和数据可以利用，就要着手进行案头调研；如果资料不足，就要采取实地调查的方法。又如，由于被调查的对象太多，不可能包括全体，只有采用选样的方法。样本是否恰当，对调研结果影响甚大，因此，选样的决定也是调研计划的组成部分。

3. 实际调研前的准备

实际调研前的准备主要包括调研人员培训。区域分工设计与印制调查表购置调研需用到的仪器、设备，熟悉被调查者的地址或分布及其文化背景等相关情况。

4. 资料搜集

在调研中一般首先考虑取得二手资料的可能性。运用现成的二手资料，不论在时间上或经济上都可以节省，对资料的历史背景也比较清楚，也可以与实地调查资料进行对比。但在运用二手资料时，要充分考虑到原资料可能存在的不足，如资料过时，原分类要求与调查目的不同，原资料可能有遗漏或错误等。如果二手资料不合用，就要考虑收集原始资料。

原始资料可从企业内部和外部两方面进行收集。内部资料指企业内部的业务状况记录，如销售记录、成本记录和实验记录等。外部资料主要来自对企业外部的调查或销售实验，如对用户或消费者的调查，对批发和零售企业的调查等获取的资料。

5. 分析整理资料

通过调查和实验得来的原始资料，必须加以整理，使资料系统化、简单化与表格化，达到准确、实用和完整的目的，也可使用先进的统计技术和决策模式，以求得发现更多的研究成果。原始资料的整理一般有如下步骤：

（1）编辑。目的是发现、剔除调查资料中的错误部分，做到去伪存真、去粗取精。

（2）编号。赋予每份资料一个数字符号，以便归类和查阅。如果使用电子计算机处理资料，编号更是一个重要步骤。

（3）制表。将已经分类的资料，有系统地制成各种统计表，以方便分析与利用。

（4）分析与解释。对资料进行综合分析与说明。

（5）编制报告，提出结论与建议。注意紧密围绕调查的目的与要求，客观、准确而且有的放矢地分析问题，提出建议。

相关链接

晋商重视信息收集

山西商人非常重视通过各种渠道了解市场信息，了解各地物资余缺及其他影响经营的因素。他们有商谚："买卖赔与赚，行情占一半。"山西商人掌握市场信息的渠道有多种，当各地商号了解到市场信息后，便通过书函等形式，及时汇报总号，所以总号与分号之间一般是五日一函，三日一信，掌握各地的政治、军事、工农业生产、市场以及政界人事变动等。由于山西商人重视行情信息，因而在商业活动中能及时采取经营措施。

太谷县曹氏在沈阳开办"富生竣"商号，其经理在一次返晋途中，见沿途高粱表面上茎高穗大，但茎内多生有虫害，便中途打道返回沈阳，大量收购高粱。这一年许多粮商见高粱生长良好，丰收在望，都极力脱手陈粮，结果秋收时高粱因遭虫害，大幅减产，粮价猛涨，"富生竣"却大赚了一笔。这正说明：信息处处有，留心变财富。

（二）市场调研的方法

1. 询问法

询问法是调研主体将拟订的调研问题，通过讯问的方式向调研对象获得信息资料的一种调研方法。询问法主要由留置问卷、邮寄问卷、访问法、小组讨论法、电话询问、网站发布调查问卷等方法组成。

询问法的主要优点是灵活性强，可以收集不同场合下的各种信息；缺点是需要足够的规模与有效的组织策划，如果没有足够的规模，收集到的信息就会缺乏代表性；如果组织不好、问卷设计不好、回收率低，就很难收集到有效的信息。

2. 观察法

观察法是调研人员在收集资料时，在调查现场不直接向被调查对象提出问题，而是通过有针对性地观察记录来收集原始资料，以此来研究被调查对象的心理与行为。这种调查多是在被调查者没有觉察的情况下完成的，可用于获取被调查对象不愿意或不能提供的信息。观察法除了人员观察外，还可以由专用设备来处理，许多广告效果资料通常用机械记录器来收集。

观察法由于是有目的地直接观察，减少了调查者主观偏见带来的影响，所得资料比较客观和准确，实用性也比较大。但是，由于它只能看到事物的现象，不能说明原因，特别是被调查者的感情、动机、态度等无法触摸到，所以，调研人员在使用观察法的时候还要配合使用其他信息收集方法。

3. 实验法

实验法通常是为了验证某个假设，目的是说明事物间的因果关系。它是在给定的条件下，通过实验对比，对营销环境与营销活动过程中的某些变量之间的因果关系及其发展变化进行观察分析。

实验法多用于调研市场营销策略、销售方法、广告效果以及各种因素（如产品设计、价格、包装等）的变动对销售的影响。实验法的缺陷是时间长，费用大，选择实验的市场不一定有代表性，影响市场需求的可变因素很多且不易把握，所得结论不容易相互比较等。

实 例

测试话梅包装的大小

某蜜饯厂将同一品牌的话梅一部分采用大包装，另一部采用小包装，选择规模、客流量、周边环境等条件相似的甲、乙两个超市进行销售实验，为期四个月。前两个月甲超市卖大包装，乙超市卖小包装，后两个月进行对调，以减少由于超市自身和环境的差别所带来的误差。销售结果显示，前两个月小包装话梅销量比大包装话梅销量增加25%，后两个月销量增加21%，平均销量增加23%。

启示：测试话梅包装的大小采用的是实验法，通过对调实验以减少可变因素的影响。前后两个月、两个超市小包装话梅销售量增加的情况证明了实验结果的可靠性。整个实验结果证明，消费者喜欢购买小包装话梅，这为企业下一步制定营销策略提供了依据，如可增加小包装话梅的供货量、进一步改进包装等。

三、市场调研问卷的设计技术

（一）调查问卷的基本要求

主题明确，问题要明白易懂；措辞得体，含义清楚，不能模棱两可；内容不能过多，以易于回答；多采用填空和选择等简单方式（多种选择比简单选择好）；所提的问题要有次序，避免杂乱无章；用词要亲切，并能引起被调查者的兴趣；避免提出被调查者难以回忆或不愿回答的问题。

（二）问卷调查表的组成

一般包括4个要素：①面函，即说明调查目的及重要性；②调查表设计说明；③分类资料，即供调查人员根据年龄、性别、地区、职业及经济情况等进行分组和分析的资料；④编号，以便采用计算机处理。

（三）提问方式

在问卷调查表的设计中，必须对问卷的类型和提问的方式进行精心地设计。一般有4种提问方式是调查表可以采用的。

1. 有限答案的封闭提问方式

这类问题通常只有两个或者多个有限的而且能够估计到的答案，可以在调查表上明确列出来，让被调查者选择回答（用画勾“√”或者画圈“○”方式）。例如：

（1）请问您最近一个月里是否光顾过苏宁电器营业点？

A. 是　　B. 否

（2）如果是，请问最近一次光顾苏宁电器营业点是几个人一起去的？

A. 您一人　　B. 两个人

C. 三个人　　D. 四个或更多的人

2. 检测印象的回想提问方式

这类问题主要用于了解顾客的兴趣、注意力、选择记忆和平常生活习惯。例如：

（1）请您回想一下，最近一年来引起您注意的洗发水的品牌有哪些？

（2）请您回想一下含有“宝”字的商品品牌，看看能够写出多少个？

3. 带有程度估计性质的提问方式

这类问题能够反映被调查者对有关事物的看法、观点和评价，也能够用于比较不同人（尤其是市场营销者与消费者之间）认识上的差距。可以有多种方式让被调查者对有关事物进行评价，常用的是打分法和排序法。例如：

（1）在您看完广告节目a以后，请您就以下几个评价指标在相对位置打分：

程度打分	（最差）1	2	3	4	5	6	7	8	9	10（最佳）
A. 主题是否突出	_	_	_	_	_	_	_	_	_	_
B. 画面是否清晰	_	_	_	_	_	_	_	_	_	_
C. 能否引人注意	_	_	_	_	_	_	_	_	_	_
D. 品牌是否明确	_	_	_	_	_	_	_	_	_	_
E. 是否容易记忆	_	_	_	_	_	_	_	_	_	_

（2）在您看完产品a、b、c的介绍材料后，对下列各个方面，请按从强到弱的顺序

把三个产品进行排序：	（差）1	2	3	4	5（好）
A. 在产品使用的方便性方面	__	__	__	__	__
B. 在制造成本的合理性方面	__	__	__	__	__
C. 在产品功能的新颖性方面	__	__	__	__	__
D. 在产品质量的可靠性方面	__	__	__	__	__

4. 要求发表意见、说明观点的一般提问方式

例如：（1）家庭近三年开支计划中，主要考虑有哪些方面的开支需要？您计划通过哪些方式来满足这些需要？

（2）您对现在市场上许多商品供过于求的现象怎么看？您认为应当如何解决这个问题？

由于回答这些问题有一定难度，而且被调查者的观点可能比较分散，此外，个人的表达能力也会导致答案的差异，因而难以得到理想的调查结果。通常情况下，应该较少采用甚至不用这样的提问方式。

实 例

关于“营销技能实训课”的效果调查问卷

同学们：

你们好！“营销技能实训课”已接近尾声，为了我们更好地安排以后的教学和为同学们提供良好的服务，请你们认真填写以下资料。谢谢合作！

你的性别：男（　　）女（　　）

1. 你对“营销技能实训课”感兴趣吗？（　　）

A. 非常感兴趣　　B. 比较感兴趣　　C. 不感兴趣

2. 你认为“营销技能实训课”对你掌握专业技能有帮助吗？（　　）

A. 有　　B. 有一定的帮助　　C. 没有

3. 上完“营销技能实训课”后，你对其中的技能还有印象吗？（　　）

A. 有　　B. 很少　　C. 没有

4. 你在“营销技能实训课”上学到了多少技能？（　　）

A. 较多　　B. 较少　　C. 根本没有

5. 你对“营销技能实训课”的老师总体满意吗？（　　）

A. 很满意　　B. 比较满意　　C. 不满意

6. 你认为现在“营销技能实训课”所学的内容都适用吗？（　　）

A. 适用　　B. 有一些不适用　　C. 不适用

7. 对“营销技能实训课”，你有什么好的建议吗？（请把你的建议写在下面）

____

____

____

案例分析

善于观察分析的张总

老张是一家大型商场的总经济师，在商场做任何重大决策前，老张都会给管理层做一次详尽分析，分析中老张会采用许多数据，并用大家能够理解的方式，解释分析过程和结果。

老张善于搜集数据，而且养成了随时随地注意观察环境与事物的习惯。一次在一家大型购物中心设在一层的咖啡馆喝咖啡，一小时后老张说这家购物中心前景不妙，因为他发现顾客提袋率不高，果然没多久就传出这家购物中心经营惨淡，财务出现危机的消息。

问题：（1）老张善于观察，注意积累数据的行为对你有何启发？

（2）老张凭自己的经验和收集数据做的预测可信吗？谈谈你的看法。

讨论分析：

个人：每位同学结合案例内容，在固定的学习本上写出你的看法。

小组：请同学们每4个人分为一个小组，1人为组长，1人记录，在小组讨论中每个人陈述个人看法，然后小组讨论，形成小组意见。

全班：每个小组推选一位代表发言，陈述本小组观点。

教师：记录各小组陈述要点，最后做点评。

【**提示：**经济活动中很多事物的发展变化，都受其环境中的其他事物的影响和制约，只要留心、有心，善于观察事物，就能把握很多事物的发展变化规律，并事先做好各种应对准备。市场经济条件下，虽然竞争激烈，但只要善于预见，沉着应对，企业总能找到自己生存发展的机会和空间。】

拓展学习

设计网络调查问卷

1. 拓展学习内容

你的父亲经营一家销售农产品的网店，正在筹划新推出一种当地新开发的产品，父亲希望你帮助他设计一份网络调查问卷。

2. 要求

（1）调查问卷不超过5个问题，问卷样式自选。

（2）同学们可收集2—3份你认为效果好的网络调查问卷认真学习，然后结合产品设计调查问卷，把设计好的网络调查问卷上传到班级微信学习平台。

（3）教师可抽查3—5名学生，请他们在班级展示网络调查问卷，说明设计的理由和参考的实例，教师对同学们在班级展示的网络调查问卷进行点评。

任务2 掌握市场需求预测方法

任务学习目标

素质目标：通过本任务知识的学习、案例分析和拓展学习，认同市场营销调研预测活动中的营销伦理问题，提高对营销预测工作的责任心和事业心。

能力目标：通过本任务的案例分析和拓展学习，熟悉市场调研和预测报告撰写的基本要求，并学会撰写调研预测报告的基本技巧。

知识目标：通过本任务知识的学习，能准确陈述市场需求预测的含义、市场需求预测的基本方法和技巧等陈述性知识。

任务描述

企业调查人员在对调查信息进行整理和分析的基础上会得出结论，并对调查问卷中的数据进行检查以确保结论的准确性和完整性，通过数据代码，运用计算机和相应的数学模型进行统计分析和预测，以帮助营销人员做出正确的营销决策，合理制订销售计划，选择销售地点，设计最佳的促销组合以及预测新产品的销售趋势等。市场调研活动主要收集市场基本信息与数据，市场预测活动就要借助于收集到的基本信息，运用不同的方法和相关数学模型进行市场需求预测与分析。

任务学习

市场营销活动看上去变幻莫测，实际上有一定规律可循，而且这些规律是能够被有心人认识和掌握的。只要细心观察和总结，人们就可以在一定程度上运用特定的技术手段预测未来。市场需求预测就是根据市场营销的历史和现状，凭借以往的经验和知识，运用一定的预测方法和技术，对市场发展的趋势进行预测、测算和判断，得出符合逻辑的结论，用于服务企业市场营销决策。那么，市场需求预测的基本原理是什么？市场需求预测有哪些方法和技巧？市场调研和预测报告如何撰写？以上就是本任务学习的主要内容。

一、市场需求预测的基本原理

（一）连贯性原理

消费者或用户的消费方式、消费需求虽然可能发生变化，个别的变化又具有一定的随机性，但是从总体上看，这些变化是连贯的而不是跳跃式的，是遵循一定的规律而不是杂乱无章的。连贯性原理表明，过去和现在的市场需求水平和性质对将来一定时期的市场需求是有影响的，因而营销人员可以通过分析过去和现在的市场需求资料，进而推断未来的市场需求水平和变动趋势。

（二）联系性原理

世界上的事物之间总是存在着一定的联系，因而某些事物的变化会影响其他的事物，导致后者也发生变化。在市场上，消费者或用户对某种商品的需求，通常是受到他们的消费习惯、购买能力、生活背景、价格、广告和促销等因素的影响。通过分析这些因素，可以建立起一种能反映市场需求变化规律的因果分析框架或者说因果预测模型，来预测未来一定时期的市场需求。

（三）类似性原理

通过对客观事物发展变化规律的认识和比较分析，人们发现，相当多的事物变化规律之间具有相似性。例如，生物间的生命周期现象与产品的市场生命周期现象之间，机械运动中的加速度原理与商品促销原理之间等，具有较高的相似性。这种事物变化规律之间的类似性原理为人们推测市场需求的变化提供了一个便捷的途径。

【学习互动】

学习类似性原理后请你举出一个市场变化中相类似的例子。

二、市场需求预测的方法

（一）定性预测法

定性预测法是指对预测对象内在发展规律进行分析，判断其未来发展变化趋势的一种预测方法。定性预测通常是在数据不足而难以获得或没有必要去收集详细的数据时，凭借个人的知识、经验或集体的智慧及直观的材料，对事物的性质和规律进行预测，而非依靠复杂的数学工具进行预测。

定性预测可以充分考虑政治、经济、社会等各种因素对预测对象未来发展变化趋势的影响，简单易行。不足之处是对于未来变化趋势难以做出精确的说明，对各种预测目标之间相互影响的程度难于做出量的说明，对预测结果难以估计其误差和评价其可信程度。

1. 购买者意向调查法

这是通过直接询问潜在购买者的购买意向或计划，据以判断未来某时期市场需求潜量的一种定性预测法。因为市场是由现实购买者和潜在购买者构成的，未来市场需求潜量取决于各类购买者的购买计划，而这种计划只有购买者胸中有数，外人很难知晓，因此，通过访问调查，可以了解各类购买者的未来购买（采购）意向，进而可对未来的市场需求做出预测。

2. 销售人员意见法

对于市场需求变化规律有较深认识和掌握的人员，是那些每天和顾客打交道、直接从事商品销售工作的销售人员，包括制造商的推销人员、零售商的营业人员和部门经理、代理商等。他们尤其对自己所在地区、自己主要销售产品的市场情况十分熟悉，因而进行这一层次的市场需求预测具有优越的条件。

3. 专家预测法

专家预测法是根据市场预测的目的和要求，向经过严格挑选的有关专家提供相应的背景资料，通过会议的形式对预测对象及其前景进行评价，在综合分析判断的基础上集思广益，发挥集体智慧，做出预测的方法。

专家预测法预测结果的好坏在很大程度上取决于专家选择的恰当与否，所以选择的专家一定要有代表性，具有丰富的理论知识和一定的市场预测方面的知识和经验。另外，选择的专家人数要恰当（通常要控制在15人以内），这有利于从不同的侧面对问题进行分析，得出比较一致的意见。专家预测法的关键是让各个专家能充分发表意见。为实现这一个目标，通常采用直接头脑风暴法和质疑头脑风暴法。

（1）直接头脑风暴法，即根据一定的规则，通过共同的讨论，鼓励专家独立思考，充分发表意见的一种集体评估的方法。

（2）质疑头脑风暴法，即同时召开两组专家会议进行集体讨论，其中一个专家组会议采用直接头脑风暴法提出设想，另一个专家组会议则是对第一个专家组会议产生的各种设想进行质疑，通过质疑进行全面评估，直到无问题可质疑时为止，使预测结果趋于完善。

4. 德尔菲预测法

德尔菲预测法是专家预测法的一种特殊形式。“德尔菲（Delphi）”传说是希腊一个古城的名字，城中有座阿波罗神殿，众神每年到此集会，预言未来，无不灵验，本预测方法就是借此传说来命名的。这种方法要求选择一组专家，但不让专家之间相互认识和知晓。预测组织者和各位专家直接联系，分别征询他们的意见，进行预测。这样做是为了充分发挥每位专家的预测能力，避免专家之间的相互影响。由于每位专家的经验和知识与其他专家不同，因此，预测结果会有差异。为消除预测差异，德尔菲预测法采用多轮反馈预测的方式，使专家意见逐渐趋于一致。具体做法是：

第一轮：由预测组织者将拟调查预测的项目、要求列成提纲，加上有关背景资料，一并提供给所选择的专家，请他们作第一轮预测，并说明预测的依据和理由。

第二轮：预测组织者把第一轮的专家意见进行集中整理后，以不记名的形式，将不同的预测结果及其依据、理由，分别给各位专家，请他们进行分析和评价，并对自己原先的预测进行补充、修改和进一步的说明。

第三轮：预测组织者把第二轮取得的专家意见进行集中处理，并将修正后仍然存在的不同预测结果及其理由、新的说明再次反馈给有关专家，请他们进一步分析和评价，并对各人原先的预测进行新的修正。

一般经过四五轮这种不记名的反复征询，专家们的预测意见会逐步趋于一致，预测组织者最后可以得出比较切合实际的预测值。

（二）定量预测法

定量预测法是依据历史的资料，对预测对象未来发展变化趋势进行量的分析和描述的方法。它通常用于原始数据比较充分或数据来源多且稳定的情况。

定量预测由于重视数据的作用，以数学模型作为分析手段，不易受到人为因素的影响，故精确度比较高，还能对预测目标的未来发展程度和过程以及各目标之间的影响和制约关系做出定量的判断，为决策者提供更精确、更直接、更全面的信息资料。不足之处是对预测人员的知识特别是数学知识的要求比较高，对数据资料的准确性要求比较高，对时间的限制性比较高。所以，在市场预测中，通常是把定性和定量预测结合起来，在定性分析的同时，辅之以定量的分析，确保有比较高的预测准确性。

1. 时间序列分析预测法

时间序列分析预测法，是将历史资料和数据按时间先后顺序排列，根据时间序列所反映的经济现象的发展过程、方向和趋势，将时间序列外推或延伸，进行推算，以预测经济现象未来可能达到的水平，因而它又称时间序列预测法。它的主要特点是以时间的推移来研究和预测需求趋势，排除外界因素影响。

2. 回归分析预测法

回归分析预测法，是对具有相关关系的变量，在固定一个变量数值的基础上，利用回归方程测算另一个变量的取值的平均数。它是在相关分析的基础上，建立相当于函数关系式的回归方程，用以反映或预测相关关系变量的数值关系及数值。

【学习互动】

在市场营销活动中，定性预测和定量预测哪一个更可靠？

三、市场调研和预测报告的撰写

市场调研或预测报告，是某一个市场调研或预测项目最终成果的主要表现形式，是调研人员对某种现象或某个问题进行深入细致的调查并经过认真分析研究后做出的一种书面报告。由于两者结构基本相同，我们将它们放在一起讨论。

实　例

关于“营销技能实训课”实训情况的调查报告

一、基本情况

营销专业是学院教改专业，营销专业学生如何进行职业技能培养，如何提高营销职业能力是学院营销专业老师一直探索的一个课题。经过两年的努力，学院开发出了“营销技能实训课”，并在本学期4个班进行试点教学。

本次组织“营销技能实训课”实训情况调查，对学校本学期开设该门课程的两个班的学生进行问卷调查，共调查了100人，收回有效调查问卷100份，其中男生占55%，女生占45%。

二、调查目的

“营销专业技能实训课”是为提高学生营销技能而开设的一门职业技能训练课。为了了解训练内容设置、训练方法、训练效果等情况，需要听取学生意见，以便能根据社会经济发展需要、学生意见和建议，不断完善营销技能实训课的教学与实训，努力提高学生营销职业技能。

三、调查时间

在本学期第十六周周二下午进行。

四、调查方法

面向全校营销专业中的两个中职班的全体学生进行问卷调查。

五、调查数据统计

对100份有效问卷数据进行统计整理汇总见表2－1：

表2－1　　调查资料统计表

项目 问题	总人数 100人（选择A的人数）		男生 55人（选择B的人数）		女生 45人（选择C的人数）	
1	A	89人/89%	B	6人/6%	C	5人/5%
2	A	75人/75%	B	15人/15%	C	10人/10%
3	A	80人/80%	B	12人/12%	C	8人/8%
4	A	75人/75%	B	15人/15%	C	10人/10%
5	A	87人/87%	B	8人/8%	C	5人/5%
6	A	80人/80%	B	13人/13%	C	7人/7%
7	关于对营销技能实训课的建议，主要包括：能更好地与企业实际结合；请企业的能工巧匠来校进行技能训练；训练形式增加趣味性和吸引力等。					

四、主要问题分析

1. 学生认为比较好的两个问题：一是89%的学生对营销技能训练课感兴趣；二是80%的同学对学过的技能有印象。说明同学们对营销职业技能课感兴趣，对学过的技能留下深刻印象。

2. 学生意见比较多的三个问题：一是20%的同学认为学习内容不适用；二是25%的学生认为对掌握专业技能没有帮助；三是13%的学生对部分老师不满意。

根据上述统计数据和个别走访同学，大部分学生对营销技能训练课给予肯定，学院应在不断完善的基础上，继续深化课程改革，增加实训内容的实用性，提升实训形式的趣味性。对部分学生不太满意的方面，一是要进行认真调研，聘请企业专家共同开发营销技能实训项目，增加实训内容的实用性；二是对学生加强专业教育，提升同学们专业认知水平，调动同学们学习专业知识和技能的积极性；三是老师在征求学生意见的基础上，提高实际操作技能，提升训练水平。

总之，营销技能训练是一项需要不断探讨和完善的新任务，只要认真研究，不断完善，一定会取得预期效果的。

（一）市场调研报告的格式

市场营销调研或预测报告实际上是将市场调研或预测活动作一个总结性的汇报，因此其格式的特点应是开门见山，准确精练，具有使用价值。一份完整的市场调研或预测报告一般包括题目、目录与摘要、正文和附件等几个主要部分。

1. 报告题目

报告题目应简明扼要地表达报告的主要内容。它可以只有正标题，也可以采用正副标题的形式。一般的格式是“关于××的调研报告”。

2. 报告的目录与摘要

当市场调研项目比较大、市场调研报告比较长的时候，应该使用目录或索引，详细列明调研或预测报告的各个组成部分以及页码，编排在报告题目的后面，以便阅读。

报告摘要就是列在正文前对报告的简要说明，它主要包括以下几个方面的内容：

(1) 本次调研的目标；

(2) 简要地指出调研的时间、地点、对象、范围及调研的项目；

(3) 简单介绍调研的方法、手段以及对调研结果的影响，包括所需的信息、二手资料的收集、一手资料的收集、调查表设计、现场工作等；

(4) 调查中的主要发现或结论性内容。

3. 正文

正文是调研报告中最长的部分，应根据具体的调研内容充分展开。它往往包括开头部分、论述部分和结尾部分，主要根据调研或预测问题的性质、目标和所获得的结果，进行合乎逻辑的叙述。

(1) 开头部分。有以下几种撰写方式：

① 开门见山，提出主题。

② 先写结论，再进行论证。即文章一开始就将调研结论写出来，然后再进行论证，如×年×月×日，我们在××市对××的市场销售状况进行了一次随机抽样调查，调查的结果表明：××在××市的销售状况良好，其市场前景乐观，具体表现在以下几个方面。

③ 先列出数据资料，再进行分析。如本次“关于营销技能实训课的效果调查”中，调查的主要对象是在校的中专班的学生，其中男生占55%，女生占45%。列出这些数据后，再进行分析。

④ 提出问题，引入正题。

(2) 论述部分。主要分为基本情况和分析两个部分。

基本情况主要是真实地反映客观事实，但不等于对事实的简单罗列，而是应该有所提炼，一般有三种撰写方法。① 先对调查数据和资料作客观的介绍说明，然后阐述对情况的看法或观点。介绍资料时，可以列表单、画曲线图、文字叙述等。② 先提出问题，然后引出分析问题，找出解决问题的办法。③ 先肯定事物的一面，再由肯定的一面引出分析部分，最后得出结论。

分析部分是调研报告的主要部分，在这个阶段要对资料进行质和量的分析，通过分析，了解情况，说明问题和解决问题。

(3) 结尾部分。

结尾部分是调研报告的结束语，它主要是概括全文，得出调研结论，提出看法、建议和可行性的方案。这部分内容要求切实可行、可实施操作、使用有效，同时对调研报告的局限和不足做出说明。这一部分要小心地阐明项目中的局限性所在，避免客户过分依赖调研或预测结果，但要避免造成客户怀疑调研或预测结果的情况。

4. 附件

附件是调研报告正文包含不了或对正文结论的说明，是正文报告的补充或更为详细的专题性说明。附件可列出一系列的文件、调查表、统计数据等。

（二）市场调研报告的基本要求

要形成一份好的市场调研与预测报告，除了以上精心组织安排报告的结构和格式外，还必须遵循以下要求。

1. 客观准确

调研报告要符合客观实际，不弄虚作假，这是因为重视阅读和使用者的需求并不意味着为迎合他们的好恶而歪曲事实。

2. 重点突出

在保证全面系统地反映客观事物的前提下，突出重点，尤其要突出调研和预测的目的，提高报告的针对性、实用性，从而提高其价值。报告内容要简明扼要、精心组织，妥善安排报告的结构和内容，给人以完整、系统的印象。

案例分析

“利在长久”

司马迁在《史记·货殖列传》中记载了一个姓任的商人发财的经历。秦朝末年，天下将乱，一般的商人都趁机抢购金银珠宝，囤积这些当时值钱的东西。姓任的商人却把钱拿出来去购买大量的粮食储存起来。其他商人笑他不识时务，错过了发大财的机会。秦亡以后，楚汉相争，战乱连年，农民无法安心耕地种田。于是粮食奇缺，这时姓任的商人大量抛售粮食，那些当年抢购珠宝的商人们也不得不用他们收藏的珠宝来换取粮食以求活命。结果，姓任的商人大发横财。

问题：结合案例，分析说明姓任的商人为什么赚了钱？

讨论分析：

个人：每位同学认真学习思考案例资料，把自己对案例的思考写在固定的学习本上。

小组：同学们每6个人分为一个组，1人为组长，1人记录，每个同学陈述自己的观点，小组成员共同讨论，形成小组观点，准备在班级交流。

全班：每组选一位代表发言，陈述本组观点。

教师：记录各小组观点，并做点评。

【**提示：**姓任的商人能赚钱，在于他能结合宏观长期预测和短期预测并运用发展的眼光，把握事物发展变化规律，以此来确定市场的需求。】

拓展学习

撰写学生对专业学习情况的调查报告

1. 拓展学习内容

请每位同学自己设计一份调查问卷，主要了解学生对专业学习、就业意向、生活消费、网络购物、时尚追求等方面的态度，在本专业一年级、二年级、三年级分别选取10名同学进行问卷调查，调查内容和调查问题自己选择。调查结束后，整理调查资料，进行调研分析，并根据调查资料和分析结果撰写一份调查报告。

2. 要求

（1）每个同学独立完成任务或两个同学互相帮助完成调研任务，但必须独立撰写调研报告。

（2）准备好调查问卷，确定调查时间、调查方式、调查应注意的问题等，并对实施调研的过程进行认真的准备。

（3）调查内容不要雷同。

（4）结合调查问卷内容及调查实际情况，整理调查数据，分析相关资料。

（5）根据整理的数据和分析结果，独立完成调查报告的撰写。

（6）老师选取3—5份有创意的调查报告，请他们在班级交流，主要说明选择调查问题的理由和设计调查问卷的思路，说明调研报告的特点。其余同学的报告在班级微信平台进行展示，交流过程中同学们可提问，老师做总体点评。

思考与实训

1. 选择题

（1）当一个企业的销售量下降时，企业进行市场调研，可采用（　　）。

A. 探测性调研　　B. 描述性调研

C. 预测性调研　　D. 因果关系调研

（2）消费者对5G态度的市场预测应该运用（　　）。

A. 定量预测法　　B. 专家预测法

C. 定性预测法　　D. 德尔菲预测法

（3）下面这些市场调研行为属于（　　）调研类型。

A. 请若干专家来讨论电子商务未来的发展趋势

B. 请市场营销专家对公司近年的广告效果做分析和评价

C. 询问公司销售人员公司价格水平是否比竞争对手高

D. 请小朋友回忆本公司的广告用语

（4）市场调研的第一步是（　　）。

A. 拟定调研计划　　B. 确定调研目的

C. 收集调研信息　　D. 选择调研对象

（5）企业获得信息的途径很多，下列（　　）途径获得的资料不属于二手资料。

A. 国家统计公报　　B. 行业协会统计资料

C. 问卷调查　　D. 报刊文献

（6）市场营销调研中，收集一手资料的方法主要有（　　）。

A. 实验法　　B. 观察法

C. 询问法　　D. 抽样法

（7）具有匿名性、背靠背、多轮反馈和统计分析等特点而颇受欢迎的预测法是（　　）。

A. 专家预测法　　B. 德尔菲预测法
C. 时间序列预测法　　D. 头脑风暴法

（8）市场需求预测的基本原理有（　　）。

A. 连贯性原理　　B. 因果性原理
C. 类似性原理　　D. 联系性原理

2. 判断题

（1）对问题的性质和范围不甚明确时，应进行因果关系调研。（　　）
（2）当一个企业的销售量下降时，企业应进行描述性调研。（　　）
（3）消费者对网络营销态度的市场预测，运用定量预测效果最佳。（　　）
（4）询问法是市场调研中最常用、最基本的调研方法。（　　）
（5）根据一定的主观判断标准来抽取样本是随机抽样。（　　）
（6）市场调研一般包括题目、正文和结尾等几个主要部分。（　　）

3. 案例选择题

某公司想了解一下其产品的需求情况，为此组织了一次市场调研活动。按照调研计划该企业首先进行了一次问卷调查，他们选取了北京、上海和广州3个城市作为代表城市，在这3个城市中随机发放问卷。他们向消费者发放的问卷中，问答项目达几百个，而且十分具体。该调查所获得的数据被存入计算机，进行详细的分析。

此外，该公司为了改进其刚刚研制成功的产品，还邀请消费者担当“商品顾问”，让他们试用这种新的产品，然后“鸡蛋里挑骨头”，从他们那里收集各种改进的意见。该公司担心“商品顾问”有时也会提供不真实的信息，因此，公司的市场调查人员经常亲自逛市场，“偷听”消费者购买时的对话，或者干脆装扮成消费者，四处探听店员和顾客对产品的意见。他们的目的只有一个，就是一定要得到真正准确的信息，而不是虚假的赞誉。

在亲自获取市场信息的同时，该公司还把其他部门所提供的市场信息进行加工和整理，来补充市场调查所获取信息的不足，并且从公开出版物、报纸、杂志、政府和有关行业获取统计资料，为该企业了解整个市场的信息提供了帮助。

（1）该公司在直接获取市场信息的同时，还需要多种二手资料的支持，那么下列内容中属于二手资料的是（　　）。

A. 国家统计资料　　B. 问卷调研
C. 大众传播媒体信息　　D. 行业协会统计资料

（2）从资料中可以看出该公司所进行的调研活动所包括的主要内容是（　　）。

A. 市场容量　　B. 需求特点
C. 竞争对手　　D. 市场环境

（3）在调研问卷的设计中，一般不适宜提（　　）。

A. 封闭式问题　　B. 开放式问题
C. 回想式问题　　D. 程度估计问题

（4）该公司在进行市场调研时采用了（　　）方法。

A. 观察法　　B. 试验法

C. 询问法　　　　D. 案头调研法

(5) 如果向消费者了解本公司价格水平是否比竞争对手高，可采用（　）。

A. 描述性调研　　　　B. 因果关系调研

C. 探测性调研　　　　D. 预测性调研

4. 案例分析题

(1) 近几年，随着人们收入水平的不断提高，家庭的消费方式已发生了根本性的变化，过节到饭店、来客到餐馆已成为城市消费的一个很普遍的内容。中国本身又是一个饮食文化深厚的国家，特别是近几年南北菜系的交融，为消费者带来了很多口福。在这一趋势中，"火锅"发展很快，在某县城形成了"火锅一条街"。

同心公司看准了这一市场，决定投资建店。他们派人到北京进行实地考察，跑遍了北京城的火锅店，最后选中一家经过协商谈判，决定以连锁经营的模式在当地联合开店。比照北京店的情况，斥资300多万元，在火锅一条街上建了一家火锅店。在建店的过程中，经营者认为，原有的火锅店档次低、环境差，他们要建一个高档次的，于是把设计重点放在环境的建设上，高雅的内部环境成为它的一大特色。他们提出了"火锅也能吃精彩"的口号，开业时请北京的名人剪彩，实行八折优惠，质量上传承北京特色，推出嫩羊肉、肥牛和鸡肉，在汤料上加入中药滋补品，价格实行高价策略，他们相信这一设计完美无缺。但是，事情并不像想象得那么好，别家的生意红红火火，而这家店生意很清谈，尽管针对节假日开展了各种各样的促销活动，但总是不尽如人意。

问题：①在这则案例中，这家火锅店采取了什么样的市场调研？是否适用？

②他们生意冷清的原因是什么？你认为应该怎么做？

(2) 零点市场调研公司受某手机制造公司的委托，对北京、上海、广州和重庆四大城市的手机需求状况进行调查。零点市场调查公司认为，手机消费与年龄密切相关。为此，它把每个城市的消费者都按年龄分成三大群体：18—25岁、26—40岁和40岁以上。然后从这三大群体中分别随机抽出1000人作为样本进行分析，这样就可以了解不同城市、不同年龄段的消费者的消费需求。

问题：(1) 该调查采取的方法科学吗？

(2) 使用该方法要注意什么？

5. 实训任务

调查问卷设计实训

(1) 背景资料

学校附近有一家专门为学生服务的超市，为了提高经营活动的针对性，需要了解学生的消费状况，请帮助该超市设计一份关于"学生消费情况"的调查问卷。

(2) 实训目标

①素质目标：通过设计调查问卷活动，锻炼同学们与人沟通交流、与人合作的能力以及数字应用的能力。

②能力目标：通过设计调查问卷活动，掌握调查问卷设计技能和设计技巧。

③知识目标：通过设计调查问卷活动，理解调查问卷的设计方法，了解系统设计一份调查问卷的注意事项。

（3）实训步骤

①学生每4个人一组，走访学校附近的市场和征求同学意见，然后设计调查问卷。

②深入企业与营销人员沟通，征求调查问卷意见。

③小组同学沟通交流，共同制定一份调查问卷。

④教师从各组中选取3份设计有特色的调查问卷在班级交流。

⑤其他同学可提问或点评，最后由老师做总结点评。

（4）实训成果及要求

每组设计一份调查问卷，要详细说明组员分工，你们调查了解企业什么问题，说明你们设计调查问卷的思路。

（5）实训时间

在学生学习完本项目内容开始时，即可让学生分组，布置本实训任务，利用课余时间去企业进行调研，并积极收集相关调查问卷实例。在本项目学习完后，用2个课时让各小组介绍展示本组调查问卷，其他组的同学可发表个人意见，最后由老师点评。经过展示点评，各组认真修改完善调查问卷，并把修改后的调查问卷在班级微信平台展示交流。

（6）实训评价（见表2-2）

表2-2　调查问卷设计实训评价表

项目	评价标准	分值	小组个人自评（30%）	小组成员互评（30%）	教师评价（40%）	小计
素养培养	参与问卷设计同学的态度端正，积极性高，小组合作意识强，纪律性强，小组讨论积极踊跃	10				
	养成细致、严谨的工作作风，能主动提出关于问卷设计工作的相关问题	10				
	能够结合问卷调查设计调研认识市场营销职业的价值	10				
能力提升	能将所学的问卷设计相关知识运用到实训任务中，学以致用	10				
	正确分析问卷调查活动工作内容	10				
知识应用	能正确认识和理解问卷调查方法的特征	10				
	能运用问卷调查方法等知识设计调查问卷	10				
项目成果展示	能够互相帮助完成实训任务，完成实训任务及时、主动，并能主动提出问题、解决问题	10				
	调查问卷结构完整，问题设计合理，文字规范，问卷无错别字	10				
	调查问卷展示汇报形式新颖，语速恰当，有感染力	10				
合计		100				

项目三
消费者购买行为分析

任务1 认知消费者需求

任务学习目标

素质目标：通过本任务知识的学习、案例分析和拓展学习，提升同学们对消费需求多样性的认同，激发同学们尊重个性需求、满足消费需求多样性的职业兴趣。

能力目标：通过本任务的案例分析和拓展学习，培养同学们对消费者需求的分类及相关内容、消费者需求的特点进行分析的能力。

知识目标：通过本任务知识的学习，能描述消费者需求的分类及相关内容、消费者需求的特点等陈述性知识。

任务描述

上一项目我们学习了市场调研和需求预测，目的是了解消费者方面的一些基本信息。企业的营销活动都是围绕着消费者进行的，满足消费者的需求既是市场营销活动的出发点，也是市场营销活动的归宿点。为了更好地为消费者服务，还必须认真了解什么是消费者需求，认知和理解消费者需求及相关内容。成功的企业都把分析研究消费者需求作为制订营销计划、实施营销战略的前提。

任务学习

营销始于消费者，为了有效地开展市场营销活动，企业要学会研究分析消费者需求及购买行为。消费心理学研究表明，消费者某一购买行为的产生，总是遵循“消费需求→消费动机→消费行为”的规律来进行的。对于购买者来说，需求是产生购买动机、实施购买行为的直接原因，需求是消费者实施购买活动的动力。本任务将详细介绍有关消费者需求、消费者需求产生和起源、需求分类和消费者需求的基本特征等内容。

一、消费者需求的概念

需求是指人们感到自己某种欠缺而力求获得满足的一种心理状态。人作为生物，为了维持生命，就有补充养料、求得安全和进行繁殖的客观要求；作为社会成员，又离不开群体与社会而孤立地生活。人们的生理性、社会性需要，推动着生产的发展和社会的进步，而生产的发展和社会的进步又会使人们产生新的需求。

消费者需求是指消费者在一定的社会经济条件下，为了自身的生存与发展而对某一产品或服务的渴望与欲望。消费者需求通常以对商品或服务的愿望、意向、兴趣、理想等形式表现出来。消费需求的产生，有赖于消费者个人当时的生理状态、社会情景以及个人认识。消费者需求既是营销活动的出发点，又是营销活动转化为购买活动的中介，没有消费者需求，营销活动就失去了它存在的意义。

二、消费者需求的内容

由于消费者主观欲望的个性化越来越强，外部环境又十分复杂多变，因而消费者需求的内容也多种多样。为了便于了解，可按以下几个标准对消费者需求进行划分。

（一）按照需求的产生和起源分类

1. 生理性需求

生理性需求是人们为了维持和发展个体生命而产生的对客观事物的需求和欲望，如饮食、睡眠、休息、运动、御寒等。

2. 社会性需求

社会性需求是与人的社会生活相联系的一些需求，这类需求起源于人类的社会活动，属于人类社会历史的范畴。人们的社会性需求是在人类社会历史发展的过程中形成和发展的，它受到政治、经济、文化、地域和民族等因素的制约。

（二）按照需求的性质分类

1. 物质需求

物质需求是指人们对物质对象的欲望和要求，如对衣、食、住、行等有关物品的需求，对劳动工具、劳动对象的需求等。随着社会生产力的发展和科学技术的进步，人的物质性需求也在不断地丰富与发展。

2. 精神需求

精神需求是指人们对社会精神生活的需求，如对知识、艺术、道德、宗教以及美的需求等。精神需求是高层次需求，它是人们学习科学知识、追求真理、探索自然和社会发展规律的动力。

（三）按照需求的层次分类

1. 生存需求

生存需求是指人们为维持机体活力而产生的对基本生活用品的欲望和要求，如对粮食、服装、住房等的需要。生存需求是人类最基本的需求。

2. 享受需求

享受需求是指人们为增添生活情趣，实现感官和精神愉悦而产生的各种欲望和要求，如对音响、彩电、冰箱、高档衣料、装饰品、奢侈品等供娱乐、休闲用的各种消费品及服务的需求。享受需求不是人类生存所必需的基本生活需求，但是随着生产力水平的提高和科学技术的进步，其在人类各种需求中所占的地位变得越来越重要。

3. 发展需求

发展需求是指人们为发展智力和体力，提高个人才能，实现人生价值而产生的欲望和要求，如对书籍、学习机、电脑、滋补品等的需求。当人们的生存需求、享受需求得到基本满足之后，发展需求就显得突出了。

（四）按照需求由低级到高级的顺序分类（美国人本主义心理学家马斯洛的需求层次论）

1. 生理需求

生理需求是维持个体生存和人类繁衍而产生的需求，如对食物、氧气、水、睡眠等的需求。

2. 安全需求

安全需求是在生理及心理方面免受伤害，获得保护、照顾和安全感的需求，如要求健康的人身，安全、有序的环境，稳定的职业和有保障的生活等。

3. 社交需求

社交需求即归属和爱的需求。希望给予或接受他人的友谊、关怀和爱护，得到某些群体的承认、接纳和重视，如乐于结识朋友，交流情感，表达和接受爱情，融入某些社会团体并参加他们的活动等。

4. 尊重需求

尊重需求是希望获得荣誉，受到尊重和尊敬，博得好评，得到一定的社会地位的需求。尊重的需求是与个人的荣辱感紧密联系在一起的，它涉及独立、自信、自由、地位、名誉、被人尊重等多方面内容。

5. 自我实现的需求

自我实现的需求是希望充分发挥自己的潜能，实现自己理想和抱负的需求。自我实现是人类最高级的需求，它涉及求知、审美、创造、成就等内容。

【学习互动】

在以上的需求中，哪些是人类所特有的？你怎样看待这些需求？

相关链接

你幸福吗？

中央电视台曾发起过一个以“你幸福吗”为主题的采访活动，面对镜头，被采访者的回答五花八门。尽管幸福难以名状，但人们对幸福的追求是无止境的，这与美国心理学家马斯洛提出的需求层次理论相对应。

生理需求就是饥有所食，寒有所衣，住有所居，病有所医，这是人活着的最基本需求，也是人最基本的人权。当生理需求得到满足后，人便有了最基本的幸福感。生理需求得到满足后，人会产生对安全的需求，要求一个没有威胁的生存环境，过安宁的生活，也就是央视做幸福调查时一位受访者所说的“生活有保障，没有后顾之忧”。此时，安全感就成为衡量人幸福与否的一个新的指标。人是感情动物，生理需求和安全需求一旦得到满足，便有了对幸福新的追求，那就是情感需求：家庭成员之间的关爱、朋友之间的友谊、社区邻里之间的和睦。人对感情的需求，其实就是一个“爱”。人只有感受到有人、有组织、有社会的关爱，他才会感到幸福。

人对幸福的追求不会仅停留在满足前三个层次的需求上，人还有被尊重的需求，这就要求得到社会的尊重，实现自己的社会属性，成为一个“公民”，这也是和谐社会的基本标志。最让人有幸福感的是满足自我实现的需求。自我实现是人最高级层次的需求，它是指人在不受胁迫、没有外部压力的情况下，自由地做自己喜欢的事情，并达到自己设定的目标。从主观上讲，它能让人的各种潜能得到彻底发挥；从客观上讲，它促进了社会文明的发展。人类历史上众多的发明创造和新思想、新流派的产生，都是在个人的自我实现中形成的。

以上的分析说明，人的幸福感与他所在的各种环境休戚相关，包括家庭环境、工作环境、社区环境、生态环境、社会环境等。

实　例

一个人在某公司工作，月薪5000元，但老板对员工漠不关心，只向员工要效益，同事间尔虞我诈，互相猜疑，互相拆台，那他就感受不到幸福。后来他跳槽到另一家公司，月薪同样是5000元，但老板不仅关心员工的工作，也关心员工的生活、关心员工的进步和发展，同事间关系融洽，彼此信任，团结互助，在这样的环境里，他立即有了幸福感。

启示：当人的生理需求得到满足后，只靠增加收入是无法增进幸福感的，必须改善各种环境，满足人们对幸福的不断追求。

三、消费者需求的特点

（一）需求的多样性和差异性

全社会所有的人口，都是消费品市场的购买者，人多面广，需求广泛，潜力巨大。而且由于消费者自身的主观状况和所处的消费环境的影响，不同的消费者在年龄、性别、民族传统、宗教信仰、生活方式、文化水平、经济条件、个性特征、所处地域的社会环境等方面的主客观条件的千差万别，由此形成多种多样的需求。每个消费者都按照自己的需求选择、购买和评价商品，或经济实用，或新潮流行，或美观新颖，都鲜明地显示出不同消费者之间需求的差异性。

（二）需求的层次性和发展性

消费者对商品和服务的需求是有层次的，其中既包括充饥、御寒、安全等生理方面的需求，也包括受人尊重、实现自我、发展自我等精神方面的需求。就发展性而言，消费者的需求是一个由低级向高级、由简单向复杂不断发展的过程。在生产力水平低下、物质产品匮乏的情况下，人们更多地关注于基本的生理需求的满足。当社会提供的物质产品日益丰富时，人们需求的内容也日益扩展，特别是在现代社会，科学技术和生产力更加发达和先进，物质产品已经极大地丰富，新的消费领域、新的消费方式也不断涌现，人们的消费需求在内容、层次上不断更新和发展，如吃要营养、穿要时尚、住要宽敞、用要高档，还要求通过各种有形、无形产品的消费满足社交、尊重、情感、审美、求知、实现自我价值等多方面的高层次的需求。

（三）需求的小型性和重复性

在现代社会里，家庭结构变化很大，“三口之家”的家庭模式十分普遍，“四世同堂”的现象已十分罕见。家庭小型化导致消费者出现小型购买的特点，由于购买量小，就必须要经常重复购买，因此，消费品市场购买的重复性及小型性的特点十分突出。营销活动中在产品的容量、包装、设计上必须与此相适应。

（四）需求的伸缩性和周期性

消费者对商品的购买决策会随自身收入水平的变化、市场供求变化、价格变化或储蓄、信贷等的影响而发生一定程度的变化，这就是购买的伸缩性。比如高档耐用消费品对消费者来说，不像日用品那样必不可少，它可买可不买，选择性大，因而伸缩性也比较大。除伸缩性外，消费者需求的变化还具有周期性的特点，一些消费需求在获得满足后，于一定时期内不再产生，但随着时间的推移还会重新出现，并显示出明显的周期性。例如，对食品的需求周期具有时间短、循环快、重复性高的特点；服装的需求周期直接受气候变化的影响，表现出明显的季节性。

（五）需求的可变性和可诱导性

消费需求不是一成不变的，无论何种内容、层次的需求都会因社会环境的变化而发生改变。也正因如此，消费需求具有可诱导性，即可以通过人为地、有意识地给予外部诱因或改变环境状况，诱使和引导消费需求按照预期的目标发生变化和转移。

（六）需求的连带性和替代性

不少消费品的需求是具有连带性的，即购买某种商品时，需附带购买一系列其他相关商品。如购买一台随身听或 VCD，就需要购买碟片、电池等商品。对这些具有密切连带的相关商品进行科学合理的配套，不仅会给消费者提供方便，而且可同时扩大各种商品的销售。

另外，不少商品的购买具有替代性，如饮料的出现对传统茶叶市场的冲击和替代，浴液对香皂的替代等。这就意味着某种产品的销量增加，与此相关的替代品的销量就会相应地减少。因此，及时掌握商品的更新换代趋势，及时调整商品的品种，是企业必须时刻注意的问题。

案例分析

诚信经营

瑞士一家钟表店里手表积压太多，使店里资金周转不灵，面临破产的危险。新上任的经理冥思苦想，灵机一动，登了别具一格的广告。

“本店现存一批手表，走时不太准确，一天会慢20秒，现优惠销售，望购买者三思而后行”。

广告登出后，表店突然门庭若市，积压的手表一售而空，解决了钟表店的危机。

问题：试用消费者需求的知识对本案例中现象进行分析。

讨论分析：

个人：每位同学结合案例内容进行分析，把自己对诚信经营案例的分析思考写在固定的学习本上。

小组：请同学们每4个人分为一组，1人为组长，1人记录，每位同学陈述自己的观点，小组成员共同讨论形成本组观点，并准备在班级交流。

全班：每组有一位代表陈述本组观点，同学们可提出意见。

教师：简要记录各组代表陈述要点，最后做点评。

【**提示：**这则广告给消费者传递了这家表店对顾客诚实的信息，表一天会慢20秒，即使号称非常准确的手表通常也存在一天慢几十秒的现象，这样的广告内容客观、真实，从而激发了消费者的需求。】

拓展学习

个人购买商品需求认知

1. 拓展学习内容

（1）列出3件你最近购买的商品，描述每件商品原打算满足的最重要需求，并说明你的需求是否很容易被识别出来。

（2）填充表3-1中的相应内容。

表3-1　购买商品需求认知与识别明细表

购买商品名称	购买时间	购买商品原打算满足的最重要需求	你的需求是否很容易被识别出来

2. 要求

（1）每位同学独立完成上表内容的填写。

（2）上表内容填写完毕后，可征求周围2—3位同学意见，完善自己表格中的相应内容。把表格设计好后，上传到班级微信学习平台。

（3）教师选择3—5位同学，让他们在班级展示自己填写的内容，并说明填写的理由，教师对同学们展示的内容进行点评。

任务2　了解消费者购买动机

任务学习目标

素质目标：通过本任务知识学习、案例分析和拓展学习，培养同学们能用正确的价值观、消费观与消费者沟通交流，在与消费者沟通中能自觉践行营销职业道德和营销礼仪。

能力目标：通过案例分析和拓展学习，培养同学们对购买动机进行分析的专业能力。

知识目标：通过本任务知识学习能陈述购买动机、购买动机分类等基本知识。

任务描述

在上一个任务中，我们学习了消费者需求的相关内容，知道了消费者需求是购买行为的基本动力和源泉。同时消费者购买商品和服务还是有原因和动机的，动机可以是情感的，也可以是理性的。研究消费者购买动机，就是要了解消费者为何购买，掌握消费者为何购买的规律，企业就可以采取相应对策，更好地激发消费者的购买动机，满足消费者需求。

任务学习

消费心理学认为，消费者的购买行为都是有一定动机的，而动机又产生于消费者自身的内在需求。企业营销的目的就是在某种程度上影响消费者对企业及其提供的营销商品和服务的想法及行为。本任务主要学习什么是消费者购买动机，购买动机在满足消费需求、促成购买行为中的作用以及购买动机的种类等具体内容，从而了解消费者购买行为背后真正的原因和动力，并对消费者购买行为进行分析。

一、消费者购买动机的概念和作用

消费者购买动机，是指能够引起消费者购买某一商品或选择某一目标的内在动力。它是购买行为的原因和条件。消费者购买动机作为购买行为的先导，具有以下三个方面的作用。

（一）购买动机激起和发动消费者的购买行为

动机是激励人们行为的直接原因，是个体基于某种欲望所引起的心理冲动。在购买行为中，购买动机是直接驱使消费者实施某项购买活动的一种内在动力，它反映了消费者在心理上、精神上和感情上的需要，是消费者为达到某些愿望采取购买行为的推动力。任何购买行为，都受一定的购买动机支配，甚至受多种动机共同支配。企业搞清楚顾客的购买动机，可以引发其购买行为。只有千方百计激发消费者的购买动机，才能使更多的消费者购买本企业所营销的商品。

相关链接

内外部消费阻力一览表见表3-2。

表3-2　　内外部消费阻力一览表

内部消费阻力		外部消费阻力	
消费信心不足	没任何信息，没有消费经验，没有参照群体等	购买困难	铺货不均，物流不畅，供不应求等
风险知觉	支出风险、社会风险、形象风险等	商品质量	质量不稳定，质量无法检验，售后服务跟不上等
动机压抑与回避	动机冲突、社会禁忌等	商品形象	商品形象低劣，形象代言人选择不当等
动机变化	动机发生变化，心理厌弃等	商品衰退	功能不全，式样老化，商品进入衰退期等
个性方面	消极态度与偏见，原有习惯稳定，价值观不认同	商品价格	价格过高，价格偏低等
生理性因素	生理性排斥，没有生理需要与基础等	营业环境	环境布置差，服务质量差，相关设施不配套
互动因素	情绪被动，流行过期等	互动因素	群体规范，社会禁忌等
收入方面	收入过低，支出有限等		

（二）购买动机指引购买行为向着某一目标展开

消费者的购买动机具有指向性，它能使购买行为保持一定的方向和目的。在某种情况下，购买动机与目的具有完全的一致性。研究消费者为什么购买某种特定商品，而不购买其他类似的商品；研究消费者为什么愿意经常到某一类型或某一特定的商店购买。只有这样，才能掌握其中的规律性，并据此改善经营管理，不断提高服务质量。

（三）购买动机是维持、增加或制止、减弱购买行为的力量

消费者购买动机的性质与强弱程度必然影响到购买行为的效能。一个购买动机稳定而持久的消费者，其购买行为必然是积极而稳定的，能够克服困难、排除干扰去实现购买目标。企业要重视对消费者纷纭繁杂的动机体系的研究，科学地分析影响消费者购买动机的各种因素，揭示对消费者购买行为具有决定性作用的优势动机和真实动机，并采取有效的营销策略，维持和强化对企业和社会健康发展起积极作用的购买动机，制止和减弱无益于社会物质文明和精神文明建设的购买动机，从而达到企业营销的目的。

【学习互动】

没有购买动机就没有购买行为，这句话对吗？

实 例

不许偷看

一家泰国酒吧的主人在门口放了一个大酒桶，很长时间也没有人引起注意。有一天，酒桶的外面蒙上了一层布，写着“不许偷看”。说来很奇怪，过往的行人见此纷纷驻足，非要打开布看个究竟，只闻到香气扑鼻的陈酒，酒桶下面还有一行字“本店美酒与众不同，请享用”。顾客们先是会心一笑，然后就寻着酒香走进酒吧了。

启示：掌握顾客心理，顺应顾客心理，满足顾客心理，营销就有机会。

二、消费者购买动机的种类

（一）生理性购买动机

生理性购买动机，是由人类生理本能引起的购买动机。俗话说：“饥思食，渴思饮，乏思止。”为了保持和延续人的生命，人类都具有吃饭、穿衣、休息、繁衍后代等生存本能。因而由这种生理本能需要所引起的购买动机，称生理性购买动机，也称本能动机，主要包括维持生命的动机、保持生命动机、延续生命动机、发展生命动机等。一般来讲，在生理性购买动机驱动下的购买行为，具有经常性、重复性等特点。

（二）心理性购买动机

由于人们的认知、感情和意志等心理活动而引起的动机，称心理性购买动机。它是消费者为了满足社交、友谊、娱乐、享受和事业发展而产生的购买动机。

1. 感情动机

感情动机是由人的情绪和情感而引起的购买动机。

2. 理智动机

理智动机是消费者对商品作了认知和分析后，所产生的购买动机。它不受感情支配，冷静慎重。

3. 信任动机（惠顾动机）

信任动机是消费者基于感情和理智的经验，对某家商店或某个商品产生一种特殊的偏爱和信任。

【学习互动】

在你的身上有惠顾动机的表现吗？为什么会产生惠顾动机？

（三）个性购买动机

1. 求实动机

求实动机是以注重商品的实际使用价值为主要特征的购买动机。这种购买动机并不一定与消费者的收入水平有必然联系，而主要决定于个人的价值观念和消费态度。

2. 求廉动机

求廉动机是以注重商品价格低廉为主要特征的购买动机。出于这种购买动机的消费者，选购商品时会对商品的价格进行仔细比较，在不同品牌或外观质量相似的同类商品中，会尽量选择价格较低的品种。求廉的动机固然与收入水平较低有关，但对于大多数消费者来说，以较少的支出获取较大的收益是一种带有普遍性的动机。

3. 求新动机

求新动机是以追求新颖别致商品而产生的购买动机。这类消费者一般思想活跃、性格开朗，喜欢接受新事物，具有一定的购买力，敢于大胆尝试，引领潮流。

4. 求便动机

求便动机是以追求便利为主要特征的购买动机。追求便利是现代消费者提高生活质量的重要内容。受这一动机的驱动，人们把购买目标指向可以减少家务劳动强度的各种商品和劳务，如洗衣机、洗碗机、方便食品、家政服务等，以求最大限度地减轻家务劳动负担。为了方便购买，节约购买时间，越来越多的消费者采用送货上门、直销服务、电话购物、电视购物、网络购物等现代购物方式。

5. 求美动机

求美动机是以追求商品的美观、讲究商品的艺术价值或欣赏价值为主要目的的购买动机。追求美好事物是人类的天性。例如，通过款式色彩协调的服装搭配美化自我形象，选购家庭装饰用品美化居住环境以及对美容、美发服务的消费等，都是求美动机的体现。

6. 求名动机

求名动机是以仰慕优质名牌商品为主要特征的购买动机。这类消费者一般是高收入者。求名动机不仅可以满足消费者追求名望的心理需要，而且能够降低购买风险，加快商品选择过程，因而在品牌差异较大的商品如家电、服装、化妆品购买中，成为带有普遍性的主导动机。

7. 求安动机

求安动机是出于安全性能和是否有益于身心健康而产生的购买动机。消费者不仅要求商品在使用过程中各种安全性能可靠（如家用电器不出现意外事故，化妆品不含有毒物质），而且刻意选购各种防卫保安性用品和服务，如保险等。与此同时，追求健康的动机日益成为消费者的主导性动机，在这一动机的驱动下，选购医药品、营养品、保健品、健身产品已经成为现代消费者经常性的购买行为。

8. 好胜心动机

好胜心动机是因好胜心、与他人攀比不甘落后而形成的购买动机。抱有这种动机的消费者，购买某种商品往往不是出于实际需要，而是为了争强好胜，赶上他人、超过他人，借以求得心理上的平衡和满足。这种购买动机具有偶然性和浓厚的感情色彩，购买行为带有一定的冲动性和盲目性。

9. 同步动机

同步动机是以保持与别人一致而产生的购买动机，也称模仿或从众动机。持模仿动机的消费者，其购买行为受他人影响比较大，希望同左邻右舍、亲戚同事在消费中保持一致水平。一般而言，普通消费者的模仿对象多是社会名流或其所崇拜、仰慕的偶像。电视广告中经常出现某些歌星、影星、体育明星使用某种产品的画面或镜头，目的之一就是要刺激受众的模仿动机，促进产品销售。

10. 嗜好动机

嗜好动机是为满足某种特殊偏好而产生的购买动机。许多消费者由于生活习惯和业余爱好，而特别偏爱某一类商品，如集邮、摄影、花鸟鱼虫、古玩字画、音响器材等。

11. 好奇动机

好奇动机是在好奇心的驱使下产生的购买动机。

实 例

巧卖保险柜

纽约的一位年轻人名叫摩斯，年纪轻轻就想大展宏图，他在纽约市的一个相当热闹的地区租下了一家相当大的店铺，满怀希望地择了个吉日开始做起保险柜的买卖。然而事与愿违，每天有成千上万的人从他的店前来来去去，店里形形色色的保险柜虽然排得整整齐齐，品种多样，但是很少有人进来买。店前川流不息的人群和店里冷冷清清的情形，形成了鲜明的对照。他黯然神伤，欲哭无泪。这样过了好几个月生意仍然冷冷清清，连租金都付不起了。一时他真不知如何是好。后来他想出了一个打开困境的办法，觉得一定能大获成功。第二天，他匆匆忙忙前往警察局借来正在被通缉中的重大罪犯的照片，把照片放大好几倍，然后贴在店铺的玻璃窗上，照片下面再附上一张说明。照片贴出后，来来去去的行人都被照片吸引，驻足观看。因此他的生意立即就有了很大的改变，门可罗雀的店铺开始变得热闹起来。就这样不费吹灰之力，他的保险柜头一个月卖出 48 台，第二个月卖出 72 台，以后每月都卖七八十台左右。

启示：在推销花样迭出的今天，摩斯的方法虽然没什么出奇的地方，但非常有效，比用千言万语讲保险柜的重要性有效得多。人们看到了逃犯的照片就会心生恐惧，出于安全考虑，本来不太想买的人可能也会买上一台。

案例分析

八哥“营销”

在一家烟酒店门口每天都聚集了许多人，一只美丽的八哥站在横木棒上，嘴里不停地叫“买火柴，一毛一盒”。顾客拿出一张一毛钱，八哥用嘴衔着飞到柜台上放下钱，然后用嘴衔着一盒火柴又飞回来，把火柴送到顾客手里。人们被这只训练有素的小鸟吸引住了，纷纷掏出钱来买火柴，有的人为了满足自己的好奇心，一连买了 20 盒火柴。小店生意非常兴隆，名声很快传开，许多人跑了很远的路来买火柴。

问题：（1）这利用了消费者什么样的购买动机？对你有何启发？

（2）你还能举出其他的例子吗？

讨论分析：

个人：每位同学认真学习思考八哥“营销”案例内容，把自己对案例的思考写在固定的学习本上。

小组：请同学们每 4 个人分为一组，组长组织大家讨论，要求每位同学陈述自己的见解后，形成小组观点。

全班：每组有一位代表陈述观点。

教师：记录各小组要点，最后做总结点评。

【**提示：**由此可见，好奇心可以极大地激起人们的购买欲望，并能有效地满足人们的某种需求，这一需求不仅是建立在物质的需求上，而且是一种心理上的愉悦和美好情感的满足。可以想象，随着物质生活水平的不断提高，在精神生活日益丰富的条件下，好奇心将成为促销活动中最具潜力的活跃因素。】

拓展学习

个人购买商品动机分析

1. 拓展学习内容

（1）列出 3 件你最近购买的商品，描述每件商品购买的动机，并说明这些商品的购买地点。

（2）填充表 3－3 中的相应内容。

表 3－3　购买商品动机分析表

购买商品名称	购买时间	购买商品动机	购买地点	分析说明

2. 要求

（1）每位同学独立完成上表内容的填写。

（2）上表内容填写完毕后，可征求周围 2—3 位同学的意见，完善自己表格中的相应内容。并把分析表上传到班级微信学习平台。

（3）教师选择 3—5 位同学，让他们在班级展示自己填写的表格，说明填写分析说明，教师对几位同学展示的分析表进行点评。

任务 3　熟悉消费者购买过程

任务学习目标

素质目标：通过本任务的知识学习、案例分析和拓展学习，培养同学们与消费者交流、分析消费者购买动机的职业核心素养。

能力目标：通过案例分析和拓展学习，培养同学们在服务消费者的过程中与顾客沟通交流的能力以及对消费者的购买行为进行分析的专业能力。

知识目标：能了解影响消费者购买行为的主要因素，熟悉消费者购买决策的过程，了解消费者不同的购买类型等相关知识。

任务描述

在学习消费者需求、消费者购买动机的基础上，我们要继续了解消费者的购买过程及购买行为。消费者购买过程是在购买动机的驱动下，按照一定程序发生的满足需求的心理与行为的活动过程。消费者往往不会有意识地想到什么促使他们做出决策和实施购买行为，但总是有很多因素在影响他们做出决策。不论是怎样的动机驱使，消费者的购买行为都包括一系列步骤，有时这些步骤不加思索地很快就完成了，有时则需要一个较长过程。为了熟悉消费者购买过程，营销人员就必须了解影响购买行为的因素、购买决策过程等内容。

任务学习

消费者的购买过程包含若干前后相继的程序或阶段，为了提高营销活动的针对性和有效性，营销者就要了解影响消费者购买行为的经济因素、社会因素、心理因素，消费者购买决策过程、消费者购买决策内容、消费者购买类型等相关知识，并灵活地应用在营销活动的实践当中，这些就是本任务要学习的内容。

一、影响消费者购买行为的主要因素

（一）经济因素

在社会生产和消费水平还很低的情况下，经济因素是决定消费者购买行为的主要因素。一个人的经济状况，是指他的收入状况、储蓄和财产状况、借贷能力等方面的综合情况。经济状况决定着人们的购买能力，并在很大程度上制约着个人的需求结构和购买行为。消费者的经济状况较好，就容易做出购买决定，新产品也容易推广，非生活必需品的消费量就比较大；经济状况较差，在支出方面就较为慎重，偏重于满足生活必需品的需要，选择商品时更注意经济性和实用性。此外，对开支和储蓄的态度也影响着个人的实际购买能力和购买行为。消费者对开支和储蓄的态度，不仅受收入水平、消费习惯和传统风尚的影响，而且受利率高低、物价稳定程度和商品供求状况等因素的影响。营销人员必须密切关注消费者个人收入、储蓄、利率等动向，以便根据实际情况及时调整营销策略。

（二）社会因素

随着人们收入的增加，市场商品的多样化，人们需求的范围越来越广，要求越来越高，经济因素对消费者购买行为的支配作用将越来越小，而社会和心理因素的作用则越来越大。

1. 社会阶层

社会阶层是由具有相同或类似社会地位的社会成员组成的相对持久的群体。同一阶层

的消费者在行为、态度和价值观念等方面具有同质性，不同阶层的消费者在这些方面存在较大的差异。

2. 相关群体

群体，是指具有共同目标或兴趣的两个或两个以上的人联结而成的人群。相关群体，指的是对一个人的态度和行为具有直接或间接影响的一群人。

从消费者行为分析角度，研究相关群体影响至关重要。首先，群体成员在接触和互动过程中，通过心理和行为的相互影响与学习，会产生一些共同的信念、态度和规范，它们对消费者的行为将产生潜移默化的影响。其次，群体规范和压力会促使消费者自觉或不自觉地与群体的期待保持一致。即使是那些个人主义色彩很重、独立性很强的人，也无法摆脱群体的影响。最后，很多产品的购买和消费是与群体的存在和发展密不可分的。比如，加入某一球迷俱乐部，不仅要参加该俱乐部的活动，还要购买与该俱乐部的形象相一致的产品，如印有某种标志或某个球星头像的球衣、球帽、旗帜等。与消费者密切相关的社会群体包括以下几个：

（1）家庭。家庭是社会的细胞，对个人的影响最大，人们的价值观、审美观、爱好和习惯等多半是在家庭的影响下形成的。

（2）朋友。朋友构成的群体是一种非正式群体，它对消费者的影响仅次于家庭。追求和维持与朋友的友谊，对大多数人来说是非常重要的。因为与朋友交往意味着个体与外部世界建立联系，同时也标志着个体开始摆脱家庭的单一影响。

（3）正式的社会群体。像业余摄影爱好者协会等组织均属于正式的社会群体。虽然正式群体内各成员不像家庭成员和朋友那么亲密，但彼此之间也有讨论和交流的机会。群体内那些受尊敬和仰慕的成员的消费行为，可能会被其他成员谈论或模仿。

（4）购物群体。为了消磨时间或为了购买某一具体的产品而一起上街的几位消费者，就构成了一个购物群体。购物群体内的成员，通常是有空余时间的家庭成员或朋友。人们一般喜欢邀请乐于参谋且对特定购买问题有知识和经验的人一起上街购物。与他人一起采购，不仅会降低购买决策的风险感，而且会增加购物过程的乐趣。在大家对所购产品均不熟悉的情况下，购物群体很容易形成，因为此时消费者可以依赖群体智慧，从而对购买决策更具信心。

（5）消费者行动群体。它可大致分为两种类型，一种是为纠正某个具体的有损消费者利益的行为或事件而成立的临时性团体，另一种是针对某些广泛的消费者问题而成立的相对持久的消费者组织。大多数消费者行动群体的目标是唤醒社会对有关消费者问题的关注，对有关企业施加压力和促使它们采取措施矫正那些损害消费者利益的行为。

（6）工作群体。工作群体也可以分为两种类型：一种是正式的工作群体，即由一个工作小组里的成员组成的群体，如同一个办公室里的同事、同一条生产线上的装配工人等。另一种是非正式工作群体，即由在同一个单位但不一定在同一个工作小组里工作，且形成了较密切关系的一些朋友组成。由于在休息时间或下班时间，成员之间有较多的接触，所以非正式工作群体如同正式工作群体，会对所属成员的消费行为产生重要影响。

【学习互动】

以上相关群体中，哪一种是对消费者最具影响力的群体？

3. 文化与亚文化

文化，一般是指人类在社会发展过程中所创造的物质财富和精神财富的总和，表明了人类所创造的社会历史的发展水平、程度和质量状态。这里的文化，主要是指观念形态的文化，包括思想、道德、科学、哲学、艺术、宗教、价值观、审美观、信仰、风俗习惯等方面的内容。社会文化通过各种方式和途径向社会成员传输着社会规范和价值准则，影响着社会成员的行为模式，也强烈影响着消费者需求和购买行为。

亚文化是一个不同于文化类型的概念。所谓亚文化，是指某一文化群体所属次级群体的成员共有的独特信念、价值观和生活习惯。每一文化都包含着能为其成员提供更为具体的认同感和社会化的较小的亚文化。目前，国内外营销学者普遍接受的是按民族、宗教、种族、地理划分亚文化的分类方法。这些不同的亚文化群，在风俗习惯、审美情趣、价值观念、行为准则、消费偏好、生活方式等方面又存在着一定的甚至很大的区别，从而影响着他们的消费需求与购买行为。这是企业开展营销活动时所不能忽视的。

（三）心理因素

这里所指的心理因素主要包括动机、知觉、学习等。

1. 动机

人们的行为是受动机支配的，而动机是由需求引起的。

2. 知觉

对事物各种属性的各个部分及其相互关系的综合反应称为知觉。任何消费者购买商品，都要通过自己的感官对得到的印象进行综合分析，才能决定是否购买。因此，一切产品和广告宣传，只有通过人的感觉才能影响消费者的购买行为。

3. 学习

所谓学习，是指人在生活过程中，因经验而产生的行为或行为潜能的比较持久的变化。消费者的需要和行为绝大部分是后天学习得到的。通过学习，消费者获得了丰富的知识和经验，提高了对环境的适应能力。同时，在学习过程中，其行为也在不断地调整和改变。

二、消费者购买决策过程

消费者从产生购买愿望到购买行为的完成是由若干阶段所组成。典型的消费者购买决策过程一般可以分为五个阶段，如图 3－1 所示。

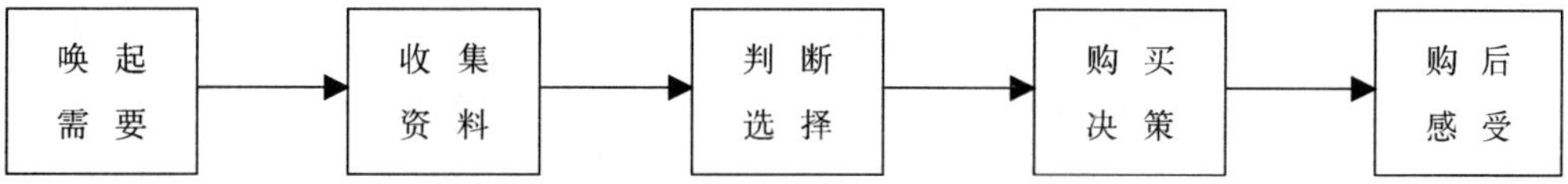

图 3－1　购买决策过程五个阶段

（一）唤起需要

需要是购买过程的起点。当消费者感到他有一种需要必须得到满足时，购买过程就开始了。需要可以由内在或外在的刺激引起，企业在市场营销活动中应注意唤起需要，如开展广告宣传等活动，以加深消费者对企业产品的印象。这样，可以通过合理、巧妙、恰当的诱因，在适当的时间、地点，以适当的方式唤起需要。

实例

购买雀巢产品的家庭在母亲节时，都会收到一份礼物，是雀巢公司以婴儿的名义寄给母亲的一束玫瑰和一张小卡片，卡片上面写着一段话："母亲节快乐！妈妈，我是多么爱您啊！虽然我还不知道怎么写字，但是我已经拜托小雀巢泰迪熊帮我寄这张卡片给您，您是世界上最美的妈妈，我太爱您了！我要给您像山一样大的KISS！您的小宝贝正在逐渐长大呢！"

雀巢公司告诉我们，他们收到上百位母亲对这份礼物感到兴奋与喜悦的感谢信函。而这与其他同业收到的多是抱怨信而言，是多么让人高兴啊！

（二）收集资料

消费者认识到自己的消费需求之后，就会考虑"该买什么样的产品""到哪里买"等问题。为了解决这些问题，就要收集情报资料，寻找商品信息，比较选择。消费者的资料信息来源主要有以下4个方面：

（1）个人来源，包括家庭成员、朋友、邻居及其他熟人提供的信息。

（2）市场来源，包括广告宣传、推销员、经销商、商品包装、展示会等各种市场信息提供的资料。

（3）社会来源，包括大众传媒、消费者评估组织等宣传、介绍的各种信息资料。

（4）经验来源，包括消费者从产品的操作、试验或实际使用中得到的经验。

在这个阶段，消费者的主要目标是寻找信息资料，因此企业的营销者一方面应该千方百计地告知购买者"我有你要的产品"，并针对购买者寻找信息的渠道，做好商品的广告宣传；另一方面，应当搞好商品陈列，主动介绍商品，讲究商品的包装，把消费者的注意力吸引到所需商品上来，促使消费者购买行为的发生。

（三）判断选择

消费者广泛收集资料后，将对所得信息资料加以整理、分析、研究、对比，并对所要购买的商品进行各方面的评价和判断，包括商品品质、质量、性能、式样、品牌、价格等方面，并与其他商品进行比较，以选定最有利的商品，做出购买决定。

这个阶段是消费者决定购买的前奏，对买卖双方交易能否成功具有决定意义。因此，企业在这一阶段应当尽力为消费者提供方便条件，帮助消费者了解商品的性质、特点、价格、产地、保养和使用方法，销售人员应当热情介绍商品，当好顾客的参谋，帮助他们做出购买决定。

（四）购买决策

经过对商品的判断选择后就进入了购买决策阶段。消费者做出的购买决策一般有三种情况：一是决定购买；二是延期购买；三是决定不买。购买决策是消费者购买过程中关键的阶段。在这一阶段，企业一方面要向消费者提供更多、更详细的有关产品的情报资料，努力消除消费者的风险感觉；另一方面，要通过各种销售服务，如在收款、包装、送货、安装、维修等环节上方便消费者，促使消费者做出购买决策。

（五）购后感受

消费者购买商品以后，通过使用对自己的购买选择进行检查和反省，看其是否满足自己预期的需要。评价可以由消费者个人进行，也可以征求亲友、同事的意见，观察社会反映等。消费者的购后感受通常会有三种：满意、基本满意、不满意。如果卖主夸大其产品的优点，消费者将会感受到不能证实的期望，这种不能证实的期望会导致消费者的不满意感。当他们感到十分不满意时，肯定不会再买这种产品，甚至有可能退货，劝阻他人购买这种产品。所以，消费者的购后感受将直接影响消费者做出是否继续或重复购买的决策。购后感到满意，消费者就会继续购买或扩大购买；反之，则不再购买，企业就会失去顾客。因此，企业在这一阶段除了完善自己的产品、提高产品质量和性能外，还要加强售后服务，保持与顾客联系，提供配件供应、保证维修、允许产品调换等，努力培养企业的忠实顾客群。

总之，研究和了解消费者的购买决策过程，是市场营销成功的基础。市场营销人员通过了解消费者如何经历引起需要、寻找信息、评价行为、决定购买和买后行为的全过程，就可以获得许多有助于满足消费者需要的有用线索，通过了解购买过程的各种参与者及其对购买行为的影响，就可以为其目标市场设计有效的市场营销规划。

【学习互动】

谈谈你是如何理解“最好的广告是满意的顾客”这句话的含义的？

相关链接

营销界有一个著名的等式，即 100 - 1 = 0，意思是说即使 100 个顾客中 99 个对企业的产品或服务表示满意，但其中只要有 1 个顾客持否定态度，企业的美誉就立即归零。虽然这种比喻是一种夸张的说法，但事实显示：每位非常满意的顾客会将其满意的感觉告诉至少 12 个人，其中大约有 10 人会产生相同的需求并光顾该企业；相反，1 位非常不满意的顾客会把不满的意见告诉至少 20 个人，当这些人产生相同需求的时候，几乎不会光顾这一被批评的企业。

三、消费者购买决策内容

消费者购买决策的内容，因人、条件及所处环境的不同而不同，但所有消费者购买决策都离不开以下 6 个方面的内容，可以简单地概括为“5W1H”。

（一）购买什么（What）

即确定购买对象。这是购买决策最基本的任务之一。对于消费者来说，决定购买什么不能只停留在一般产品类别上，必须要有明确具体的对象及具体的内容，包括商品的名称、品牌、款式、规格和价格等，如口渴，不能只决定买液体或固体，还要具体到买什么液体（如纯净水），什么品牌（如“娃哈哈”），哪个厂家生产的（如杭州娃哈哈集团有限公司生产的）。

（二）为何购买（Why）

即权衡购买动机。消费者的购买动机就是指推动消费者实现某种购买行为的一种内在动力，它反映了消费者对某种商品的需要。消费者的购买动机是多种多样的，同样购买一台洗衣机，有人是为了节约家务劳动时间，有人为了规避涨价风险，有人为了显示地位与富有。

（三）何时购买（When）

即确定购买时间。这也是购买决策的重要内容，它与主导购买动机的迫切性有关。在消费者的多种动机中，往往由需要强度高的动机来决定购买时间的先后缓急；同时，购买时间也和市场供应状况、营业时间、交通状况和消费者可供支配的闲暇时间有关。对于不同的商品，消费者进行购买的时间常常是不同的。有的商品要一天购买多次，有的一年才购买一次，有的甚至几年才购买一次。因此，企业在市场营销活动中应注意了解消费者购买商品的时间习惯和规律，以便适时满足消费需求。例如，季节性的购买，企业应掌握哪些月份、哪些日子、哪段时间购买的人数最多，并随时准备充足的商品货源供消费者选购。

（四）何地购买（Where）

即确定购买地点。分析消费者在何处购买要从两个方面入手，即消费者在何处决定购买以及在何处实际购买。对于高档耐用品，消费者在购买前通常在家中做出决定，然后宁愿多花时间走远点，到繁华商业区或专卖店选购称心如意的产品；对于日用消费品和一般商品，消费者大多是在现场做出购买决定，并就近进行购买。所以，购买商品的地点往往与所购商品的类型、数量的多少、价格的高低、商店的远近、交通条件、商家的服务态度等有关。

（五）如何购买（How）

即确定购买方式，是现场购买还是邮购或网络购物、是现金支付还是分期付款，或是赊销、自购、托人代购等。消费者如何购买，不仅会影响市场营销活动的状态，而且会影响产品设计、价格政策以及营销计划的制定和其他经营决策。因此，工商企业要认真加以研究。

（六）谁来购买（Who）

即购买角色。家庭成员在购买决策中通常扮演着不同角色，这些角色有发起者、影响者、决策者、购买者、使用者。就许多产品而言，识别购买者是相当容易的。一般来说，啤酒更多是男性的选择，化妆品则主要是女性的天地。然而，有许多产品所涉及的决策往往不是一个人能完成的。如家用汽车，也许购买新车的建议出自儿子或女儿，购买什么类型的汽车来自朋友的推荐，汽车的结构由丈夫选择，妻子则对汽车的外表有明确的要求。在妻子的赞同下，也许由丈夫做出购车的最终决定。不过，新车的最终使用者可能是妻子而不是丈夫。对承担购买任务的购买者进行分析，有利于企业有针对性地制定营销策略，因为这些角色对于设计产品、传递信息和安排促销是有关联意义的。

四、消费者购买行为的类型

（一）按消费者购买目标的确定程度分类

1. 全确定型

这类消费者在进入商店，发生购买行为之前，已有非常明确的购买目标，对所有购买的商品种类、品牌、价格、性能、规格、数量等均有具体要求，一旦商品符合需要，便毫不犹豫地买下。这类消费者不需要别人的介绍、帮助和提示，希望以最快的速度完成交易，但在实际营销活动中数量较少。

2. 半确定型

这类消费者在进入商店之前，已有大致的购买意向和目标，但是这一目标不是很具体、明确，直到购买行为实际发生时。需经过对同类商品的反复比较、选择之后，才能确定购买的具体对象。这类消费者易受他人观点的影响，成交时间长，一般需要提示或介绍，营销人员可见机参谋以坚定其购买决心。他们在消费者中为数众多，应是服务的重点对象。

3. 不确定型

这类消费者在进入商店、发生购买行为之前，没有任何明确的购买目标。茶余饭后散步或路过都可能步入商店，漫无目的地浏览。所见某一商品、所闻某一商品信息，都可能引发消费者需要，唤起其购买欲望。一旦有了购买目标，消费者会马上激发购买行为，但有时也可能不买任何东西。能否激发购买行为，取决于商店的内外部环境及消费者的心理状态。对于这类消费者，营销人员应主动热情地服务，尽量引起他们的购买兴趣。

相关链接

俗话说："嫌货是买主，喝彩是闲人。"所以，你要是卖货，可别对那些犹豫不决、挑三拣四、不停唠叨的买主瞪眼。他有想买的意思，可又一时下不了决心，所以才犹豫。当那些不想买的人路过你身旁时，他连眼皮都不会眨一眨。当有人买东西很犹豫时，营销人员如果能适当推荐，主动热情，就可以帮助他下决心。

（二）按消费者购买态度与要求分类

1. 习惯型

这类消费者一般依靠过去的购买经验和消费习惯采取购买行为，他们或长期惠顾某商店，或长期使用某品牌、商标的商品。环境变化、年龄增长等都不会改变这类消费者的购买习惯。他们在购买商品时，成交果断，不受时尚流行的影响，购买行为表现出很强的目的性。

2. 理智型

这类消费者善于观察、分析、比较。他们在购买前已经广泛收集所需要商品的信息，了解市场行情，并经过慎重权衡利弊之后才做出购买决定；购买时又表现得理智慎重，不受他人及广告宣传的影响；挑选商品仔细认真、很有耐心。他们在整个购买过程中保持高度的自主，并始终由理智来支配行动。

3. 经济型

这类消费者对商品的价格非常敏感。以价格高低评价商品优劣的消费者往往在价格和商品质量之间追求一种均衡。一部分认为价格高的商品质量高，价格越高越要买；另一部分消费者则对廉价商品感兴趣，只要价格低便认为合算，削价、优惠价、处理价的商品对这部分消费者具有极强的吸引力。

4. 冲动型

这类消费者对外界刺激敏感，心理反应活跃，在外界商品广告、销售人员、他人影响的刺激下，不去进行分析比较，以直观感觉为依据快速购买，新产品、时尚产品对他们的吸引力最大。

5. 感情型

这类消费者心理活动丰富，易兴奋，爱想象，富于感情，联想力也比较丰富，因而在购买时容易受感情支配，也易受到外界环境的感染诱导，往往以商品是否符合自己的感情需要来确定购买决策。

6. 疑虑型

这类消费者性格内向、言行谨慎、多疑。他们在购买前三思而后行，购买后还会疑心上当受骗。

7. 随意型

这类消费者或缺乏经验，或缺乏主见，在选购时大多表现得优柔寡断，一般都希望销售人员的提示和帮助。有的消费者在生活上不苛求、不挑剔，表现在购买行为上也比较随便。

【学习互动】

对照以上购买行为特征，看看你属于哪一种消费购买行为类型？

案例分析

购买行为类型分析

某夫妇携刚上小学的儿子上街，经过鞋城时，儿子要求购买在电视广告中经常出现的530元一双的“耐克”运动鞋，后经夫妇商量并说服儿子，买了一双135元的“四驱兄弟”运动鞋；某君周日去电器城购买彩电，原打算购买40英寸的长虹牌彩色电视机，但到卖场后，看到创维牌彩电正在搞活动，以优惠价出售，价格比长虹便宜380元，就临时改变了主义，购买了一台创维牌彩电。

问题：（1）上述两种顾客购买行为各属哪一种类型？

（2）接待这两种类型顾客应注意什么？

讨论分析：

个人：每位同学认真思考案例提出的问题，把自己的思考写在固定的学习本上。

小组：请同学们每4个人分为一组，1个为组长，1人记录，要求每位同学陈述自己的看法。大家讨论后形成小组意见，准备在班级做交流。

全班：每组有一位代表陈述观点。

教师：记录每组重要观点，最后做总结点评。

【**提示：**消费者由于态度和购买要求以及经济状况的不同，在购买活动过程中可以分为不同的类型，不同类型的顾客会表现出不同的购买特征。准确判断消费者的类型，可以使市场营销人员合理地制定营销方案，加强销售过程中营销的针对性，从而有效地诱导购买行为的发生。】

拓展学习

个人购买过程分析

1. 拓展学习内容

仔细想一想你最近所购买的商品（有一定价值的一件商品或一次服务），描述从你开始思考购买到实际购买的全过程，并说明自己的购买体验，分析营销者应注意的问题，并填写表 3－4。

表 3－4　　购买过程分析表

购买过程	自己的购买体验	营销者应注意的问题
购买最初动机		
购买决策信息来源		
购买选择方案		
影响购买决策因素		
对自己购买决策评价		

2. 要求

（1）结合自己最近的一次购买行为，对照消费者购买决策过程进行对比分析，每个同学填写一份 购买过程分析表。

（2）说明购买该商品的最初动机，你是从哪里找到可做决策的信息的，你考虑了多少种不同的选择，影响你最终决策的主要因素是什么，你是否满意自己的决策。

（3）把以上内容列出草稿，与本班两位以上同学交流，听取他们的意见。

（4）教师根据同学们完成分析表的情况，选 3—5 名同学在班级交流，可由同学现场点评。

思考与实训

1. 选择题

（1）（　　）是产生动机的基础，而动机引发和支配人们的行为。

A. 欲望　　　　B. 需要

C. 需求　　　　D. 行为

（2）一位消费者认为海尔家电好，质量可靠，价格合理，这种购买行为受（　　）影响。

A. 信念和态度　　　　B. 学习和经验

C. 社会阶层　　D. 生活方式

(3) 按马斯洛的需求层次论，人的最高层次的需求是（　　）。

A. 生理需求　　B. 安全需求

C. 自我实现需求　　D. 社会需求

E. 尊重需求

(4) 不同品牌的牙膏差异明显，消费者购买牙膏的行为最有可能属于（　　）。

A. 确定型购买　　B. 习惯型购买

C. 理智型购买　　D. 不确定型购买

(5) 消费者获取信息的来源主要有（　　）。

A. 社会来源　　B. 市场来源

C. 个人来源　　D. 网络来源

(6) 由于人们知、情、意等共性的心理活动而引起的动机包括（　　）。

A. 惠顾动机　　B. 求美动机

C. 理智动机　　D. 感情动机

(7) 消费者需求的特点是（　　）。

A. 市场比较集中　　B. 购买人数多而分散

C. 多数专家购买　　D. 伸缩性较小

(8) 王先生想购买一台计算机，在此在此之前他对计算机并不了解，他的这次购买行为属于（　　）。

A. 全确定型　　B. 理智型

C. 不确定型　　D. 半确定型

(9) 某食品公司生产的水果罐头，曾一度无人问津。为摆脱困境，老板遂思得一巧计——在罐头上印上谜语，并注明打开罐头吃完东西，谜底就在罐底。这一招竟使销售量大增，产品也由滞销变为畅销，打开了市场。这利用了消费者的（　　）。

A. 求新动机　　B. 好奇动机

C. 求便动机　　D. 好胜心动机

2. 判断题

(1) 对衣食住行等需求是每个人都需要的，因此所有人的需求都是大体相同的。（　　）

(2) 相关群体是人们的社会联系，而家庭是最重要的相关群体。（　　）

(3) 决定消费者是否重复购买的最重要阶段是购后感受阶段。（　　）

(4) 消费者需求是多种多样的，因此他们的动机是也多种多样的。（　　）

(5) 需求是可以刺激的，因此企业的刺激越大，需求就越大。（　　）

(6) 一般而言，对家庭的财务贡献越大的家庭成员，在家庭购买决策中的发言权越大。（　　）

(7) 动机的形成必须以需求为基础，没有需求就没有动机，没有动机就没有行为。（　　）

3. 案例选择题

某烟草公司通过其市场营销信息系统和市场营销研究，了解到以下环境动向足以影响其业务经营：有些国家政府颁布了法令，规定所有的香烟广告及包装上都必须印上关于吸烟危害健康的严重警告；有些国家的某些地方政府禁止在公共场所吸烟；许多发达国家吸烟人数下降；发展中国家的吸烟人数迅速增加，据估计，我国目前有4亿多人吸烟，占总人口的三分之一。显然，上述前三个动向给这家烟草公司造成了环境威胁；后一个动向使公司可能享有“差别利益”的市场机会。

（1）烟草公司最大的环境威胁来自（　　）。

A. 香烟包装上印制提示性的警告　　B. 禁止在公共场所吸烟

C. 发达国家吸烟人数减少　　D. 香烟价格上涨

（2）烟草公司最大的环境机会是（　　）。

A. 无害烟叶的发明　　B. 发展中国家吸烟人数增加

C. 烟草业是国家的纳税大户　　D. 在公共场所开辟单独吸烟区

（3）综合分析，该公司面临（　　）性质的营销环境。

A. 成熟环境　　B. 冒险环境

C. 理想环境　　D. 困难环境

（4）（　　）是消费者购买决策的起点。

A. 收集信息　　B. 唤起需求

C. 外部刺激　　D. 比较评判

（5）顾客经常通过家庭成员、朋友、邻居等获得产品信息，这种来源属于（　　）。

A. 社会来源　　B. 市场来源

C. 经验来源　　D. 个人来源

4. 案例分析题

（1）美国著名篮球明星迈克尔·乔丹高超的技术和令人振奋的体育精神，使他成为全世界青少年心目中的英雄，耐克公司请乔丹作为其代言人，设计以“飞人乔丹”命名的篮球鞋，还在商店设立乔丹专柜。“飞人乔丹”上市第一年即创下1亿美元的销售佳绩，耐克很快成为高档篮球鞋的主导产品。

问题：①耐克公司成功的主要原因是什么？

②举出我国企业的一些类似例子并分析。

（2）凯林顿是伦敦一家小型珠宝店的老板，开张伊始就扬言：“要获得令同行们嫉妒的利润。”然而营业四年，生意清淡，同行们讥讽他是“癞蛤蟆想吃天鹅肉”。凯林顿却十分自信地解释说：“只要不放弃举枪瞄准，一旦天鹅从头上飞过，就有可能击中它，癞蛤蟆吃得到天鹅肉。”

终于机会来了。1985年查尔斯王子与戴安娜举行婚礼，一时成为轰动英国和世界的特大新闻。戴安娜容貌姣好，仪态端庄，使绝大多数的英国人为之仰慕，甚至成为青年们的崇拜对象。凯林顿抓住这一千载难逢的机会，精心炮制了一出虚假而又逼真的广告话剧。

他四处搜寻长得像戴安娜的年轻女子。历经艰辛，终于他遇上了一个酷似戴安娜的时装模特，于是重金聘用，对她从服饰、发型、神态到气质，作了煞费苦心的模仿训练。待到看不出破绽以后，凯林顿便向电视台记者发出暗示：明晚将有英国“最著名的嘉宾”光临自己的商店，采访这条独家新闻的条件是电视片不得加入解说词。

第二天，小珠宝店灯火通明，老板衣冠楚楚，神采飞扬地站在门外，像是在恭候要人，引得路人驻足观望。不一会，豪华轿车缓缓开来，车一停下，凯林顿彬彬有礼地打开车门。模特儿从容下车，嫣然一笑，还对聚拢的行人点头致意。有人叫了一声“是戴安娜王妃！”众人不及辩解便蜂拥而上，争相一睹王妃的风采。挤在前面的青年更是为吻了“王妃”的手而激动不已。电视台记者不敢怠慢，急忙打开录像机；警察担心影响“王妃”的活动，赶紧上前维持秩序。

凯林顿此时更是从容不迫，先是感谢最著名嘉宾的光临，随后笑容可掬地引她参观。店员们按照老板的吩咐，相继介绍项链、耳环、钻石的名贵。“戴安娜”则面露欣喜，边挑边称赞……

广告剧适时落幕，消息不胫而走，瞬间轰动伦敦全城。公众第二天打开电视，又看到了昨晚非常热烈的场面，终于忍不住打听珠宝店的地址，想到戴安娜王妃光临的店里买一件首饰当作礼品送人。年轻人、戴安娜迷们更是爱屋及乌，络绎不绝地前来购买“王妃”称赞的各种珠宝。原来生意清淡的小珠宝店顿时门庭若市，生意兴隆。短短一个星期，老板就赢利 10 万英镑，远远超出开业四年的总和。

消息传到白金汉宫，惊动了王室发言人，当即郑重向媒体声明：“经查日程安排，王妃没有去过那家珠宝店。”发了财的凯林顿闻讯后解释道：“电视新闻的默片，从头至尾没有一句话。我以前只说过有最著名的嘉宾光临，从未说过嘉宾是戴安娜。至于围观公众想当然地把她当成王妃，我是无法阻止的。”

问题：

①戴安娜为什么对消费者的行为有强大的影响力？为什么在我国有些名人作推销产品的广告却收不到很好的效果？

②凯林顿的这种做法会不会产生负面效应？如何才能减轻可能出现的负面影响？

5. 实训任务

消费者购买决策和购买行为调查

（1）背景与情境

你们学习了消费者相关知识后，对每位消费者的购买心理、购买过程也很感兴趣，想了解顾客在实际购买中是依照什么心理和动机，怎样做出购买决策，怎样实施购买的。刚好你们家（同学家、亲戚家）购买了某大件商品，你们很想结合所学的相关消费者购买决策和购买行为知识，对他们这次商品购买心理、购买决策、购买实施、购后感受等进行一下调研。

（2）实训目标

①素质目标：有解决问题的兴趣和热情，能根据调查对象，合理运用语言沟通、礼仪、礼貌等技巧。

②能力目标；运用所学的知识对消费者购买心理、购买动机、买后感受结合实际购买活动进行总结分析。

③知识目标：通过消费者购买决策和购买行为调查活动，加深对消费者需求、消费者购买动机、购买决策、买后感受等陈述性知识有更好地理解和掌握。

（3）实训步骤

①每组两人，人员自选，两人认真讨论，要厘清完成本次调查内容必须了解什么内容，按什么方式调查了解，编写本次调查提纲。

②可通过电话和当面调查了解消费者购买商品的相关情况，并做好详细记录。

③实际调查前要通过网络和图书馆搜集消费者购买心理与购买行为相关资料。

（4）实训成果及要求

①每两人写一份调查报告，调研报告要说明根据什么要求，在什么时间，什么地点，运用什么方式，对谁进行了调查，说明是什么原因消费者要购买这件商品（购买心理），是谁提议（明确提出购买意愿，怎样确定购买的），以什么方式购买（购买过程），买后感受（使用产品带来的好处）。每组自己设计成果展示的方式。

②报告不少于 800 字。

（5）实训时间

在学生学习完本项目内容开始时，即可让学生分组，布置本实训任务，利用课余时间去企业进行调研，并积极撰写调研报告。在本项目学习完后，用 2 个课时让各小组介绍展示本组报告，其他组的同学可发表个人意见，最后由老师点评。经过展示点评，各组认真修改完善实训报告，并把修改后的报告在班级微信平台展示交流。

（6）实训评价（见表 3－5）

表 3－5　消费者购买决策和购买行为调查实训评价表

项目	评价标准	分值	小组个人自评（30%）	小组成员互评（30%）	教师评价（40%）	小计
素养培养	参与实训的态度端正，纪律性强，小组讨论积极踊跃	10				
	表现出细致、严谨的工作作风，能主动提出关于消费者调查工作中的一些问题	10				
	能够结合本实训任务认识到消费者调查工作的价值	10				
能力提升	能将所学的消费者购买动机和购买行为等专业知识运用到实训任务中，学以致用	10				
	能依据调查情景和具体条件，选择制定合理的调查方案，具有较强的行动能力	10				
知识应用	通过对消费者调研进一步理解消费者购买动机和购买行为等陈述性知识	10				
	能理解和掌握消费者调查原理和方法等相关知识	10				

续表

项目	评价标准	分值	小组个人自评（30%）	小组成员互评（30%）	教师评价（40%）	小计
项目成果展示	能够独立完成实训任务，在完成实训任务中能主动提出一些问题	10				
	消费者购买决策和购买行为调查报告结构完整，无错别字，观点正确	10				
	消费者购买决策和购买行为调查报告汇报形式新颖，语言流畅，语速恰当，有感染力	10				
合计		100				

项目四
市场细分与目标市场选择

任务1　学习市场细分

任务学习目标

素质目标：通过本任务知识的学习、案例分析和拓展学习，培养同学们在市场细分过程中关注营销职业道德，关注健康消费、绿色消费、文明消费等营销伦理问题。

能力目标：通过本任务的案例分析和拓展学习，培养同学们对常见消费品能运用两个以上的细分标准对其进行市场细分的能力。

知识目标：通过本任务知识的学习，能陈述市场细分、进行市场细分的作用；市场细分的标准、条件等陈述性知识。

任务描述

在充满竞争的市场环境中，企业为了实现其特定目标，会利用所有资源，使尽浑身招数，尽力满足消费者的需求，而在现实中企业即使规模很大，也无法满足整体市场的全部需求。因此，企业需要将某一产品的消费需求按不同的特征划分为若干个细分市场，然后选择其中某些特定群体作为自己的目标市场，并制定有针对性的目标市场战略，开展有效的市场营销活动，这是每个企业必须要进行的战略决策。

任务学习

市场经济的发展，使许多企业认识到，企业不可能或至少不能以同一种方式吸引市场上所有的购买者。因为购买者实在太多，太分散，而且他们的需求和购买习惯也各不相同。每个企业在满足不同市场部分的能力方面也有巨大差异。因此，每个企业都必须找到它最有能力满足且获利最大的市场部分，并把营销活动集中于该市场，而这首先就需要对市场进行细分。本任务我们就学习什么是市场细分，为什么要搞市场细分，市场细分有何标准、条件，细分方法有哪些，通过学习提升市场细分的职业能力。

一、市场细分的含义和作用

（一）市场细分的含义

市场细分是美国市场营销学专家温德尔·史密斯于20世纪50年代中期首先提出来的。它顺应了第二次世界大战后美国众多的产品市场由卖方市场转化为买方市场这一新的市场形势，是现代营销观念的产物，目前日益受到工商企业的重视，现已成为市场营销理论重要的组成部分。

所谓市场细分，就是根据消费需求的明显差异，把某一产品的市场整体划分为若干个顾客群体，每一个由需求特点相似的顾客组成的群体就构成一个细分市场。也即各个细分市场都是由需求与欲望相同或相似的消费者组成的。在理解市场细分含义时应注意以下几点：

1. 市场细分的客观基础

市场细分的客观基础是顾客对同一产品需求的差异性（异质需求）。这些差异是客观存在的，它是由消费者所处的不同地理环境及千差万别的文化、社会、个人和心理特征的影响而形成的。市场上任何一项产品和服务，只要包含两个以上的消费者，这个市场就可以细分。而且只有商品经济发展到一定阶段，市场上商品供过于求，消费者需求多种多样，企业无法用大批量生产产品的方式或差异化产品策略有效地满足所有消费者需要的时候，细分市场的客观条件才具备。

2. 市场细分的实质

市场细分的实质是细分消费者，即辨别具有不同需求与欲望的消费者并加以分类的过程。大中求异，小中求同，即就大市场来讲，要找出消费需求的差异，根据这些差异可以把消费者细分为若干个不同的消费群体；就小市场来讲，每一个细分市场都是由需求、欲望、动机、购买行为等大体相同的消费者组成的。市场细分并不是一个单纯的分解过程，分解只是手段，聚合才是目的。

3. 市场细分的目的

市场细分的目的，在于认识消费者在需求、动机、购买行为等方面的差异性和共同性，以便选择适当的服务对象，确定目标市场，制定最佳的营销策略。

【学习互动】

汽车、服装市场需要进行细分吗？为什么？

（二）市场细分的作用

企业面对成千上万的消费者，他们的需求和欲望是千差万别并且分散于不同的地区。企业只能根据自身的优势条件，从事某方面的生产、营销活动，选择力所能及的、适合自己经营的目标市场。市场细分的作用主要表现在以下几个方面：

1. 有利于企业发掘新的市场机会，选择目标市场

寻找新的市场机会、占领新的目标市场已越来越成为企业营销的重要课题，影响企业

将来的市场定位。而市场细分就是企业挖掘新的市场机会的技巧。市场细分是以调查、分析为基础的研究过程，经过市场细分后的子市场，易于发现未被满足或未被充分满足的消费需求，从而及时发现新的市场机会，寻找市场空当，开展有针对性的营销，占领新的目标市场，取得先机。

2. 有利于中小企业开拓市场，在大企业的夹缝中求生存

市场细分理论，对中小企业尤为适用。中小企业通过市场细分，从中找到适合自己的、需求尚未得到满足的细分市场，见缝插针，拾遗补阙，采取与目标市场相对应的产品、价格、渠道、促销策略，从而获得良好的发展机会。

3. 有利于企业制定和调整营销战略与策略

通过市场细分，一方面，分析目标市场上竞争对手的战略与策略，发现对手的不足，做到“知己知彼”，取得局部的竞争优势；另一方面，面对一个或少数几个子市场，可以及时地捕捉信息，并根据需求的变化及时调整市场营销策略，这样可以使经营更具针对性、更加及时有效。

4. 有利于企业合理配置和运用资源

企业根据市场细分确定目标市场，扬长避短，集中使用有限的人力、物力、财力于少数几个或一个细分市场上，可避免分散使用资源，取得事半功倍的效果，获得最大的经济效益。

【学习互动】

“全球各地都是我们企业的市场，所有人都是我们的用户和潜在用户”，此话听起来很有企业家气魄，你对这样的观点有何看法？

实　例

猴子掰玉米

一只小猴子跑到山下玩耍，就在它玩得又累又饿的时候，前面一片黄色的玉米地映入眼帘。小猴子心想：“如果能把地里的玉米都掰下来，今年就不用为找食物发愁了。”想到这里，小猴子旋即连蹦带跳地跃进了玉米地，掰了一根大玉米，揣进怀里。这时它抬头一看，发现前面有一根更大的玉米，小猴子连忙把第一根玉米夹到腋下，伸手去掰那根更大的。就在它把第二根玉米夹到腋下，伸手去掰第三根玉米的时候，最初掰下的玉米掉在了地上。小猴子性急，它完全没有理会掉下来的玉米，继续向前，希望有更多的收获。就这样，贪婪的小猴子掰一根、夹一根、丢一根，等它满头大汗地走出玉米地的时候，地里只剩下光秃秃的玉米秆，玉米掉了一地，而小猴子手里剩下的，只有两根又细又小的玉米棒子。

启示：猴子掰玉米的故事我们小时候都听过，瘦小的猴子想把整块地里的玉米据为己有确实可笑，然而今天却有一些企业也在犯着同样的错误，它们企图用一种产品来赢得市场上的所有消费者。没有人能一口吞下一个大蛋糕，企业没有能力也没有必要去满足所有

消费者的所有需求。与其漫无目的地胡乱放箭，不如有的放矢地拿下目标市场。消费者市场就像一个体形庞大而结构复杂的蛋糕，要尝到蛋糕的美味，先要通过细分把它切割开来。

二、市场细分的标准、条件和方法

（一）消费者市场的细分标准

由于市场细分是建立在消费需求差异性的基础上，因此凡是使消费需求产生差异的因素，都可以作为市场细分的标准。细分消费者市场的标准主要有4类。

1. 地理因素

按地理因素细分市场，就是依据消费者所处的地理位置、自然环境来细分市场，比如，根据国家、地区、城市规模、气候、人口密度、地形地貌等方面的差异，将整体市场分为不同的小市场。

地理因素之所以作为市场细分的依据，是因为处在不同地理环境下的消费者对于同一类产品往往有不同的需求与偏好，他们对企业采取的营销策略与措施会有不同的反应。如，由于居住环境的差异，城市居民与农村消费者在室内装饰用品的需求上就有差异。

地理变量易于识别，是细分市场应予考虑的重要因素，但处于同一地理位置的消费者需求仍会有很大差异。比如，在我国的一些大城市，如北京、上海，流动人口逾百万，这些流动人口本身就构成一个很大的市场，很显然，这一市场有许多不同于常住人口市场的需求特点。所以，简单地以某一地理特征区分市场，不一定能真实地反映消费者的需求共性与差异，企业在选择目标市场时，还需结合其他细分变量予以综合考虑。

2. 人口因素

按人口因素细分市场，就是按照消费者的年龄、性别、家庭人数、家庭生命周期、收入、职业、教育、种族和国家等为基础细分市场。由于人口因素易于统计，而且消费者对商品的需求，常常与人口因素密切相关，因此是企业进行市场细分的常用标准。

（1）性别。由于生理上的差别，男性与女性在产品需求与偏好上有很大不同，许多产品和服务如服装、美容美发、化妆品、杂志、香烟等，都以性别来细分市场。像一些汽车制造商，过去一直是迎合男性要求设计汽车，现在，随着越来越多的女性参加工作和拥有自己的汽车，这些汽车制造商正研究市场机会，设计具有吸引女性消费者特点的汽车。

（2）年龄。不同年龄的消费者有不同的需求特点，如青年人对服饰的需求与老年人的需求差异较大，青年人需要鲜艳、时髦的服装，老年人需要端庄素雅的服饰。如儿童对玩具、少儿读物的需求量最多；青年对服装、文化体育用品的需求量较多；老年人对营养保健品和医疗物品的需求量最多。

（3）收入。高收入消费者与低收入消费者在产品选择、休闲时间的安排、社会交际与交往等方面都会有所不同。比如，同是外出旅游，在交通工具以及食宿地点的选择上，高收入者与低收入者会有很大的不同。正因为收入是引起需求差别的一个直接而重要的因素，在诸如服装、化妆品、旅游服务等领域根据收入细分市场相当普遍。

（4）职业与教育。这是指按消费者职业的不同，所受教育的不同以及由此引起的需求差别细分市场。如由于消费者所受教育水平的差异引起审美观具有很大的差异，不同消费者对居室装修用品的品种、颜色等会有不同的偏好等。

（5）家庭生命周期。一个家庭，按年龄、婚姻和子女状况，可划分为不同的阶段。在不同阶段，家庭购买力、家庭人员对商品的兴趣与偏好会有较大差别，据此可进行细分。

除了上述方面，经常用于市场细分的人口变数还有家庭规模、国籍、种族、宗教等。实际上，大多数企业通常是采用两个或两个以上人口统计变量来细分市场。

3. 心理因素

按心理因素细分市场，就是根据消费者的生活方式、社会阶层、个性、心理动机等对市场进行细分。

（1）生活方式。生活方式是指一个人怎样生活。人们追求的生活方式各不相同，如有的追求新潮时髦，有的追求恬静简朴；有的追求刺激冒险，有的追求稳定安逸。一些服装生产企业，为"简朴的妇女""时髦的妇女"和"有男子气的妇女"分别设计不同服装就是依据生活方式细分市场。

（2）社会阶层。处于同一阶层的成员具有类似的价值观、兴趣爱好和行为方式，不同阶层的成员则在上述方面存在较大的差异。很显然，识别不同社会阶层的消费者所具有不同的特点，对于很多产品的市场细分将提供重要的依据。

（3）个性。个性是指一个人比较稳定的心理倾向与心理特征，每个人的个性都会有所不同。通常，个性会通过自信、自主、支配、顺从、保守、适应等性格特征表现出来。因此，个性可以按这些性格特征进行分类，从而为企业细分市场提供依据。在西方国家，对诸如化妆品、香烟、啤酒、保险之类的产品，有些企业以个性特征为基础进行市场细分并取得了成功。

相关链接

走在大多数食品店的自助冷冻柜台前，你通常会发现根据肉的类型而分组的做法。猪肉、羊肉和鸡肉分别放在三个柜台里。然而，在美国田纳西州纳代维尔的一家超级市场决定进行试验，根据消费者生活方式对肉品进行分类。例如，该店有一个分区叫"肉几分钟就好"，一个分区叫"烹饪低盐肉"，还有一个满足已经做好了的如热狗和汉堡肉饼的食品区，叫作"孩子喜爱这种食物"，还有一个分区叫作"我喜欢烹饪"。该超市通过把注意力集中在生活方式的需求而不是蛋白质的分类上，鼓励习惯买牛肉和猪肉的消费者也考虑一下羔羊肉和小牛肉。结果，这种分区销售使销售额和利润都获得了极大的提高。

4. 行为因素

按行为因素细分市场，就是依据消费者购买商品的时机、追求利益、购买频率、使用情况、对商品与品牌的了解、态度等来对市场进行细分。行为因素能更直接地反映消费者的需求差异，因而成为市场细分的最佳起点。按行为因素细分市场主要包括：

（1）购买时机。根据消费者提出需要、购买和使用产品的不同时机，将他们划分成不同的群体。例如，城市公共汽车运输公司可根据上班高峰时期和非高峰时期乘客的需求特点划分不同的细分市场并制定不同的营销策略；生产果珍之类清凉解暑饮料的企业，可以根据消费者在一年四季对果珍饮料口味的不同，将果珍市场消费者划分为不同的子市场。

（2）追求利益。消费者购买某种产品总是为了解决某类问题，满足某种需要。然而，产品提供的利益往往并不是单一的，而是多方面的。消费者对这些利益的追求时有侧重，如牙膏这种产品，有的消费者追求的是经济实惠，有的消费者追求的是防治牙病，有的消费者追求的是洁齿美白等，这就要求牙膏生产厂家根据这些标准对市场细分，提供针对性的商品。

（3）使用者状况。根据顾客是否使用和使用程度细分市场。通常可分为经常购买者、首次购买者、潜在购买者、非购买者。大公司往往注重将潜在使用者变为实际使用者，较小的公司则注重于保持现有使用者，并设法吸引使用竞争产品的顾客转而使用本公司产品。

（4）使用数量。根据消费者使用某一产品的数量大小细分市场。通常可分为大量使用者、中度使用者和轻度使用者。大量使用者人数可能并不很多，但他们的消费量在全部消费量中占很大的比重。美国一家公司发现，美国啤酒的80%是被50%的顾客消费掉的，另外一半的顾客的消耗量只占消耗总量的12%。因此，啤酒公司宁愿吸引重度饮用啤酒者，而放弃轻度饮用啤酒者，并把重度饮用啤酒者作目标市场。公司还进一步了解到大量喝啤酒的人多是工人，年龄在25—50岁，喜欢观看体育节目，每天看电视的时间不少于3—5小时。很显然，根据这些信息，企业可以大大改进其在定价、广告传播等方面的策略。

（5）品牌忠诚程度。企业还可根据消费者对产品的忠诚程度细分市场。有些消费者经常变换品牌，另外一些消费者则在较长时期内专注于某一或少数几个品牌。通过了解消费者品牌忠诚情况和品牌忠诚者与品牌转换者的各种行为与心理特征，不仅可为企业细分市场提供一个基础，同时也有助于企业了解为什么有些消费者忠诚本企业产品，而另外一些消费者则忠诚于竞争企业的产品，从而为企业选择目标市场提供启示。

（二）有效市场细分的条件

对于不同行业、不同类型的企业来说，实行市场细分必须具备一定的条件。例如，购买食盐的顾客可以分为儿童、青年人、中年人、老年人，但是，年龄的大小与购买食盐没有任何关系，另外，所有的顾客购买食盐的量基本上都是相同的，而且他们认为盐的质量相同，并愿意支付相同的价格，从企业营销的角度来说，这个市场（同质需求）就没有必要细分，如果细分了也是无效的。一般地说，有效市场细分应具备以下几个条件：

1. 差异性

差异性指某种产品整体市场中确实存在着购买与消费上的明显差异性，完全有细分的必要或某一因素足以成为细分依据。例如，肉食品、糕点等产品有必要按民族细分，而大米、食盐就没有必要按民族来细分。

2. 可衡量性

可衡量性指细分市场的规模和购买力是可以估测衡量的，既有明显的区别，又有合理的范围。有些细分变量令人捉摸不定，如具有“依赖心理”的青年人，在实际中是很难测量的，以此为依据细分市场就不一定有意义。

3. 可进入性

可进入性指细分出来的市场应是企业营销活动能够抵达的，即是企业通过努力能够使产品进入并对顾客施加影响的市场。一方面，有关产品的信息能够通过一定媒体顺利传递给该市场的大多数消费者；另一方面，企业在一定时期内有可能将产品通过一定的分销渠道运送到该市场。否则，该细分市场的价值就不大。

4. 可盈利性

可盈利性即细分出来的市场，其容量或规模要大到足以使企业获利。进行市场细分时，企业必须考虑细分市场上顾客的数量以及他们的购买能力和购买产品的频率。如果细分市场的规模过小，市场容量太小，成本耗费大，获利小，就不值得去细分。如汽车公司专门为身高 1.5 米以下的人群设计一种汽车，这样就得不偿失。

5. 稳定性

稳定性指所划定的细分市场，必须具有相对的稳定性，以保证企业有足够的时间实施营销方案、进入市场、获得盈利。否则，如果市场变化太快，变动幅度又很大，企业还没有来得及实施其营销方案，目标市场已面目全非了，这样的市场细分也就毫无意义。

【学习互动】

一个普通大学的餐馆，如果专门开设一个西餐馆，满足少数师生酷爱西餐的需求，或开设一个回族饭菜供应部，满足少数民族同学的饮食习惯，哪一个更可行？

（三）市场细分的方法

1. 单一因素细分法

根据市场主体的某一因素进行细分，如按收入的高低来划分服装市场，以年龄来划分玩具市场等。这种划分比较简单易行。但是消费者或用户的需求很少只受单一因素的影响。

2. 系列因素细分法

为了使细分市场更有效，更切合实际，往往需要使用多种因素为标准，利用多因素组合来进行市场细分，由粗到细，由浅入深。例如，对服装市场进行细分，就可以利用与服装最密切的地区、性别、年龄、个人收入等因素划分，如图 4－1 所示。

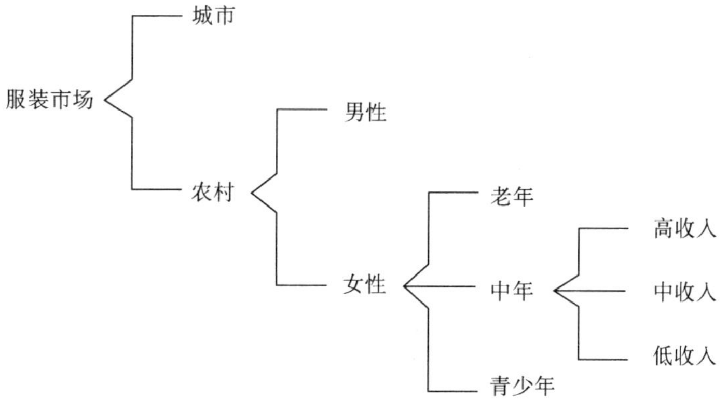

图 4－1　系列因素细分示意图

3. 主导因素排列法

当一个细分市场的选择存在多个因素时，可以从消费者的特征中寻找和确定主导因素，然后与其他因素有机结合，确定细分目标市场，这种方法叫作主导因素排列法。以青年服装市场为例，职业与收入通常是影响服装选择的主导因素，文化、气候则居于从属地位，因此应以职业、收入作为细分青年服装生产的主导依据。

4. 综合因素法

即用影响消费需求的两种以上的因素为标准，从多个方面对市场进行细分，该方法的核心是并列多因素进行分析，所涉及的各项因素无先后顺序和重要与否的区别。例如，同时用收入水平、年龄、职业 3 个因素将妇女服装的消费者划分为许多具有不同需求特点的细分市场。

【学习互动】

某化妆品的经营者将 18—45 岁的城市中青年妇女确定为目标市场，运用了几个细分变量？

案例分析

老伴手机

浙江华立通信集团推出了一款专为老年人设计的手机——老伴手机，引起老年朋友的关注与青睐，成为手机市场中的亮点。老伴手机集手机和多项实用功能于一体，它专为老年朋友设计了五大基本功能——按键较大、显示字体大、屏幕大、声音大、震动大；六大特色功能——收音机、放大镜、手电筒、助听器和语音报时报号；更加特别的是两个特殊键——紧急呼叫键和子女亲情键，在老年人出现紧急情况时，只需按一个键就可联系到多个能给老人提供帮助的亲人或机构，全方位保障了老年人的安全需求。

老伴手机更是以其精致的礼品盒包装，旨在引导年轻人用这份可以和父母沟通的礼品向父母报养育之恩，尽一份孝道。

问题：（1）浙江华立通信集团通过对手机市场的细分，细分出老伴手机，这样的市场细分成功吗？试说明理由。

（2）该案例对你有何启发？

讨论分析：

个人：每位同学结合老伴手机的案例内容，认真思考问题，把自己的思考写在固定的学习本上。

小组：同学们每 4 个人分为一组，1 人为组长，1 人记录，每个同学积极陈述个人观点，大家共同讨论形成小组意见，准备在班级交流。

全班：每组有一位代表陈述本组观点，其他同学可提问。

教师：简要记录各小组陈述要点，最后做点评。

【**提示：**浙江华立通信集团在对手机市场细分的基础上，细分出了老年用户这一细分市场，然后根据老年人的需求设立产品功能。老伴手机人性化的设计为老年人提供了全方位的保障，晚上睡不着时可听听收音机，忘了吃药系统能自动提醒，该手机可带有助听器，对听力不好的老年朋友来说是个相当不错的功能，老花镜也是老年朋友的所爱。浙江华立集团集中精力瞄准给他们创造最好价值又有更大兴趣的老年用户，使老伴手机大为畅销，营销取得成功。市场机会是不断发展变化的，市场机会是永远给有心人准备的。善于分析市场，发现市场机会是每一个营销人员必须具备的基本能力。】

拓展学习

对下列三种产品进行市场细分

1. 拓展学习内容

空调、自行车、方便面是你比较熟悉的几种产品，请走访经营该产品的市场营销人员，（选择某一品牌）查找有关资料，根据市场细分的标准和变量，对其进行细分。见表4－1。

表4－1　企业产品市场细分分析表

产品	调查分析的企业	企业对该产品市场细分的标准和变量	市场情况分析说明和你的评价
空调			
自行车			
方便面			

2. 要求

（1）每6位同学一组，两个同学负责一种产品进行市场细分分析。

（2）通过图书、资料、网络等，查找相关资料。

（3）实地走访2家经营该产品的企业和营销人员，了解该产品目前市场上的种类、产品功能，面对的消费群体、满足的主要需求等方面的信息。

（4）填写企业市场细分分析表要求的内容。

（5）选3—5份企业市场细分分析表在班级交流，其他同学可以发表意见，最后老师作点评。

任务2　了解目标市场选择

任务学习目标

素质目标：通过本任务知识的学习、案例分析和拓展学习，培养同学们在选择目标市场过程中关注营销职业道德和相关法律、法规的意识。

能力目标：通过本任务的案例分析和拓展学习，培养同学们能结合中小型流通企业实际，运用目标市场策略等相关知识分析和选择目标市场的职业能力。

知识目标：通过本任务知识的学习，能正确陈述目标市场、目标市场选择的条件和模式、目标市场营销策略、目标市场策略选择应考虑的因素等陈述性知识。

任务描述

市场细分就是发现企业所面临的市场营销机会。由于条件的制约，企业不可能去满足所有的细分市场，实践中企业只能结合自己的实际情况，权衡比较各细分市场的利弊，选择具有可行性市场作为自己的目标市场，并结合企业的条件选择相应的目标市场营销策略。

任务学习

在市场细分的基础上，要根据目标市场应具备的条件，根据目标市场的选择模式，确定目标市场，制定目标市场营销策略。本任务就是要学习什么是目标市场，对目标市场应从哪些方面进行评估，评估以后应如何选择目标市场，目标市场确定后，应采用什么样的市场营销策略，影响目标市场营销策略的因素有哪些。通过这些基本内容的学习，培养同学们分析市场和选择目标市场的能力。

一、确定目标市场

所谓目标市场，就是指在市场细分的基础上，企业决定要服务的最佳细分市场，即企业的产品和劳务所要满足的特定消费者群。

企业在对整体市场进行细分之后，要对各细分市场进行评估，然后根据细分市场的规模、发展潜力、竞争状况及吸引力、本企业资源条件等多种因素，决定把哪一个或哪几个细分市场作为目标市场。一般而言，企业考虑进入的目标市场，应符合以下标准或条件：

（一）有适当的规模

企业进入某一市场是期望能够有利可图，如果市场规模狭小或者趋于萎缩状态，企业进入后难以获得发展，此时，应审慎考虑，不宜轻易进入。当然，适当的规模是一个相对的概念，大企业可以偏好销售量很大的细分市场，小企业由于竞争实力较弱，可以避开较大规模的细分市场。

（二）有一定的发展潜力

有的市场现在虽然规模不大，但未来可能会迅速增长，或预计会有所增长，这样的细分市场值得去经营。当然，企业也不宜以市场吸引力作为唯一取舍，特别是应力求避免“多数谬误”，即与竞争企业遵循同一思维逻辑，将规模最大、吸引力最大的市场作为目标市场。大家共同争夺同一个顾客群的结果是，造成过度竞争和社会资源的无端浪费，同时使消费者的一些本应得到满足的需求遭受冷落和忽视。

（三）有足够的吸引力

企业选择目标市场不仅要求有较大的潜在需求，还要了解竞争对手是否完全控制了市场。应尽量选择那些竞争相对较少，竞争对手比较弱，有足够吸引力的市场作为目标市场。如果竞争已经十分激烈，而且竞争对手势力强劲，企业进入后付出的代价就会十分昂贵。

（四）符合企业目标和资源

某些细分市场虽然有较大吸引力，但不能推动企业实现发展目标，甚至分散企业的精力，使之无法完成其主要目标，这样的市场应考虑放弃。另外，还应考虑企业的资源条件是否适合在某一细分市场经营。只有选择那些企业有条件进入、能充分发挥其资源优势的市场作为目标市场，企业才会立于不败之地。

实 例

专修皇冠的铁匠

从前有一个铁匠，他每天巡回于乡间为村民修补农具，由于手艺精巧，价格公道，所以招揽到不少生意。有一天，铁匠和往常一样挑着工具箱来到乡间，刚好碰到皇帝出巡的车队。皇帝的车子在走过铁匠身边的时候停了下来，原来，马车一路颠簸震坏了皇冠，侍从看到他的工具箱，就让他帮忙来修。很快铁匠就把皇冠修好了，皇帝很满意，赏了他一百两黄金。兴奋不已的铁匠欢快地跑回家，就在他走过村口的树林时，一只猛虎挡住了去路，铁匠害怕极了，但他仔细一看，老虎似乎没有恶意，原来它的前爪扎进了一根又细又长的竹刺。看着老虎满脸痛苦的样子，铁匠连忙取出工具，把竹刺拔了出来。老虎对铁匠感激不已，衔来一只小鹿以示报答。这回铁匠得意极了，他从此不再巡回乡里修补农具，而是在家门口竖起了“专修皇冠，兼拔虎刺”的招牌。自此，铁匠的生意越来越少。为什么？

启示：确实，修皇冠和拔虎刺对铁匠来说曾是为其带来丰厚利润的细分市场，但这是否可以作为铁匠安身立命的目标市场呢？修皇冠和拔虎刺都不是一般人敢修敢拔的，由于缺乏强大的竞争对手，这两类顾客又愿意支付高额的费用，想来是很有吸引力的。但是，因为这两个市场规模太小，业务也不具备可增长性，所以，把它们选为目标市场是不合适的。

二、目标市场策略及选择

（一）目标市场营销策略的类型

在市场营销中，由于企业选择的目标市场不同，其营销策略也不同。一般有以下 3 种策略可供选择：

1. 无差异性市场营销策略

无差异性营销策略是指企业将产品的整个市场视为一个目标市场，用单一的营销策略开拓市场，即用一种产品和一套营销方案吸引尽可能多的消费者。无差异营销策略只考虑消费者或用户在需求上的共同点，而不关心他们在需求上的差异性。可口可乐公司在 20 世纪 60 年代以前曾以单一口味的品种、统一的价格和瓶装、同一广告主题将产品面向所有顾客，就是采取的这种策略。

该策略的优点一是成本的经济性；二是取得规模效益。因为产品营销方式单一，同时进行大量生产和经营，节省了生产和经营费用，降低了销售成本，提高了利润率，从而实现了规模效益。这种策略对于需求广泛、市场同质性高且能大量生产、大量销售的产品比较合适。

该策略的缺点是满足不了消费者的多样化需求，企业产品单一，风险较大，应变能力差。如果许多企业同时在一个市场上实行无差别营销策略，竞争必然激化，企业获利的机会反而下降。同时以一种产品和一种营销方案，想要得到不同层次、不同类型的所有顾客的满意，也是不可能的。

对于大多数产品，无差异市场营销策略并不一定合适。首先，消费者需求客观上千差万别并不断变化，一种产品长期为所有消费者和用户所接受非常罕见。其次，当众多企业如法炮制，都采用这一策略时，会造成市场竞争异常激烈，同时在一些小的细分市场上消费者需求得不到满足，这对企业和消费者都是不利的。最后，易于受到竞争企业的攻击。当其他企业针对不同细分市场提供更有特色的产品和服务时，采用无差异策略的企业可能会发现自己的市场正在遭到蚕食但又无法有效地予以反击。正由于这些原因，世界上一些曾经长期实行无差异营销策略的大企业最后也被迫改弦更张，转而实行差异性营销策略。

2. 差异性市场营销策略

差异性市场营销策略是将整体市场划分为若干细分市场，针对每一细分市场分别设计不同的产品和营销方案。比如，服装生产企业针对不同性别、不同收入水平的消费者推出不同品牌、不同价格的产品，并采用不同的广告主题来宣传这些产品，就是采用的差异性营销策略。

该策略的优点是：小批量、多品种，生产机动灵活、针对性强，使消费者需求更好地得到满足，由此促进产品销售。另外，由于企业是在多个细分市场上经营，一定程度上可以减少经营风险；一旦企业在几个细分市场上获得成功，有助于提高企业的形象及提高市场占有率。

该策略的不足之处主要体现在两个方面：一是销售费用、成本增加，营销活动复杂化。由于产品品种多，管理和存货成本将增加。二是可能使企业的资源配置不能有效集中，顾此失彼，甚至在企业内部出现彼此争夺资源的现象，使拳头产品难以形成优势。所以，必须限制在这样一个范围内，即销售额的扩大所带来的利益必须超过营销总成本和费用的增加，这就要求企业既不能选错目标市场，同时也不宜卷入过多的目标市场。另外，采用这种策略受企业资源和能力的制约较大，较为雄厚的财力、较强的技术力量、素质较高的营销人员，是实施差异营销策略的必要条件。这也是相当多的企业尤其是小型企业无力采取这种策略的原因所在。

相关链接

“凡是能数字化的东西，你就能定制它”

想象着你走进一间有日光沐浴着你身体的房间，在那里两秒钟的时间，就能测出你准确的相关数据。然后这个数字化数据被录入一张你用来订购定制衣服的信用卡上。不，这不是在《星球大战》系列电影下一集才能看到的情景，而在对你在不远的将来如何买衣服的提前一窥。

世界似乎正在形成一个整圆——从过去将顾客以个体分别对待，到后来没人知道你名字的规模营销，现在又回到了开始时的做法。正如《规模定制》的作者约瑟夫·派因总结的那样：“任何能数字化的东西你就能定制它。”

3. 集中性市场营销策略

实行差异性营销策略和无差异营销策略，企业均是以整体市场作为营销目标，试图满足所有消费者在某一方面的需要。集中性营销策略则是企业选择一个或几个子市场作为目标市场，集中力量争取在这些子市场上占有大份额。实行这一策略，企业不是追求在一个大市场上获取一个较小的份额，而是力求在一个或几个较小的子市场上占有较大份额。集中力量生产经营某些有特色的产品、“拳头”产品、新产品等，全力以赴占领选定的目标市场。

该策略的优点是可以节省市场营销费用，增加盈利，而且还有利于提高产品与企业的知名度，必要时可迅速扩大市场，从而巩固企业的市场地位，提高竞争能力。这一策略特别适合于资源力量有限的中小企业。中小企业由于受财力、技术等方面因素的制约，在整体市场可能无力与大企业抗衡，但如果集中资源优势在大企业尚未顾及或尚未建立绝对优势的某个或某几个细分市场进行竞争，成功的可能性更大。如只生产小汽车的汽车制造厂、只生产女装的服装厂等。

该策略的缺点：一是市场区域相对较小，企业发展受到限制；二是潜伏着较大的经营风险，缺乏多样性，一旦目标市场突然发生变化，如消费者需求发生变化，或强大竞争对手的进入，或新的更有吸引力的替代品的出现，都可能使企业因没有回旋余地而陷入困境。

【学习互动】

对中小企业来说，无差异性市场营销策略与集中性市场营销策略相比，在实施的过程中，哪一个风险更大？

（二）目标市场营销策略的选择

上述三种目标市场策略各有其优缺点，企业到底应采取哪一种策略，应综合考虑企业、产品和市场等多方面因素予以决定。

1. 企业资源或实力

当企业生产、技术、营销、财务等方面实力很强时，可以考虑采用差异性或无差异市场营销策略；资源有限，实力不强时，采用集中性营销策略效果可能更好。

2. 产品的同质性

产品的同质性指在消费者眼里，不同企业生产的产品的相似程度。相似程度高，则同质性高，反之，则同质性低。对于哪些产品因产地和生产企业的不同会有些品质差别，但消费者可能并不十分看重，此时，竞争将主要集中在价格上。这样的产品适合采用无差异营销策略。对于服装、化妆品、家用汽车等产品，由于在型号、式样 、规格等方面存在较大差别，产品选择性强，同质性较低，因而更适合于采用差异性或集中性营销策略。

3. 市场同质性

市场同质性指各细分市场顾客需求、购买行为等方面的相似程度。市场同质性高，意味着各细分市场相似程度高，不同顾客对同一营销方案的反应大致相同，此时，企业可考虑采取无差异营销策略。反之，若消费者之间的特性相差很大，则企业应在细分市场后，采用差异性或集中性营销策略。

4. 产品所处生命周期的不同阶段

产品处于投入期，同类竞争品不多，竞争不激烈，企业可采用无差异营销策略，也可以采用集中营销策略，先占领一个市场，再等待机会扩展。当产品进入成长期或成熟期，同类产品增多，竞争日益激烈，为确立竞争优势，企业可考虑采用差异性营销策略，以满足不同消费者的需求。当产品步入衰退期，企业要收缩市场，可考虑采用集中性营销策略。

5. 竞争者采用的目标市场营销策略

企业选择目标市场策略时，一定要充分考虑竞争者尤其是主要竞争对手的营销策略。如果竞争对手采用了差异营销策略，抢先向市场的深度进军，占领更深层次的细分市场，企业就应采用集中营销策略；如果竞争对手十分强大而且已经采用了无差异营销策略或集中营销策略，企业则应进行更有效的市场细分，实行差异营销策略或集中营销策略。

案例分析

选准目标市场

北京伯芙曼化妆品公司是一家集科研、生产、贸易为一体的独资化妆品公司。伯芙曼化妆品公司已成功拥有“伯芙曼”“欧玛莉”“欧米娃”三大品牌，产品以高中档为主。“伯芙曼”化妆品拥有护肤、洗发护发、彩妆三大类产品共264个单品，其中护肤类包括156个单品；“欧玛莉”化妆品拥有全天候保湿系列、美白精华系列、活肤防皱系列、除痘去疤系列、维生素护肤系列、粉底系列、眼部护理系列等产品，共计51个单品，它主要面对广大白领女士市场；“欧米娃”化妆品拥有沐浴系列、洗发系列、护肤系列、呵护系列等30多个单品，主要面对婴幼儿宝宝市场。

问题：（1）案例中该企业选择目标市场的策略成功吗？请分析原因。

（2）谈谈本案例对你的启发。

讨论分析：

个人：每位同学根据案例资料和问题，在固定的学习本上记下自己的思考。

小组：每4个人为一个小组，1人为组长，1人记录，大家陈述自己的观点，讨论形成本小组意见，准备在班级交流。

全班：每组选一位代表，陈述本组观点。

教师：简单记录各组陈述要点，最后做点评。

【**提示：**在竞争激烈的市场上，很多产品和服务都在和其他类似品牌竞争，企业必须找到本产品与其他品牌产品的不同之处，从而使消费者更值得购买。北京伯芙曼化妆品公司根据消费者和竞争对手的信息，开发了针对普通消费者、白领女士、婴幼儿宝宝市场的护肤、沐浴、洗发等系列产品，针对不同的细分市场，提供不同的产品，使每一个市场都有良好的营销机会和发展潜力。运用这种选择性专业化策略，既有利于利用各种市场机会，又分散了企业的经营风险。每一个企业都有自己独特的资源，把企业资源和市场机会有效地结合，就形成了企业独特的经营实力或市场竞争力。每个企业都应在市场上努力创造自己独特的竞争力。】

拓展学习

分析产品目标市场及营销策略

1. 拓展学习内容

分析下列产品的目标市场及应采取的营销策略，见表4－2和表4－3。

表4－2　部分商品明细表

序号	商品名称	商品规格
1	百事可乐	600ml
2	统一冰红茶	500ml
3	康师傅矿物质水	550ml
4	乐百氏矿泉水	550ml
5	纯果乐鲜果粒	420ml
6	农夫山泉	550ml
7	统一鲜橙多	450ml
8	美之源果粒橙	450ml
9	大大泡泡糖	——
10	真知棒棒糖	——

表4－3　小组对所选产品目标市场及采取的营销策略分析

序号	分析商品名称	商品规格	目标市场	应采取的营销策略

2. 要求

（1）把全班同学分为10组，每组负责一种产品，分析该产品的目标市场及采取的营销策略（产品可自选也可由老师指定）。

（2）通过图书馆、网络等搜集相关产品的信息，认真了解该产品的功能、成分、使用方便性，产品的包装、产品的目标市场，目前该产品采取的营销策略等。

（3）实地走访，通过到市场上认真观察和调研，从消费者和营销人员两个方面了解该产品主要的购买对象、购买时间、购买方式、购买用途、现场产品陈列方式、促销方式等详细内容，总结分析该产品选择的目标市场以及运用的营销策略，填写分析表。并把填写好的分析表上传到班级微信平台。

（4）老师选择其中三种产品的调查分析成果在班级交流，并进行点评。

任务3 掌握市场定位策略

任务学习目标

素质目标：通过本任务知识的学习、案例分析和拓展学习，培养同学们关注企业在产品市场定位中绿色、安全、健康、使用便捷性的意识。

能力目标：通过本任务的案例分析和拓展学习，培养同学们对市场上的新产品，能运用市场定位相关知识准确理解企业定位策略的职业能力。

知识目标：通过本任务知识的学习，能正确陈述市场定位、市场定位的依据、掌握市场定位的策略及市场定位的步骤等陈述性知识。

任务描述

企业在决定进入哪个细分市场之后，还必须决定在这些市场中它想取得什么样的地位。成功的企业总是千方百计地向顾客头脑中灌输一种品牌（或产品）的特殊利益以及该产品与竞争对手的区别，设计出一种在目标市场中能够给产品带来最大优势的市场定位，并且设计出实现这一目标的市场营销组合策略。

任务学习

为了满足消费者的特定需求，企业通常会提供很多产品或服务作为选择。消费者面对着过多的产品和服务信息，每当他们做出一项购买决定时，根本无法重新估价产品。但在现实生活中，每一位消费者对一些产品在他们脑海里已经绘制了一幅“定位图”，将我们企业的产品和竞争对手产品按照产品性质、价格声望、可靠性、售后服务等维度都放到相应的位置上。企业营销人员在策划营销组合让消费者接受自己的产品或服务时，需要考虑这个组合是如何影响消费者认知的，如何跟竞争对手的营销组合作比较的以及营销环境对它会产生怎样的影响。在分析清楚这些问题后就可以给企业的产品准确地定位了。本任务主要学习市场定位及定位依据，明确据以定位的可能性竞争优势，准确地运用定位策略，给企业的产品和服务定位，并学会有效地向市场表明企业的市场定位。

一、市场定位的概念和依据

（一）市场定位的概念

所谓市场定位就是根据市场的竞争情况和本企业的条件，建立和发展差异化的竞争优势，确定本企业产品在目标市场上的竞争地位。

市场定位的实质是使本企业与其他企业严格区分开来，突出企业及其产品的特色，使顾客明显感觉和认识到这种差别，从而使企业及产品在顾客心目中占据一个特殊的位置，塑造出个性鲜明的产品形象传递给目标市场，给消费者留下深刻的印象，从而取得目标市场的竞争优势。消费者面对着成天上万的海量信息，他只能记得那些给他留下深刻印象的产品和品牌。拥有清晰市场定位的产品，将会让消费者更容易在众多竞争产品中找到它。

所以市场定位的关键不是对产品本身做些什么，而是在消费者的心目中留下什么，即企业要满足谁的需要，满足他们什么需要，如何满足需要，只有明确了这些问题，才能获得竞争优势。单纯的产品质量上乘或价格低廉在目前的市场环境下已难以获得竞争优势。

（二）市场定位的作用

1. 有利于建立企业及产品的市场特色

在现代社会中，许多市场都存在严重的供大于求的现象，众多生产同类产品的厂家争夺有限的顾客，市场竞争异常激烈。为了使自己生产经营的产品获得稳定销路，防止被其他厂家的产品所替代，企业必须从各方面树立起一定的市场形象，以期在顾客心目中形成一定的偏爱。

2. 简化购买决策过程

在当今信息爆炸的社会中，消费者大都被过量的产品或服务信息所困惑，他们不可能在做出每一项购买决策时都对产品做重新评价。为了简化购买决策过程，消费者会将产品加以归类，如哪种“质优”、哪种“价廉”、哪种“可靠”、哪种“耐用”等，以利于他们迅速做出购买决策。如果不进行有效的市场定位，不搞差异化，不仅不能满足消费者多样化的需求，还可能造成大量的产品或服务雷同，使大家都去竞争有限的顾客，加剧了市场竞争或导致恶性竞争，影响整个行业的发展。

实 例

互补商圈，吸引客流

在上海的徐家汇路口，“东方商厦”“太平洋百货”“第六百货”三家大商厦隔路相望。前两年，三家商厦也曾摆出拼个你死我活的架势，但他们很快认识到恶性竞争只会带来三败俱伤。于是，各家主要在突出自己的经营特色上下功夫。“东方商厦”主要针对中高收入顾客，突出商品档次，向精品店方向发展；“太平洋百货”则成为流行时尚的窗口，主要吸引以女青年为主的青年消费者；“第六百货”则以实惠诱人，坚持以薄利多销、便民利民为经营方向。比如彩电，东方商厦主要经营大屏幕进口彩电，第六百货则主要经营国产彩电，太平洋百货则基本不经营彩电。最近一两年，这三家商厦的销售额不仅没有滑坡，而且都在增长，在上海市单位面积销售额和利润对比中名列前茅，徐家汇也成为上海新的中心商业区。目前，这三家商场成立了“徐家汇地区商场老总联谊会”，定期分析和研究市场走势，合理划分经营范围，共同发展。第六百货还出资修建了一条空中走廊，把本店与太平洋百货连接起来。

位于南京路上的“中百一店”“华联商厦”“新世界”是上海商界三巨头。由于他们各自经营有别，利益冲突不大，能够做到联手繁荣南京路，为中华商业第一街的兴盛做出了贡献。

启示：合理定位，突出特色，吸引顾客。

（三）市场定位的依据

市场定位的依据，一是消费者的需求特征，二是主要竞争对手产品的主要特征，以此建立本企业产品的竞争优势。竞争的优势主要通过产品差异化来体现。产品差异化就是指设计一系列有意义的差异，使本企业的产品同竞争者的产品区别开来。产品的差异化主要表现在以下几个方面：

1. 特色

这是指对产品基本功能的增加。如海尔，是海尔集团家电主品牌，秉承锐意进取的海尔文化，品牌定位“绿色理念”。统帅，是海尔集团在互联网时代背景下推出的定制家电品牌，目标人群主要是倡导个性、时尚、简约生活方式的年轻消费群体。海尔集团高端家电品牌卡萨帝 Casarte 名字的灵感源于意大利，品牌定位为“创艺家电，格调生活”。由于它们各具特色，因而在国内国际市场获得了极大的成功。

2. 性能

这是指产品的主要特点在使用中的水平。在产品的价格没有超过顾客的支付能力时，顾客总是愿意以较高的价格购买性能更优的产品。企业应根据目标市场的具体情况确定相应的性能标准。

3. 一致性

这是指产品在使用中达到设计标准的程度。如果某种产品在使用中能够达到各项设计标准，那么这种产品就被认为具有高度的一致性，会给顾客留下完美的印象，人们也乐于购买。海尔、长虹产品在消费者心目中具有良好的形象，就是因为它们具有高度的一致性。

4. 可靠性

这是指产品在一定时间内不出故障，能正常使用的可能性。海尔可靠性工作的精髓就是服务每一位海尔产品的使用者以及潜在的使用者。我们从卡萨帝复式大滚筒洗衣机的可靠性实践充分感受到这一真谛。海尔的卡萨帝复式大滚筒洗衣机虽然已经成功上市，但在洗衣机可靠性实验室，仍有卡萨帝复式大滚筒洗衣机在做着各项可靠性试验。海尔已经建立了有效的可靠性效果分析和纠错系统，即便是已经成熟的技术和产品，也都在这个机制的控制之下。海尔甚至做出了卡萨帝复式滚筒洗衣机整机保修3年的售后保障，远远高出国家规定整机保修1年的标准。复式平衡环核心部件更是提供了10年保修的承诺。

5. 耐用性

这是指产品预期的使用寿命。超平彩电除了其他一些特性外，使用寿命是平面直角彩电的1.7倍，即使它的价格较高，但消费也愿意购买。

6. 风格

这是指产品带给顾客的视觉和感觉效果。康佳推出彩色机壳系列“七彩小画仙”，TCL推出“缤纷天使”系列小彩电，不仅小新颖，而且机壳有红、黄、蓝、白、黑等几种颜色，给人一种全新的视觉感受。在风格差异化中，必须注意包装的运用。

当然，每一种差异都会增加企业的成本，企业应突出有价值、有意义的差异，以便通过这些差异，有效地把本企业的产品与竞对手的产品区别开来，达到市场定位的目的。

二、市场定位策略

（一）属性定位策略

根据特定的产品属性来定位，产品属性包括制造该产品采用的技术、设备、原材料及该产品的功能、产地、历史等因素。如日本电器、瑞士手表、贵州茅台、西湖龙井等按产地定位。当企业的一种或几种属性是竞争对手的产品所不具备时，企业定位就应强调这些特性。

（二）竞争性定位策略

根据与竞争者有关的属性或利益来定位。即以竞争产品为参照，强调“人无我有，人有我优”。如海尔认为，在科技日益发达的今天，产品质量已经不是消费者追逐的重点，此时，服务成为决定企业在市场竞争中成败与否的关键因素，海尔无疑是其中的佼佼者：坚持24小时免费咨询电话，24小时内上门服务，服务人员统一着装、统一用语、统一的规范制度，让消费者真正感受到“上帝”的待遇。

（三）质量—价格定位策略

这是指对照质量和价格来定位。一是强调质价相符，在企业产品价格与同类产品相比更高的情况下，强调产品具有高质量，一分钱一分货；二是强调质高价低，物有所值，以加速市场渗透，提高市场商品的占有率。如华龙集团提出“同等质量比价格，同等价格比质量”的口号，就是这种定位策略的具体运用。这种定位策略，除了向顾客传递产品的低价实惠外，还要重视产品质量信息的传递，否则，会给顾客造成产品定位档次低、价格高的错觉。所以华龙集团在营销中同时还宣传“加质加量不加价”。

（四）利益定位策略

根据产品所能满足的需求或所提供的利益、解决问题的程度来定位，强调顾客购买产品时追求的利益和获得的附加利益。如海尔在卡萨帝复式大滚筒洗衣机设计中第一个想解决的问题是噪声。海尔提供的资料显示，国际知名的市场研究公司GFK曾做过一项历时3个月、遍布全球137个国家和地区的调研报告，其结论是噪声成为滚筒洗衣机用户的最大抱怨。第二个想解决的问题是容量。2005年，海尔自己建立的TCE（Total Customer Experiments，消费者需求全面试验）部门在日本市场入户调研的时候发现，即使小家庭也需要洗涤大件物品，如夏被等，洗衣机容量需要变得越来越大。第三个想解决的问题是弯腰。也是在这次调研中，海尔还发现消费者抱怨产品高度偏低，尽管斜式滚筒的出现将滚筒洗衣机取放衣物的高度提升到65cm，但操作起来还是需要弯腰，并没有有效减轻洗衣过程中对腰肌部位的劳损。海尔卡萨帝复式大滚筒洗衣机把以上这些问题都解决了，这些都是按产品提供的利益来定位的，吸引了大量的顾客。

（五）使用者定位策略

将其产品指向某一类特定的使用者，以便根据这些顾客的看法塑造恰当的形象。如“谢馥春”男士霜。

（六）比附定位策略

企业比拟名牌、攀附名牌来给自己的产品定位，以借名牌产品之光而使自己产品的品牌生辉的定位策略。主要的做法如下：一是甘居“第二”，就是明确承认自己的产品在同类产品中，与最负盛名的产品相比，只不过是第二位而已；二是“攀龙附凤”，如内蒙古的宁城老窖，以“宁城老窖，塞外茅台”的广告诉求定位，就是一个较好的例子；三是奉行“高级俱乐部策略”，借助群体的威望和模糊数学的方法，提升自己的地位和形象，如宣称自己是某行业三大企业之一、50 家大企业之一、十大驰名品牌之一等。这种定位策略会使消费者对企业产生一种谦虚诚恳的印象，提高了企业的可信度，吸引大批消费者购买本企业的产品。

总之，市场定位的策略有很多种，你可以把自己塑造成高价品中的典范，也可以化身为优质服务的代表，只要这种定位是来自你自身优势和鲜明个性，然后把这一市场定位传达到目标消费者的心坎上。

【学习互动】

某啤酒厂推出了一种低热量的“Lite”牌啤酒，将其定位为喝了不会发胖的啤酒，迎合了那些经常饮用啤酒而又担心发胖的人的需要。这采用了哪种定位策略？

三、市场定位的类型

（一）迎头定位

这是一种与在市场上居支配地位的竞争对手“对着干”的定位方式，即企业选择与竞争对手重合的市场位置，争取同样的目标顾客，彼此在产品、价格、分销、供给等方面很少有差别。

实行迎头定位，企业必须做到知己知彼，应该了解市场上是否可以容纳两个或两个以上的竞争者，自己是否拥有比竞争者更多的资源和能力，是不是可以比竞争对手做得更好。否则，迎头定位可能会成为一种非常危险的战术，将企业引入歧途。

当然，也有些企业认为这是一种更能激发自己奋发向上的定位尝试，一旦成功就能取得巨大的市场份额。

（二）避强定位

这是一种避开强有力的竞争对手进行市场定位的模式。企业不与对手直接对抗，将自己置于某个市场“空隙”，发展目前市场上没有的特色产品，开拓新的市场领域。

这种定位的优点是，能够迅速地在市场上站稳脚跟，并在消费者心中尽快树立起一定形象。由于这种定位方式市场风险较小，成功率较高，常常为多数企业所采用。

（三）重新定位

重新定位通常是指对那些销路少、市场反应差的产品进行二次定位。初次定位后，随着时间的推移，新的竞争者进入市场，选择与本企业相近的市场位置，致使本企业原来的市场占有率下降，或者由于顾客需求偏好发生转移，原来喜欢本企业产品的人转而喜欢其他企业的产品，因而市场对本企业产品的需求减少。在这些情况下，企业就需要对其产品进行重新定位。所以，一般来讲，重新定位是企业为了摆脱经营困境，寻求重新获得竞争力和增长的手段。不过，重新定位也可作为一种战术策略，并不一定是因为陷入了困境，相反，可能是由于发现新的产品市场范围引起的。例如，某些专门为青年人设计的产品在中老年人中也开始流行后，这种产品就需要重新定位。

相关链接

把对手扶起来

在某大城市里，许多电器经销商经过明争暗斗的市场较量，在彼此付出了很大的代价后，有赵、王两大商家脱颖而出，他们又成为最强硬的竞争对手。

这一年，赵为了增强市场竞争力，采取了极度扩张的经营策略，大量地收购、兼并各类小企业，并在各市县发展连锁店，但由于实际操作中的失误，造成信贷资金比例过大，经营包袱过重，其市场销售业绩反而直线下降。这时，许多业内人士纷纷提醒王这是主动出击，一举彻底击败对手赵，进而独占该市电器市场的最好商机。王却微微一笑，始终没有采纳众人提出的建议。

在赵最危难的时机，王却出人意料地主动伸出援手，拆借资金帮助赵涉险过关。最终，让赵的经营状况日趋好转，并一直给王的经营施加压力，迫使王时刻面对着这一强有力的竞争对手。有很多人曾嘲笑王的心慈手软，说他是养虎为患。可王却没有丝毫反悔之意，只是殚精竭虑，四处招纳人才，并以多种方式调动手下的人拼搏进取，一刻也不敢懈怠。就这样，王和赵在激烈的市场竞争中，既是朋友又是对手，彼此绞尽脑汁地较量，双方各有损失，但各自的收获都很大。多年后，王和赵都成为当地赫赫有名的商业巨子。

面对事业如日中天的王，当被问及当年的“非常之举”时，王一脸的平淡：击倒一个对手有时候很简单，但没有对手的竞争又是乏味的。企业能够发展壮大，应该感谢对手时时施加的压力，正是这些压力，化为想方设法战胜困难的动力，进而在残酷的市场竞争中始终保持着一种危机感。

把对手扶起来，不只是一种襟怀，还是一种智慧。

案例分析

互联网对电视的冲击

当电视机问世的时候，很多人认为收音机要退出市场了，因为在此之前，家人通常在晚上的时候会齐聚在一起收听广播节目。然而，收音机受到电视机的影响，它开始传送现场直播节目，更多地关注音乐、新闻和报道。

类似地，我们也能预测因特网的引入会产生永久的影响。通过有线电视，我们能够选择自己想要的电视节目，甚至可以随时随地观看任何自己想看的。只要点一下鼠标，戏剧演出、电影、音乐可以随时下载和观看。和收音机一样，电视不会消失，但是会和我们今天看到的电视有很大的不同。

问题：（1）认真分析案例，并给网络、电视、收音机3个市场进行定位分析。

（2）谈谈该案例对你的启发。

讨论分析：

个人：每位同学根据案例资料和问题，在固定的学习本上记下自己的思考。

小组：每小组4位同学，1人为组长，1人记录，小组成员都要陈述自己的观点，讨论后形成小组意见，准备在班级交流。

全班：各组派一位代表陈述本组观点。

教师：记录各组陈述要点，最后做点评。

【**提示：**网络、电视、收音机目前各自传递着不同的信息，面对的人群不同，信息沟通交流的方式也有差异。由于信息传递方式、功能的差异，目前他们的定位很明确，运用的策略也很到位。随着科学技术的发展，产品更新换代速度加快，人们的需求变化也很快，因此，任何企业必须根据消费需求变化提供相适应的产品和服务，才能在市场上获得竞争力。】

拓展学习

有竞争关系商品定位调研

1. 拓展学习内容

（1）根据下面定位的实例，进行竞争性产品定位调研，见表4－4。

表4－4　A、B洗涤剂定位方法实例

项目	洗涤剂A	洗涤剂B
属性	容易洗涤、快速	洗涤后有清新气味
价格与品质	价格低、品质好	价格较高，品质最好
用途	适用于有顽固污渍的衣服，预洗	适用于较薄的衣服，手洗
产品使用者	家庭主妇	新产品喜好者
产品分类	专业运动员使用	专业洗衣店使用
竞争对手	相较于产品B，更能去除污渍	相较于产品A，清洗衣服更轻柔

（2）两个同学一组，到市场上调查了解，选择两个有竞争关系的产品，按表4－5的要求，分析它们的定位策略和技巧，注意每组同学所选产品不得重复。

（3）填写竞争关系产品定位分析表，见表4－5。

表4－5

项目	A	B
属性		
价格与品质		
用途		
产品使用者		
产品分类		
竞争对手		

2. 要求

(1) 按实例中的项目分别写出两个商品各自的定位内容。

(2) 初稿征求其他同学意见，优化竞争性产品市场定位调研分析表，上传到班级微信平台。

(3) 教师选择3个小组的分析表在班级交流，每个组完成后可指定一位同学点评，老师最后作点评。

任务4　认知市场营销组合策略

任务学习目标

素质目标：通过本任务知识学习、案例分析和拓展学习，培养同学们积极践行营销组合理论中的营销伦理和营销道德的意识。

能力目标：通过本任务案例分析和拓展学习，能从产品、价格、渠道、促销4个方面分析4P理论营销的特点，提升运用4P理论分析企业一般营销活动的能力。

知识目标：通过本任务知识学习能陈述市场营销组合的概念、市场营销组合的基本内容、市场营销组合的类型等基本知识。

任务描述

市场营销组合是市场营销学中一个十分重要的概念。现代市场营销学以系统理论为依据，认为企业在组织营销活动时，不仅要制定正确的产品策略、定价策略、分销渠道策略和促销策略，而且必须针对目标市场的特点，将产品、价格、渠道、促销4个方面的策略进行最佳组合，使他们互相配合，产生一种最优竞争力。一个以现代营销观念为导向的营销者的任务，就是有效地设计和实施多种营销手段的最优组合。

任务学习

随着市场经济的发展，大多数企业都认识到，企业必须协调各部门的营销策略和营销活动，从整体上满足消费者需求，追求整体的营销效果。企业经营者必须密切关注外部环境的动向，善于科学地对产品、价格、渠道、促销等因素进行组合，使企业营销能迅速地适应外部环境的变化，这是企业营销能否成功、企业能否生存与发展的关键。在学习了市场细分、目标市场选择、市场定位以后，就要针对目标市场的需要，不断优化企业的市场营销组合策略。本任务主要学习什么是市场营销组合、优化市场营销组合策略的技巧等内容。

一、市场营销组合策略的概念

市场营销组合策略，就是指企业对可以控制的各种市场手段的综合运用，即综合地运用产品策略（Product）、价格策略（Price）、渠道策略（Place）、促销策略（Promotion）等各种可能的手段，来实现企业市场营销战略的总目标，简称4Ps组合策略。

市场营销组合是现代市场营销学中一个十分重要的概念。这一概念的提出和应用，从整体上满足消费者需求，追求整体营销效果，体现了以消费者需求为中心的现代市场营销观念。它要求企业用最适合的产品，以最适宜的价格，通过最畅通的渠道，采用最相宜的促销手段，最好地满足目标市场的需求，取得最佳的经济效益。

相关链接

声不过五，五声之变，不可胜听也。色不过五，五色之变，不可胜观也。味不过五，五味之变，不可胜尝也。战势不过奇正，奇正之变，不可胜穷也。奇正相生，如循环之无端，熟能穷之！

——《孙子兵法·势篇》

二、市场营销组合策略的内容

市场营销组合中所包含的可控因素及组合策略的内容，主要有四大类：

（一）产品

产品是指企业提供给目标市场的产品和服务的集合体，包括产品品质、功效、外观、商标品牌、包装、服务等。

（二）价格

价格是指企业出售产品或劳务的经济回报，包括产品的基本价格、折扣价格、折让、支付方式、支它付期限、信用条件等。

（三）渠道

渠道是指企业使其产品进入和到达目标市场所进行的各种活动，包括分销渠道、分销环节、中间商、仓储和运输等。

（四）促销

促销是指企业利用各种信息媒体与目标市场进行沟通的各种活动，包括人员推销、广告、营业推广、公共关系等。

市场营销组合策略的内容，随着营销环境的变化在不断地发展。不过，人们在制定市场营销组合策略时，习惯上在4P组合之上再单独进行其他的配套组合。因此，在规划市场营销组合策略时，以4P为主。

三、市场营销组合策略的特点

（一）可控性

市场营销组合是指企业可以控制的因素的组合。一个企业生产或销售的产品，除了受消费需求的影响以外，还要受许多因素的影响，其中4P是企业可以控制的因素，企业自己有选择的余地。企业可以根据市场分析，选择自己的产品结构和服务方向，可以自行选择销售渠道，自行决定产品的销售价格，自由地选择广告宣传手段等。当然，这种自主权是相对的，它要受企业外部不可控因素的影响。

（二）动态性

市场营销组合不是固定不变的静态组合，而是一个发展变化的动态组合。因为

"4Ps"中的产品、价格、渠道、促销四大因素，每个因素中又包含许多子因素，只要其中一个子因素发生变化，就会出现一个新的组合。例如，一家洗衣机企业的市场营销组合策略可以有以下两种，见表4-6。

表4-6　某洗衣机的两种市场营销组合方案

	产品	价格	分销	促销
方案1	质量可靠 负责维修	基本价格	各零售店	大量做广告 开展销会
方案2	提供配件 不管维修	折扣价格	各批发商	做少量广告

两种组合策略得到的效果肯定是不一样的。所以，在市场营销组合的动态变化过程中，它们组合出来的经营方式和方法是无穷的。企业营销策略的生命力就存在于无常的变化和组合之中，营销策略的竞争性就存在于它们的应变性和灵活性之中。因此，企业在制定营销组合策略时，一定要在"变"字上做文章，掌握这种动态的、变化的经营艺术。

（三）多重性

市场营销组合是多层次组合。市场营销组合是"4Ps"的大组合，而每一个P又包括许多因素，因而又会形成许多的次组合，见表4-7。

表4-7　市场营销组合因素层次表

一级因素	二级因素	三级因素
产品	产品形状、品质； 产品服务； 厂牌商标； 包装	以产品品质为例，又可细分为产品物理性能、化学性能、技术指标、使用寿命等
价格	基本价格； 折扣； 信贷条件； 付款方式及时间	以价格折扣为例，又可细分为现金折扣、数量折扣、季节折扣、交易折扣、组合折扣等
渠道	销售渠道； 储存设施； 运输设施及方式； 存货控制	以运输方式为例，又可细分为铁路、公路、水路、航空、管理运输等方式
促销	人员推销； 广告； 营业推广； 公共关系	以广告为例，又可细分为报纸、杂志、广播、电视、户外广告、印刷品广告等

有时市场营销的条件虽然相同，但不同的企业会有不同的组合。这就好比厨师做菜一样，原料、配料都一样，但水平不同的厨师做出菜的味道截然不同。所以，企业进行整体的营销活动，必须针对目标市场的需求，选择最佳的市场营销组合策略。

（四）整体性

市场营销组合的4个因素构成一个有机的整体，企业在设计市场营销组合时，必须将它们综合地加以考虑，要考虑它们之间的相互作用、相互影响，才能发挥市场营销组合的整体效用。

另外，市场营销组合策略还有艺术性、竞争性等特点。

四、市场营销组合策略的作用

（一）市场营销组合策略是制定企业营销战略的基础

企业的市场营销组合是实现市场营销战略的工具，在现代企业的营销实践活动中，围绕4Ps建立企业的营销战略已越来越成熟，已成为一种模式化的决策方法，成为企业开展市场营销活动的基本手段。

（二）市场营销组合策略是企业参与市场竞争的有力武器

任何企业的资源都是有限的，竞争对手之间无论实力大小，都各有其优势和劣势。通过市场营销组合策略，企业可以充分发挥自己的潜力和优势，巧妙地运用各个因素扬长避短，战胜对手。

（三）市场营销组合策略是协调企业内部各部门工作的纽带

市场营销组合策略就是整体营销，会使各部门增强整体观念，形成一个整体的工作系统，完成整体目标。在这个过程中，市场营销组合策略就是联络和协调各部门工作的“纽带”。

五、市场营销组合策略的类型

（一）二维组合策略

所谓二维组合策略，是指只考虑紧密相连、相互制约的两个方面因素的组合策略。二维组合策略具体程序如下：

（1）先按照两类因素内部程度上或数量上的差别，找出各自起重要作用的子因素，以便进行具体组合。

（2）运用组合表或几何组合图进行组合，通过组合表或几何组合图，把两类因素之间的联系或制约关系从几个具体方面形象地描绘出来。

（3）在所有组合的各种策略中选择最优的一组策略。

例如，某家具厂家运用二维组合策略解决该厂产品与价格因素组合问题。其具体组合策略如下：

①先找出两类因素内部在程度、质量上的差异，起重要作用的子因素。即在产品因素中有明清式家具和欧式家具之别，在价格上有中档价格和高档价格之别。

②利用二维组合表进行组合，见表4－8。

表4－8　某家具厂产品与价格二维组合表

价格因素 / 产品因素	中档价格	高档价格
明清式家具	1	2
欧式家具	3	4

表 4－8 中，1 表示明清式家具按中档价格销售；2 表示明清式家具按高档价格销售；3 表示欧式家具按中档价格销售；4 表示欧式家具按高档价格销售。

③择优。根据该企业实力及对目标市场分析各组策略的利弊，选择最优的一组策略。

上述组合策略也可用二维组合图方式表示，如图 4－2 所示。

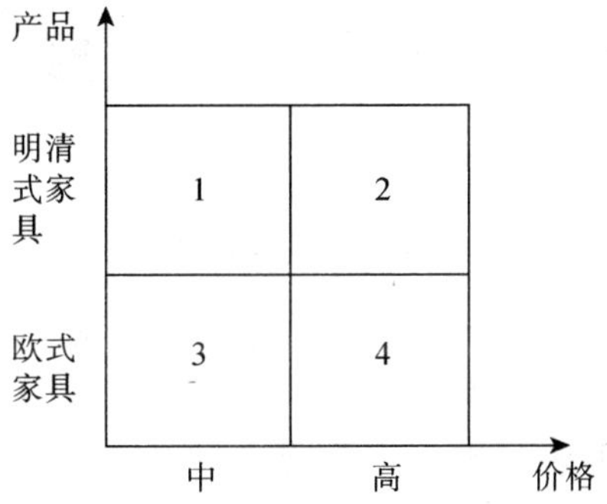

图 4－2　二维组合图

二维组合中各类因素的子因素，不只限于两个，还可以找出 3 个或更多的子因素进行组合。仍以上例为例，该家具厂在产品方面推出日式家具，价格方面准备开发低价产品，用二维三因素组合，即可组合出如图 4－3 所示的不同组合策略。

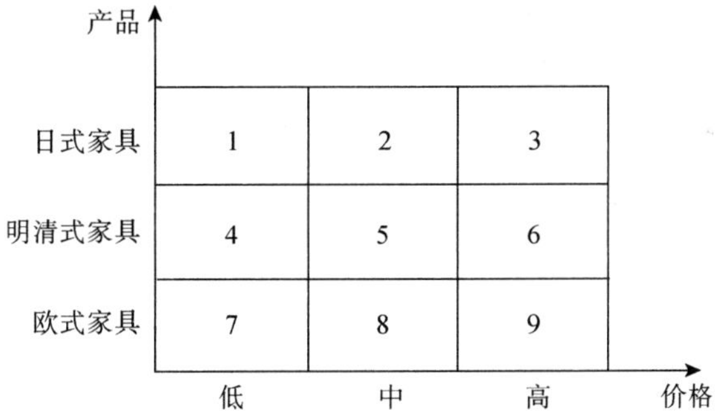

图 4－3　二维三因素组合图

运用三个因素的二维组合，可以形成 9 种不同的组合策略：①日式家具，低档价格销售；②日式家具，中档价格销售；③日式家具，高档价格销售；④明清式家具，低档价格销售；⑤明清式家具，中档价格销售；⑥明清式家具，高档价格销售；⑦欧式家具，低档价格销售；⑧欧式家具，中档价格销售；⑨欧式家具，高档价格销售。

（二）三维组合策略

所谓三维组合策略，是指要考虑紧密相连、相互制约的三个方面因素的组合策略。本策略一般采用三维组合图进行组合，它是一种立体的组合策略，其组合程序与二维组合程序相同。仍以上例二维三因素组合为例，家具厂准备同时开发农村和城市两个市场，则组合图如图 4－4 所示。

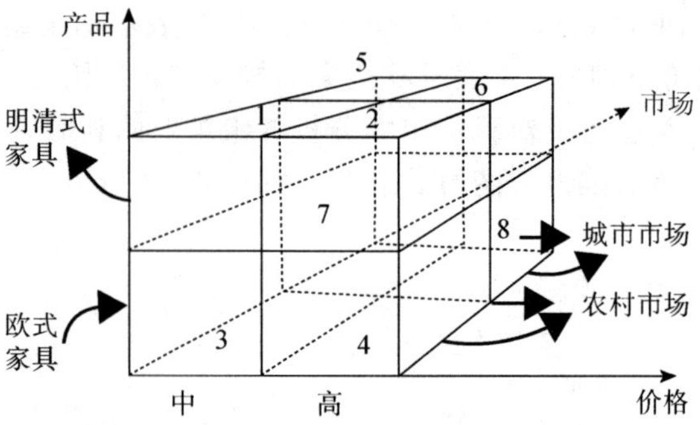

图4－4　三维组合图

运用三维图，可以形成8种不同的组合策略：①明清式家具，中档价格，开发农村市场；②明清式家具，高档价格，开发农村市场；③欧式家具，中档价格，开发农村市场；④欧式家具，高档价格，开发农村市场；⑤明清式家具，中档价格，开发城市市场；⑥明清式家具，高档价格，开发城市市场；⑥欧式家具，中档价格，开发城市市场；⑧欧式家具，高档价格，开发城市市场。

上面二维、三维组合图，给我们提供了一种营销因素组合时的基本思路和方法。实际营销活动中，用于营销组合的因素往往多于三个，用二维、三维组合图表示就有很多困难，可以运用表格的方式来分析效果会更好。

（三）组合因素组合策略

组合因素组合策略，是指把多个紧密相连、相互制约的因素加以组合的策略。这些因素不大容易用组合图表示出来，但可以用组合表列示出来，见表4－9。

表4－9　　组合因素组合策略表

产品种类 / 组合策略 / 营销因素	甲	乙	丙
质量	高	中	低
包装	精	中	平
商标	名牌	非名牌	非名牌
价格	高	中	低
广告	高费用	中费用	低费用
人员推销	少量	中量	大量
分销渠道	直接	20个中间商	40个中间商
实体分配	送货上门	100千米内自运 100千米外托运	市内50千米内送货上门 50千米外自己提货

表4－9中8个因素的组合策略表明，甲、乙、丙三个产品的组合策略是不同的。如甲产品是高质量、精包装、名商标、高价格、高广告费用、用少量人员推销、采用直接分销渠道、自办运输。

总之，根据企业营销产品的具体情况，根据每个营销因素的作用，营销人员可以组合出很多、很有竞争力和营销效益比较高的方案。

案例分析

重庆火锅的营销组合

重庆火锅是我国公认的发展迅速的餐饮连锁企业。该企业十分重视市场营销战略，能够根据顾客的需求和竞争者的策略，调整其市场营销组合策略。该企业的市场营销组合策略见表 4－10。

表 4－10　重庆火锅的市场营销组合

产品策略	标准的、稳定的、高质量的产品；服务时间长、服务速度快
价格策略	低价策略
渠道策略	组织特许连锁经营，扩展分店；营业场所选在顾客密集区域
促销策略	广告媒体以电视为主，内容针对年轻人的口味

问题：谈谈你对重庆火锅市场营销组合的看法。

讨论分析：

个人：每位同学根据案例资料和问题，在固定的学习本上写下自己的看法。

小组：每 4 位同学为一组，1 人为组长，1 人记录，每位成员陈述自己的观点，讨论后形成小组意见，准备在班级交流。

全班：各组派一位代表陈述本组的看法。

教师：记录各组陈述要点，最后做点评。

【**提示：**从以上的例子中我们可以看到，任何企业要想在市场竞争中立于不败之地，就必须牢固地树立市场营销战略观念，要学会和善于运用不同的市场营销组合手段，才能占据优势地位，立于不败之地。】

拓展学习

收集企业市场营销组合策略案例

1. 拓展学习内容

（1）请同学们收集整理一份对你有启发的某企业对其产品进行市场营销组合策略的案例。

（2）收集的案例，其产品、价格、渠道、促销四大要素齐全。

2. 要求

（1）每个同学独立完成实例收集（同学间避免雷同案例）。

（2）从报纸、杂志、相关书籍、网络上收集，或从企业实地调查中整理成功的市场营销组合案例。案例可参照重庆火锅的市场营销组合格式。

（3）老师选 5 个比较有特色的市场营销组合案例在班级交流，老师做点评。

思考与实训

1. 选择题

（1）细分市场是由类似的（　　）组成。

A. 产品　　B. 行业

C. 消费者群体　　D. 公众

（2）市场细分的客观基础是（　　）。

A. 需求的差异性　　B. 需求的同质性

C. 需求的客观性　　D. 需求的有效性

（3）无差异性目标市场营销策略的最大优点是（　　）。

A. 策略的有效性　　B. 成本的经济性

C. 实施的便利性　　D. 结果的可控性

（4）消费者对某种产品的需求和爱好差异较大，企业在选择目标市场策略时可采取（　　）。

A. 无差异性市场营销策略　　B. 差异性市场营销策略

C. 集中性市场营销策略　　D. 密集性市场营销策略

（5）市场营销组合是在选定目标市场以后，将可控的（　　）等进行最佳组合。

A. 产品　　B. 品牌

C. 价格　　D. 渠道

（6）一家玩具公司欲对玩具市场进行细分，用（　　）组细分标准比较合理。

A. 年龄、性别、家庭收入水平　　B. 性格、职业、生活态度

C. 购买时机、购买动机、用途　　D. 购买频率、追求利益、年龄

（7）下列有关市场定位的说法正确的有（　　）。

A. 产品在市场上所处的位置　　B. 产品在消费者心目中所处的地位

C. 产品的销售对象选择　　D. 产品的销售渠道选择

（8）市场定位的类型有（　　）。

A. 避强定位　　B. 迎头定位

C. 补缺定位　　D. 重新定位

（9）"'金利来'领带"，"金利来，男人的世界"的定位，属于（　　）定位策略。

A. 利益定位　　B. 属性定位

C. 使用者定位　　D. 比附定位

2. 判断题

（1）凡是使消费者需求产生差异的因素，都可以作为市场细分的标准。　　（　　）

（2）市场营销组合是固定不变的静态组合。　　（　　）

（3）企业在选择目标市场营销策略时，应考虑到产品的同质性，像照相机、服装和一些机械产品这种可以有多种设计、多种式样和质量的产品，企业应采用差异营销策略。

（　　）

(4) 年龄是细分消费者市场最常用的标准。(　　)

(5) 差异性市场营销战略追求的不是在较大市场上占较少的份额，而是在较小的市场上占有较大份额。(　　)

(6) 目标市场就是企业拟投其所好、为其服务的那个顾客群，这个顾客群有颇为相似的需求。(　　)

(7) 根据市场细分理论，资源有限的企业在目标市场策略的选用上宜采取无差异市场营销策略。(　　)

(8) 市场的变化是企业产品重新定位的根本原因。(　　)

(9) 同质性产品适合采取密集性市场营销策略。(　　)

(10) 目标市场营销是从市场定位开始的。(　　)

3. 案例选择题

某化妆品公司于20世纪90年代，开发出适合于东方女性需求特点的具有独特功效的系列化妆品，并在多个国家获得了专利保护。他们初步分析了亚洲各国和地区的情况，决定选择中国作为主攻市场。为迅速掌握中国市场的情况，公司派人运用调查法搜集一手资料。调查显示，中国市场潜力大，购买力强，且同类产品的竞争者较少，在此基础上，他们又按照年龄把女性分为四类：第一类，15—18岁的女性。她们正当花季，讲究打扮，追求时髦，对化妆品的需求意识较为强烈，但购买的往往是单一的化妆品。第二类，18—25岁的女性（婚前）。她们对化妆品也非常关心，消费积极，而且只要看中合心意的产品，即使价格昂贵也在所不惜。第三类，25—35岁的女性。她们大多数已经结了婚，化妆品的使用已经成为一种日常习惯了。第四类，35岁以上的女性。她们对化妆品的需求比较朴素，而且比较单一。通过市场细分，公司有针对性地推出不同的产品。

(1) 该公司进行市场细分的依据主要是（　　）。

A. 地理因素　　B. 心理因素

C. 人口因素　　D. 行为因素

(2) 该公司在选择目标市场时采用了（　　）模式。

A. 选择性专业化　　B. 产品专业化

C. 市场专业化　　D. 全面进入

(3) 这种目标市场模式的优点是（　　）。

A. 分散风险　　B. 更好满足顾客的需求

C. 树立良好的声誉　　D. 可成为有效的新产品销售渠道

(4) 该公司采用的目标市场营销策略是（　　）。

A. 无差异市场营销策略　　B. 差异市场营销策略

C. 密集市场营销策略　　D. 分散性营销策略

(5) 下面哪个变量不是人口细分的依据（　　）。

A. 年龄　　B. 收入

C. 性别　　D. 生活方式

(6) 细分消费者市场最常用的细分变量是（　　）。

A. 地理变量　　B. 心理变量

C. 人口变量　　　　D. 行为变量

（7）差异市场营销策略主要适用于（　　）情况。

A. 企业实力较弱　　　　B. 产品性质相似

C. 市场竞争者多　　　　D. 消费需求复杂

4. 案例分析题

代驾是一种托付，更是一种信任。e代驾团队采用互联网思维进行创业，专心于解决用户的需求痛点，从而逐渐颠覆了传统的代驾业务。

一是定位系统节约时间。传统代驾公司是接单后指派代驾师傅到用户所在地的模式，需要一定的时间成本，e代驾的定位系统可以使客户与距离最近的代驾师傅进行匹配，极大减少了用户的等待时间。

二是满足个性化的需求。比如，很多酒后的女性车主也有代驾需求，出于安全等因素的考虑，他们更希望是女性代驾司机为其服务。e代驾平台可以满足用户自主选择司机的需求。

三是价格亲民和透明。e代驾的运作模式是让用户直接在平台联系司机，省去了“分成”环节，价格令普通有车一族也可以享受这种服务。

e代驾致力于为每一位顾客提供更加优质、安全的代驾服务，让有车的用户都能放心应酬，舒心到家，让代驾成为一种生活方式，让更多的用户体会科技升级带来的便捷生活。

问题：

（1）查阅相关资料，说说e代驾公司所采用的目标市场营销策略是什么。

（2）你认为e代驾公司的目标市场营销策略是成功的吗？为什么？

（2）谈谈本案例对你的启发。

5. 任务实训

市场细分调研

（1）背景与情境

随着市场营销知识学习的深入，你们对市场细分也很感兴趣，想了解为什么同一市场上，卖同样产品的商家有很多，他们面对市场是如何思考的？怎样设计产品和服务的呢？你们想深入企业对这些问题进行了解。

（2）实训目标

①素质目标：在市场细分调研中能与企业市场相关人员顺畅地交流沟通，且小组成员配合密切。

②能力目标：结合企业实际能运用市场细分原理和方法，对一些常用产品进行市场细分。

③知识目标：通过调研结合实际准确理解市场细分、市场定位、目标市场等陈述性知识。

（3）实训步骤

①每组4个人，其中一人为组长，由组长组织成员讨论分工，明确调研思路，按分工各负其责，相互沟通，积极配合，共同完成本实训任务。

②根据本组所选企业经营商品类别，选择两种商品，详细了解这两种商品市场细分、目标市场选择、市场定位等实际情况。

③实际调查前要从网上和图书馆搜集市场细分、目标市场和市场定位策略等相关资料。

（4）实训成果及要求

①每组撰写一份调查报告，调查报告要说明调查什么企业，调查了两种什么产品，每种产品企业是如何市场细分的，详细说明细分的标准，企业是如何选择目标市场的，如何进行市场定位的。

②报告呈现形式各组自定，报告不少于1200字。

（5）实训时间

在学生学习完本项目内容开始时，即可让学生分组，布置本实训任务，利用课余时间去企业进行调研，并积极撰写调研报告。在本项目学习完后，用2个课时让各小组介绍展示本组报告，其他组的同学可发表个人意见，最后由老师点评。经过展示点评，各组认真修改完善实训报告，并把修改后的报告在班级微信平台展示交流。

（6）实训评价（见表4－11）

表4－11　市场细分实训评价表

项目	评价标准	分值	小组个人自评（30%）	小组成员互评（30%）	教师评价（40%）	小计
素养培养	参与实训的态度端正，有浓厚的兴趣，小组讨论积极踊跃	10				
	能根据情景和自身实际自主学习，能主动提出关于市场细分工作的相关问题	10				
	能够结合调查认识到市场细分工作价值	10				
能力提升	能将所学的市场细分知识运用到实训任务中，学以致用	10				
	正确分析市场细分工作相关内容	10				
知识应用	熟练陈述市场细分、目标市场选择、市场定位等基本知识	10				
	熟悉市场细分标准、市场如何定位方法	10				
项目成果展示	能够独立完成实训，完成任务及时并能主动提出问题，解决问题	10				
	市场细分调查报告结构完整，无错别字，观点正确	10				
	市场细分调查报告汇报形式新颖，语速恰当，语言流畅，有感染力	10				
合计		100				

项目五
产品策略

任务 1 认知产品组合策略

任务学习目标

素质目标：通过本任务知识的学习、案例分析和拓展学习，培养同学们关注企业产品组合中的创新性和可持续发展的意识。

能力目标：通过本任务的案例分析和拓展学习，培养同学们运用产品组合的相关知识，对某一个消费品生产企业的产品组合进行分析的专业能力。

知识目标：通过本任务知识的学习，能正确描述产品、产品整体概念的内涵、产品组合策略的内容及产品组合策略的优化调整等陈述性知识。

任务描述

从本任务开始，我们将分别学习营销组合中的产品、价格、渠道、促销 4 项内容，这是营销人员用来实施营销策略的战略工具。产品是营销组合中最重要的因素。企业在制定营销组合时，首先需要回答的问题是开发什么样的产品来满足目标市场需求。产品策略的研究，将使这一问题得到全面、系统的回答，而且营销组合中的渠道、价格、促销 3 个要素，也是以产品为基础来进行决策的。因此，产品策略是整个营销组合策略的基石。

任务学习

产品通常是第一位也是最基本的营销要素，企业往往把产品看作是他们所生产和销售的实物，而消费者则把产品看作是用来满足他们需求的途径，营销人员在衔接这种分歧的过程中扮演着重要的角色。所以，从市场营销的角度出发要求企业在开发产品的过程中，必须始终考虑消费者的需求，这是营销活动成功的关键。因此，本任务就从什么是产品开始，了解产品的内涵、整体产品 3 个层次的内容及相互关系、产品组合及组合策略、产品组合策略优化等内容。

一、产品的整体概念

什么是产品呢？可以从狭义、广义两个角度来理解。狭义的产品是指通过生产劳动生产出来的，具有特定的物质形态的，用于满足消费者需求的有形产品，如面包、自行车、电视机等。广义的产品是指向市场提供的，能够满足人们某种欲望或需求的任何东西，包括有形的物品、无形的服务以及人员、组织、观念或者它们的组合。市场营销学的产品概念是广义的，是有形物品和无形服务的统一，是一个整体概念，满足的是消费者的整体需求。在设计和销售产品时，营销者必须从产品的整体概念出发考虑产品。

产品的整体概念由核心产品、形式产品、延伸产品 3 个层次构成，如图 5－1 所示。

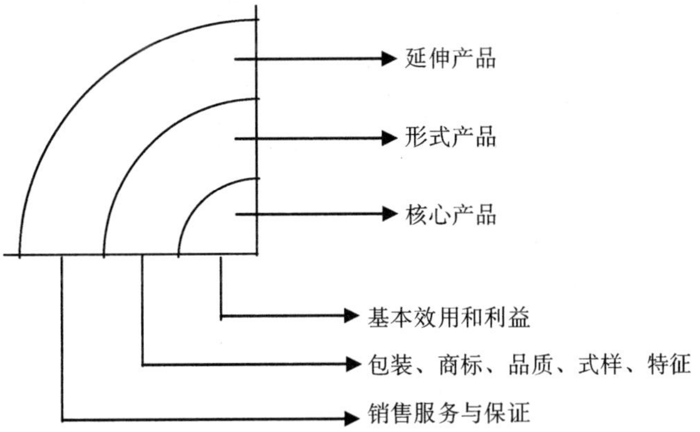

图 5－1　产品整体概念示意图

（一）核心产品

核心产品是指产品提供给购买者的基本效用和利益，即产品的使用价值。顾客购买某种产品，不是为了占有产品本身，而是满足自己某一方面的需求和欲望，如妇女购买化妆品，买的是容颜不老。所以，产品实体只是产品效用和利益的载体，离开了功效，产品就失去了存在的价值。因此，营销者必须洞察顾客购买某种产品时追求的核心利益和要解决的问题，在设计开发新产品和推广新产品时给予关注。

实　例

当你计划买一双鞋，你有买鞋的理由，而不是简单地拥有这件产品。人们买鞋是为了满足一个基本的需要，即保护你的脚，然而很多人在购买的时候不仅仅考虑保护脚的问题，他们还关注特定的风格和形象，或以一个合理的价格获得一双耐穿的鞋子。

启示：首先考虑核心产品，但仅有核心产品是不够的。

（二）形式产品

形式产品是指向市场提供的产品实体和服务的外观，是核心产品借以实现的形式，一般包括品质、特征、款式、品牌、包装五个方面的内容。产品的基本效用必须通过某些具体的形式才能得以实现。形式产品是呈现在市场上可以为顾客所识别的，因此它是消费者选购产品的直观依据。现代竞争日益激烈，在产品设计上除了充实其核心利益外，还应重视塑造完美的产品形体，以便提高企业产品的竞争能力。如海尔太空消毒洗碗机，就以“海尔”的品牌名称，臭氧消毒、液晶显示、快速烘干等特征，一流的质量水平，独特的外观造型出现在市场上，产品不但能满足顾客所需要的核心利益，而且功能完善，直观设定洗涤程序，操作很方便，洗涤全自动，洗碗更轻松、更快捷。

（三）延伸产品

延伸产品也称附加产品，是指产品提供给顾客的一系列附加利益，包括产品说明书、保证、维修、安装、运送、消费信贷、技术培训等。如旅馆人性化的服务、摆放鲜花与免费早餐等。附加产品超越顾客的期望，给顾客带来额外的惊喜与满足。可以预见，在大多数企业产品更新换代能力逐步接近、信息手段高度发达的今天，利用产品实体因素来赢得市场竞争主动权的机会将越来越小，营销者争夺顾客的主战场将逐步转移到售后服务和提升服务品质上来。因此，能够正确地发展附加产品的企业，必将在竞争中获胜。

产品整体概念的三个层次，十分清晰地体现了以消费者为中心的现代市场营销观念，它强调企业在提供实质产品的同时，也要重视形式产品和延伸产品的研究与开发，全方位地满足消费者的需求。

【学习互动】

有人说“产品形成于生产领域”，这句话对吗？

相关链接

今天，产品与服务变得越来越便利舒适，许多公司正向着为顾客创造价值这一新的层次进发。为了区别对于产品与服务的提供，他们设计并传递全面的顾客体验。产品是有形的，服务是无形的，而体验是可记忆的。产品和服务是从外部得来的，体验是个人的，并发生在个人消费者的思想中。营销体验的公司意识到顾客确实买到了比产品和服务更多的东西，他们购买到产品与服务给他们带来的好处，同时得到购买和消费这些产品与服务时所获得的体验。

二、产品组合策略

现代企业为了满足目标市场的需求，扩大销售，分散风险，增加利润，往往不可能只经营一种产品，当然也不可能经营所有的产品，而且不同产品在市场上的相对地位以及对企业的贡献也不相同。因此，企业需要对产品组合进行认真的研究和选择。

（一）产品组合及相关概念

1. 产品组合

产品组合是指一个企业生产或销售的全部产品的组成方式，包括所有的产品线和每一产品线中的产品项目。它反映了一个企业的经营范围或生产的产品结构。

2. 产品线

产品线，也称产品大类，是指能满足同类需求，在功能、使用和销售等方面具有类似性质的一组产品。如海尔集团向市场提供的冰箱、空调、洗衣机、彩电等各类产品，就形成四条产品线。一条产品线往往由若干个产品项目构成。

3. 产品项目

产品项目，是指产品线内各种不同的产品。一种型号、规格、品种、外观等的产品就是一个产品项目，它是企业产品目录中列出的每一个具体的产品单位。

（二）产品组合的影响因素

1. 产品组合的广度

产品组合的广度是指一个企业的产品组合中所拥有的产品线的数目。产品线越多，说明企业经营范围越广。

2. 产品组合的深度

产品组合的深度是指一个企业产品线中包含的产品项目的数量。产品项目数量多，产品组合程度即深；反之则浅。如一般专业服装店产品组合深度较深，而一般百货商店服装产品组合深度就差些。

3. 产品组合的关联性

产品组合的关联性是指各条产品线在最终用途、生产条件、分销渠道或其他方面相关联的程度。

例如，海尔集团有 40 多个产品大类、800 多个产品项目，为了便于分析研究，仅选取一部分产品种类、项目来说明，见表 5 - 1。

表 5 - 1　　海尔的产品（部分）组合

	广度			
	电冰箱	空调器	洗衣机	电视机
深度	大王子 双王子 小王子 帅王子	小元帅 金元帅 小超人 小状元 小公主	丽达 小神功 小丽人 小神童 小神泡	探路者

上例中，产品组合的广度为 4；电冰箱的产品组合深度为 4，电视机为 1；海尔的产品都是家用电器，关联程度较高。如果海尔又生产火腿肠、中药，那它的产品组合关联程度就大大降低，甚至毫无关联性。

产品组合的几个影响因素，对企业制定产品组合策略具有重要意义。一般情况下，扩大产品组合广度，可以拓展企业的经营领域，实行多元化经营，分散投资的风险；增加产品组合的深度，使企业产品线变得更加完整，可以适应更多的特殊需求，占领同类产品更多的细分市场，提高市场占有率；提高产品组合的关联程度，可以强化企业的市场地位，发挥企业在有关专业领域的综合优势，在某一特定的市场赢得良好的声誉。

（三）产品组合策略的种类

产品组合策略即企业根据市场需求和自己的营销目标，对产品组合的广度、深度和关联性进行的最优化组合决策。常用的产品组合策略有以下 5 种：

1. 全面发展策略

全面发展策略指企业着眼于向任何顾客提供他们所需的一切产品和劳务，即要照顾到整个市场的需求。该策略要求企业尽可能增加产品组合的广度和深度，力求覆盖每一个细分市场，对产品组合的关联程度则没有限制。其中又可分为两种情况：一种情况是不考虑产品的关联性而努力拓宽产品线的深度和产品组合的宽度，就是尽量发展任何有利可图的产品。另一种情况是在一定相关联的前提下，尽量扩大产品组合的规模，扩展产品组合之后关联程度仍然紧密，许多企业都采取这种策略。

2. 市场专业策略

市场专业策略指企业专门向某一市场（某类消费者）提供所需的各种产品。如旅游公司向旅游市场提供旅游者所需的住宿服务、饮食服务、交通服务以及各种旅游纪念品。这种策略以满足同一类顾客需求为出发点，尽量拓展产品组合的广度，而并不强调其关联性，即依据各类顾客需求设置产品线，尽快占领该专业市场。

3. 产品线专业策略

产品线专业策略指企业只生产某一类产品，以不同的型号、款式来满足该类消费者的需求。这一策略，强调产品组合的深度，不断拓展产品项目。例如，汽车制造厂生产不同种类、不同型号的汽车，来满足工矿企业、事业单位、出租公司的需求。

4. 产品项目发展策略

产品项目发展策略指企业根据自己的专长，集中生产经营有限的、甚至是单一的产品项目，来满足有限的或单一的市场需要。如汽车制造厂专门生产“微型车”；制冷设备厂只生产家用电冰箱，来满足某一市场需求。这一策略可为小型企业采用，因其所需的资金相对较少，可发挥专业特长，但它的风险比较大。

5. 特殊产品发展策略

特殊产品发展策略指企业利用自己的专长，专门生产经营某些销路好的特殊产品，以满足消费者的特殊需要。如生产残疾人用品或具有独特工艺的艺术品等。该策略的市场竞争威胁小，适合于小型企业，但市场范围较小，难以扩大经营。

【学习互动】

某电视机企业为了在市场竞争中保持优势，不断发展微型电视、背投电视和壁型挂式电视等产品，这采取了什么产品组合策略？

案例分析

“海尔”空调“量体裁衣”

青岛海尔空调推出了“为您量体裁衣”活动，根据用户的房型、居住面积和朝向等情况，上门为用户设计最符合需求的空调，并且凭借强大的技术优势，先后设计了嵌入式、卡式、吊顶落地式、风管式等十几种模式，室内机可安装在卫生间或储藏室的天花板内，丝毫不占房间的有效空间，而且极易与室内装饰浑然一体。由于此举最大限度地满足了用户个性化的需求，尽管空调价格不菲，仍然成为市场上最受消费者宠爱的品牌，销售一路攀升，创造了家电市场又一个亮点。

问题：（1）你是如何理解海尔公司推出的空调“量体裁衣”活动的？

（2）用整体产品的知识来分析一下海尔集团的空调“量体裁衣”活动。

讨论分析：

个人：每位同学结合案例和问题的内容，在固定的学习本上写出你的看法。

小组：同学每4个人分为一个小组，1人为组长，1人记录，开展小组讨论，每个人陈述自己的看法，形成小组意见。

全班：每个小组选一位代表发言，陈述本组观点。

教师：简要记录各小组陈述要点，最后做点评。

【**提示：**产品对于消费者而言不只是一件有形的产品，它必须是耐用的、有吸引力的，而且这种产品对于消费者而言必须是有用的，可以满足他们特定需求的。同时，当一种产品被开发出来，需要做出许多关于最终形成和商品化的产品组合决策，或附加一些改进措施，以使这种产品更满足其目标市场的需求。海尔集团的空调“量体裁衣”活动，正好满足了顾客的个性化需求，因此取得了理想的营销效果。在我们日常生活中看起来很简单的产品也是由很多部分组成的，顾客所追求的是整体的产品，因此，企业必须根据顾客需要提供合适的产品，这样才能更好地满足顾客的整体需求。】

拓展学习

体验产品/服务3个层次的内容

1. 拓展学习内容

根据表5－2的范例，请你任选一个产品和一项服务，详细展示其3个层次的内容，见表5－3。

表5－2　产品/服务的3个层次范例

产品名称	核心产品	形式产品	延伸产品
动力割草机	达到预期标准用于割草	停机保护、××品牌质量	质量保证期、售后服务
反病毒软件	防止病毒入侵计算机	杀毒效果、××品牌质量	质量保证期、负责安装、软件升级、售后服务

表5－3　产品/服务的3个层次实例分析表

产品名称	核心产品	形式产品	延伸产品

2. 要求

（1）每4个同学一组，认真学习有关产品整体概念的内容，并在网上查找相关资料。

（2）实地走访有关产品/服务的生产或经营企业，了解他们对产品整体概念是如何把握的，并从调查资料中选择一组产品/服务项目，作为实训的内容。

（3）按表5-3的要求填写整体产品的3个层次：核心产品（核心利益）、形式产品（外观、品牌、包装等）、延伸产品（服务项目）的详细内容，形成整体产品分析表（小组间选择产品不得重复）。

（4）可结合主要竞争对手说明其整体产品的特殊竞争力。

（5）老师选3—5组同学成果在班级交流，并做点评。

任务2　认知产品市场生命周期策略

任务学习目标

素质目标：通过本任务知识的学习、案例分析和拓展学习，培养同学们对产品和市场进行实事求分析的意识。在根据产品市场生命周期制定营销策略等过程中树立全面、科学分析的态度。

能力目标：通过本任务的案例分析和拓展学习，能运用产品市场生命周期相关知识，判断市场上常见产品所处生命周期的阶段，并会制定相应的市场营销策略的专业能力。

知识目标：通过本任务知识的学习，能正确描述了解什么是产品市场生命周期、产品市场生命周期各阶段的特征和营销策略，描述产品生命周期理论对企业市场营销活动的价值等陈述性知识。

任务描述

上一任务我们从静态角度学习了产品和产品组合的基本知识，本任务要从动态角度考察产品在市场上的发展变化规律。任何一种产品投放市场，企业都想让其有一个长久而愉快的生命周期，但是产品和服务总有从“摇篮到坟墓”的进化周期。这个周期的每个阶段都会面临新的挑战，要求有不同的营销战略和策略。

任务学习

产品市场生命周期包括投入期、成长期、成熟期、衰退期4个阶段，通常表现为一个随时间变化的产品销售曲线。这个过程由于经受的风险不同，企业营销人员努力的差异，每种产品市场生命周期都有不同的长度和特征。本任务学习产品市场生命周期的内涵，产品市场生命周期不同阶段的表现特征和应采取的营销对策，从而学习怎样根据产品所处市场生命周期阶段，制定相应的营销策略技巧，提升产品在市场上的竞争力。

一、产品市场生命周期的概念

产品市场生命周期是市场营销学中一个十分重要的概念。它是指一种产品在市场上出现、发展到最后被淘汰的过程，它是产品更新换代的经济现象。

任何一种产品在市场上的销售情况和获利能力都是变化的。产品市场生命周期的长短主要取决于产品上市后消费需求的变化速度、科学技术的发展速度、新产品更新换代的程度、企业营销的努力程度等。所以，有的产品生命周期长些，如电视、汽车等，有的产品生命周期短些，如一些流行品。就大多数产品而言，产品生命周期的理论是完全适用的。

理解产品市场生命周期概念时应注意以下几个问题：

第一，产品市场生命和产品使用寿命是两个不同的概念，应加以区别。产品的使用寿命是指产品从开始使用到报废为止所持续的时间，即产品的耐用程度。而产品的市场生命是一种社会经济寿命。有的产品使用寿命很短，但它的市场生命周期很长，如鞭炮、肥皂等；有的产品使用寿命很长，但它的市场生命周期很短，如时装等。

第二，产品市场生命周期主要指产品种类、品种和品牌的市场生命周期。如电视机种类，17 英寸黑白电视机是一个品种，长虹是个品牌，电视机是一个种类。一般而言，产品种类市场生命周期更长，这与人类某种需要的持续与永恒密切相关。如人们对电视机的需要，在没有新的产品种类取代电视机之前，电视机将长期处于成熟期阶段。市场营销学研究产品市场生命周期，主要是研究产品品种、产品品牌的市场生命周期，以便分阶段采取不同的营销策略。

第三，同一产品在不同国家、不同地区所处的产品市场生命周期阶段往往不同。如轿车在美国处于成熟期，而在我国却处于投入期或成长期。这就为企业开发新市场，延长产品市场生命周期提供了依据，这在国际市场营销中具有重要意义。

二、产品市场生命周期各阶段的特征和营销策略

产品市场生命周期是根据产品在市场上的销售情况和获利能力来衡量的，为便于分析和研究，我们用一个图形来描述产品的生命周期，如图 5－2 所示。

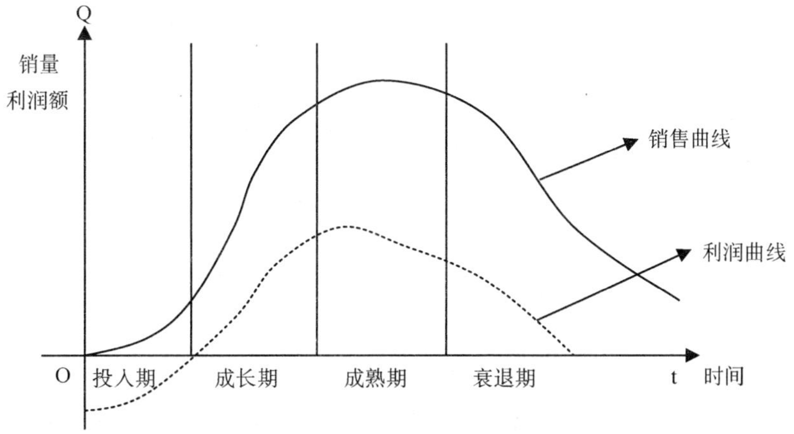

图 5－2　产品市场生命周期示意图

由图5－2可知，产品的生命周期可以分为4个阶段：投入期、成长期、成熟期、衰退期。图中的销售曲线和利润曲线的变化趋势大体相同，只是变化的时间有些不同。当销售曲线还在上升时，利润曲线已开始下降，这是由于竞争压低了销售价格所造成的。

由于产品在其市场生命周期的各阶段具有不同的特征，因此，在营销过程中，企业应采取不同的策略。

（一）投入期的特征与营销策略

1. 投入期的特征

（1）销售量小且销售额增长缓慢。这是由于消费者对新产品不了解、不熟悉，只有极少数求新者购买，多数人观望，或不知道新产品上市，中间商对新产品的销售前景不明，不敢贸然进货。

（2）生产批量小，制造成本高，宣传推销费用大，企业利润很低甚至亏损。作为新产品，在这一阶段需要投入大量的广告费用，以扩大产品知名度，由于成本高，宣传费用大，出现亏损应属正常现象。所以，营销者应保持清醒的头脑。

（3）竞争者少。技术含量较高的产品在投入期竞争者较少甚至没有竞争者。

（4）风险大。由于市场预测失误、新产品本身有致命的缺陷、上市时机选择不当、宣传不力等原因，都可能使新产品上市不久即夭折。

2. 投入期的营销对策

重点是努力提高知名度，突出一个“准”字。具体地讲：

（1）控制投资规模。待销量有明显增加再逐步扩大投资；单一品种或品牌进入市场，待新产品被接受后再不断多样化和差异化；广泛收集顾客使用新产品的信息，尽快改进新产品的缺陷；提高产品质量，降低生产成本。

（2）采取各种方式，加强广告宣传促销工作，努力扩大产品知名度。广告宣传的重点应放在知晓产品的存在和产品的利益、用途上，促销的方式多种多样，如赠送样品、新产品演示、免费试用、技术培训、扶持中间商经销等，使产品尽快为消费者所接受而进入成长期。

（3）选择适当的销售渠道，减少流通费用。

（4）采用定价与促销的市场营销组合手段。可形成4种策略供选择：①快速撇取策略。即企业以高价高促销推出新产品。采取这一策略的条件是：市场容量大，大多数顾客还不知道该产品，顾客渴望得到这种产品而不在乎价格，企业面临潜在竞争者的威胁。②缓慢撇取策略。即企业以高价低促销推出新产品。这种策略适用的条件是：市场容量小，潜在顾客已经了解产品，消费者愿意出高价购买该产品，潜在竞争威胁不大。③快速渗透策略。即企业以低价高促销推出新产品。这种策略适用的条件是：市场容量很大，顾客不了解这种产品，消费者对价格很敏感，潜在竞争威胁严重，产品生产成本会随着生产规模的扩大而降低，从而抵消高费用低价格带来的不利影响。④缓慢渗透策略。即企业以低价低促销推出新产品。这种策略适用的条件是：市场规模很大，潜在购买者已了解这种产品，消费者对价格很敏感，市场上存在一些威胁不大的潜在竞争。

实 例

20世纪80年代移动通讯在中国刚刚起步。最先进入中国移动市场的是美国的摩托罗拉，其次是诺基亚、爱立信、三星等国外品牌。摩托罗拉在制定手机产品的市场营销对策时，考虑其品牌的国际市场优势、技术优势，采用了高价高促销的“快速撇取策略”，把公司推出的手机新产品DAIL的销售价格定为18000元人民币；在促销方面，公司投入1亿元的广告费用，在中央台一套节目的黄金时段播放，投入8000万元用于各地晚报、商报类报刊广告促销。通过这些营销活动，使摩托罗拉产品的市场占有率达到30%，在同行业中处于领先地位。

启示：正确的营销策略，使产品顺利地进入市场。

（二）成长期的特征与营销策略

1. 成长期的特征

（1）销售量迅速增长。产品已为消费者熟悉了解，最初的购买者继续光顾，进行重复购买，保守的顾客也开始购买，促使销量不断增长。

（2）利润增大。可能达到整个生命周期的最高点。

（3）吸引竞争者加入。在高额利润的诱使下，新的竞争者进入市场，企业间为争夺市场份额的竞争日益激烈。

2. 成长期的营销对策

重点是创名牌，突出一个“优”字。具体地讲：

（1）努力提高产品质量，增加新的花色、品种、款式，改进包装，使整体产品优于竞争对手。

（2）积极寻找和进入新的细分市场，广泛分销，发展网点，以扩大产品销路。

（3）价格稳中有降，不可轻易提价。原来以高价进入市场的产品，在适当时机降低价格，以争取对价格敏感的消费者，并抑制竞争者的加入。

（4）改变广告宣传的重点。从扩大产品知名度转为宣传产品的特色，树立起本企业及其产品的良好形象，重点宣传品牌商标，使消费者产生偏爱，认牌购买，以保持原有顾客，争取新顾客。

一项新产品顺利进入成长期，说明这是一个成功的产品，它已摆脱了夭折的风险。但是这并不等于创新产品的企业能成功地利用这一产品获利。因为众多的竞争者完全可以采用“迟人半步”的新产品开发策略，把创新产品的企业挤出市场，他们既不用投入新产品的研发费用，又可针对新产品的缺陷，加以改进提高。

（三）成熟期的特征与营销策略

1. 成熟期的特征

（1）销量最大。达到整个生命周期的最高峰，但增长速度缓慢，并渐趋稳定。

（2）利润平稳或下降。

（3）市场供应饱和，竞争激烈。一部分顾客开始转向购买新产品或替代品。由于存在行业内生产过剩的威胁，迫使各个企业都采用有效的竞争手段来维持市场占有率，导致激烈的市场竞争。

2. 成熟期的营销对策

重点是延长产品生命周期，维持市场占有率，突出一个“改”字。具体地讲：

（1）市场改革。即开发新市场，寻找新客户。一是发现和进入新的细分市场，如一些产品在城市市场趋于饱和后，向农村市场进行转移。二是促使现有顾客增加使用频率和使用数量。如对牙膏的使用，宣传每天早晚刷牙，饭后漱口，才能有效地保持口腔卫生；吸引竞争者的顾客和从未使用过本产品的顾客，使之成为本企业产品的使用者。

（2）产品改革。一是品质改良。提高产品质量，改进使用效果，使本企业产品更可靠、更经济、更耐用、更安全等。二是特性改良。主要侧重增加产品的新特性，尤其要在产品的高效性、方便性、适用性等方面改进。三是形态改良。主要是指产品外观的改进，包括采用新的包装、款式、风格、花色等，增加产品的美感。

（3）营销组合改革。通过改变市场营销组合中的一个或几个变量，以刺激需求，扩大销量。如适当降价，增加广告，改善分销渠道，提供完善的售后服务等。

【学习互动】

在成熟期，有人认为，增加广告活动是增加心理上的说服力；增加促销手段（如打折、赠品等）是增加财务上的说服力。你认为哪个更有效？

相关链接

自行车的主要功能是代步，但在经济发达的国家里，小轿车、摩托车等现代的交通工具才是人们的代步工具，很多自行车厂家陷入产品滞销的困境。但中国台湾地区的一些自行车厂家抓住自行车娱乐和健身的功能开展宣传促销，在欧美等国家的市场上收到了很好的效果，获得了相当的市场占有率。

（四）衰退期的特征与营销策略

1. 衰退期特征

（1）需求量、销售量明显下降。消费者兴趣转移，过度的竞争，更新的产品开始进入市场，这些都导致产品销量急剧下降。

（2）利润减少或亏损。伴随着销量的迅速下降，利润也在锐减，甚至出现亏损。

（3）产品出现积压，仿制品充斥市场，竞争者或立即退出或缓慢地退出市场。

2. 衰退期的营销对策

重点是掌握时机，调整市场，突出一个“转”字。

（1）立即放弃。对于确实没有必要继续经营下去的衰退产品或有其他更好的发展项目时，企业应果断地放弃老产品，将企业的资源转到新的项目上去，或将老产品的所有权、生产技术转卖给一些有兴趣的企业。

（2）逐步放弃。如果立即放弃将造成较大的损失，企业可选择逐步放弃，即逐步地减少投资和产品生产数量，放弃较小的细分市场，缩减分销渠道，大力降低促销费用，精减推销人员等，直到该产品完全被市场淘汰为止。对于决定放弃的产品，不管采取哪种方式，都必须承诺和加强对以前的顾客提供必要的服务，以维护消费者的利益和企业的良好形象。

（3）继续经营。当企业判断竞争者将退出该产品市场时，可采取这种策略，即继续沿用过去的策略，希望竞争者退出市场后，这种产品能增加盈利。这必须对竞争者的动向有一个准确的判断。

三、产品市场生命周期理论的意义

产品市场生命周期理论总结了各种产品进入市场以后的发展变化规律，掌握产品生命周期理论，可以使我们更加自觉地按照产品自身发展变化的规律办事。

（一）在产品市场生命周期的不同的阶段，应采用不同的营销策略

产品投放市场后，可以划分为不同的阶段，各个阶段的特点各不相同，因此，一种产品在其生命周期的不同阶段应采用不同的营销策略，以保证产品在整个产品市场生命周期内盈利最大。

（二）产品市场生命周期长短不同的产品，应采取不同的经营方式

不同的产品，市场生命周期长短不同，因此，经营市场生命周期长短不同产品的企业应有不同的经营方式，以促进产品的更新换代。如经营产品市场生命周期长的企业，应该加强对原有产品的改造，使之具有新的功能和用途，以吸引新的顾客；而经营产品市场生命周期短的企业，就要加强新产品的开发，同时准备几代产品，生产一代，研制一代，储备一代，构思一代，当这一代产品销量下降时，另一代可以马上投入市场，永葆企业的活力。

（三）加速产品更新换代，永葆企业活力

产品生命周期理论还给我们提供了一个很重要的启示，即随着科学技术的发展，各种产品市场生命周期日益缩短。因此，企业的营销者要有开拓创新精神，加快产品开发和更新换代的速度，这样才能立于不败之地。

案例分析

“摇摆者”相机的命运

美国产品在第二次世界大战后纷纷涌入欧洲市场，不久便有许多产品又匆匆退出欧洲市场，其中一个重要原因，就是没有根据产品在不同市场所处生命周期阶段的差异，来采用适当的市场营销因素组合方案。美国拍立得公司在成功地经营立即取相的照相机 20 年后，于 1965 年向处于成熟期的本国市场推出廉价的大众化的 20 型“摇摆者”相机。由于该公司的良好声誉和立即取相的概念在美国市场深入人心，因此很快获得成功。1966 年，该公司按在美国的营销方案将“摇摆者”相机投放到法国市场，结果遭到了惨败。

问题：（1）结合案例分析该公司惨败的原因。

（2）你认为该公司应该如何做？

讨论分析：

个人：每位同学结合案例内容和问题，在固定的学习本上记下你的看法。

小组：每6位同学分为一个小组，1人为组长，1人记录，每个人陈述自己的看法，然后小组共同讨论，形成小组意见。

全班：每个小组推选一位代表发言，陈述本小组观点。

教师：记录各小组陈述要点，最后做点评。

【**提示：**因为法国消费者对这种产品是陌生的，据统计当时在法国只有5%的人知道立即取相的概念。该公司用成熟期的营销方案在处于投入期的市场推广产品，注定了失败的命运。应该分析产品所处的市场生命周期阶段，运用适宜的营销对策去经营。经过市场调查后，拍立得公司重新制定营销方案，按投入期的策略原则，首先使法国人认识立即取相的概念，加强宣传产品的功能用途和使用方法，传播新产品的信息，终于使这一产品在法国市场获得成功。】

拓展学习

产品市场生命周期特征与对策分析

1. 拓展学习内容

通过市场调研，选择处在产品市场生命周期不同阶段的产品，按要求填写表5-4的内容。

表5-4　产品市场生命周期特征与对策分析表

	导入期	成长期	成熟期	衰退期
产品名称				
消费者类型				
经销商				
竞争者				
营销费用				
营销利润				
营销重点				
价格策略				
促销策略				

2. 要求

（1）每4个同学一组，每位同学负责一个阶段并选择相应的商品。

（2）认真学习有关产品市场生命周期的相关内容，从图书馆或网上查找相关资料。

（3）实地走访2家以上企业，调查企业经营产品情况，了解生命周期不同阶段产品的基本特征和采取的营销对策。

（4）小组成员共同讨论，按表5-4的格式将调查的有关内容，按分工填入相应的空格（各组要选择不同的商品），并把分析表上传到班级微信平台。

（5）老师选3—5组同学在班级交流，并做点评。

任务3　了解产品包装策略

任务学习目标

素质目标：通过本任务的知识学习、案例分析和拓展学习，培养同学们在产品包装方面践行营销职业道德的能力，强化绿色营销的意识。

能力目标：通过本任务的案例分析和拓展学习，培养同学们根据市场营销状况对企业产品包装的认知能力，提升服务意识。

知识目标：通过本任务的知识学习能陈述产品包装的概念、产品包装分类、产品包装方法和包装技术、包装策略等知识。

任务描述

包装是产品整体概念中重要的构成要素。俗话说："人靠衣装，佛靠金装，商品靠包装。"商品进行合理的包装，消费者凭借视觉感知的不是商品本身，而是商品的包装。因此，在市场营销中包装是形成产品差异的重要手段，是供需双方易于辨认、在竞争中先声夺人的有效手段，也是一种经济有效的广告。目前，包装已得到社会日益关注，企业应该做出相应包装决策，不仅为社会利益，而且为企业的现实顾客和企业目标服务。

任务学习

市场上销售的许多实体产品必须要有包装。产品包装有时可能只起到较微弱的作用，如不太昂贵的五金商品的包装；有时又可起到重要的作用，如化妆品包装；有些包装举世闻名，如青花汾酒的瓶子。所以，企业的市场营销人员应了解包装的含义、包装的种类，熟悉包装的方法和技巧，了解产品的包装策略，并努力把包装作为整体产品的一部分向顾客进行说明和展示。

一、产品包装的含义和分类

（一）包装的含义

包装是指设计、制作容器或包扎物，并运用容器或包扎物将商品盛装的一系列活动。包装是整体产品的主要组成部分。从营销角度看，包装可以从以下两个方面来理解：一是静态的，指盛装产品的容器或包扎物；二是动态的，指设计、生产容器或包扎物并将产品包裹起来的一系列活动，即包装产品的操作过程。二者的统一，构成产品的包装，它反映了产品的外在质量，是产品质量不容忽视的一个重要组成部分。

（二）包装的分类

1. 按照包装在流通中的作用，可分为运输包装和销售包装

运输包装又称工业包装、外包装，其目的是保护产品和提高运输效率。运输包装又

可分为单件运输包装和集合运输包装。单件运输包装是指商品在运输过程中以箱、桶、袋等单件容器对商品进行的包装。集合运输包装是指将一定数量的单件包装组合在一件大包装容器内而形成的大包装。目前常用的集合运输包装有集装包、托盘和集装箱等。

销售包装，又称内包装或小包装，它随同产品实体进入零售环节。其目的主要是美化商品，促进销售。

2. 按照产品包装的结构，可分为内包装（件装）、中包装和外包装

内包装是每个产品上做的包装；中包装是一定数量单件商品组合的包装；外包装是指为方便商品储存和运输而进行的包装。

3. 按照包装材料的类别，可分为纸质包装、塑料制品包装、木制品包装、金属包装等

4. 按照包装的技术，可分为防潮包装、防火包装、防锈包装、防虫包装、缓冲包装、压缩包装、真空包装等

（三）包装的作用

包装是产品的延伸，是货架上的广告。在现代营销活动中，包装的作用贯穿于整个生产、流通和消费过程，主要表现在以下几个方面：

1. 保护商品

这是包装最基本的功能。适当的包装，可以保护产品的使用价值，尽量避免损坏、腐烂、挤压、散失、虫蛀、污染等危害和损失，保护产品的良好本色。

2. 便于使用

根据消费者的习惯，对产品进行合理和恰当的分装，能起到便于使用和指导消费的作用。例如，根据消费者的常用量进行一次或多次用量包装，可满足个人、家庭、集团的不同需求；瓶装酒有500ml、250ml、200ml、50ml等不同容量，又有便携式、拉环式、按钮式、易开式等包装。

3. 促进销售

包装是“无声的推销员”，它正在成为一种几秒钟的瞬间广告。顾客购买商品时，首先触及的是产品的包装，精美的包装给人以美的享受，给消费者留下深刻的第一印象，提高顾客的视觉兴趣，激发顾客的购买欲望。“买椟还珠”的寓言故事，或许能给我们提供许多的启示。

4. 增加利润

良好的包装能满足消费者的某种心理需求，并将包装与质量联系起来，在一定程度上降低了消费者对价格的敏感性，使顾客愿意以较高的价格购买精美包装的商品，从而增加企业的利润。

实 例

著名的法国香水业有句名言：“设计精美的香水瓶是香水的最佳推销员”。法国香水的包装瓶根据香味类型使用统一的造型。例如，有种香味类似森林和木料的男用香水，它的包装瓶子被设计成细高如树的造型，又配上能让人联想到木板的本色细条纸盒外包装，

这种造型别致、富于联想的包装，自然能激发顾客的购买欲望。

启示：精美的包装是最佳的推销员。

二、常用的包装方法和包装技术

包装方法和包装技术是一项技术性和艺术性都很强的工作，要求美观、实用 、经济，同时考虑社会的公共利益，具体包括：

（一）包装的大小

包装的大小主要受消费者购买和使用习惯、购买力的影响。一般地说，日用消费品小包装使用比较方便。

（二）包装的形状

包装的形状主要取决于产品的形状和性质。一般地说，产品的包装有利于产品的存放搬运，并能美化产品，吸引顾客的注意。运用包装的外形和色彩表现产品的特点和风格，如服装、装饰品和食品的包装，应设法能向顾客直接显示商品本身，应考虑采用透明包装、开窗包装或在包装上附加产品的彩色照片。

（三）包装的构造

包装的构造应能突出产品的特点，体现产品的功能，同时应开启方便。

（四）包装的颜色

颜色能影响人们的情绪，进而影响人们的行为。包装的颜色应美观大方，图案形象生动，色彩鲜艳和谐，不搞模仿，不落俗套，具有艺术感染力，给人耳目一新的感觉。不同的颜色能给人们以不同的感觉。因此，应针对不同的产品，采用不同颜色的包装与之相配，同时也应考虑到不同的民族对颜色的偏好与禁忌，以免影响产品在国内或国际市场的销售。

（五）包装的材料

包装材料的选用除了能有效地保护产品外，还应该考虑材料与环境保护的关系，如选用多功能、简单化、容易回收的绿色包装材料等，反对过度包装，以节约资源，保护生态环境。近些年来，随着环保意识的增强，提倡绿色营销的呼声越来越高，包装材料与资源运用，包装物与环境保护必须联系起来，包装应兼顾社会利益，努力减轻消费者负担，节约社会资源。为此，有的企业提出“商品包装趋向于零”的口号，尽量减少包装物对环境的污染；禁止使用有害包装材料，实施绿色包装战略等。

（六）包装的其他技巧和要求

不同企业的产品包装应避免雷同；包装上必须注明生产企业或经销企业名称、地址等；包装上的产品说明应充分表现企业对社会公众的责任感；坚决反对利用包装弄虚作假，欺骗和损害消费者利益的行为。此外，必须考虑包装材料与产品价值和质量水平相匹配，既不能出现低值产品高级包装，也不能小商品大包装、欠量包装。

另外，包装设计还应尊重顾客的心理，尊重顾客的宗教信仰和风俗习惯，注意不同运输商、分销商的特殊要求等。

相关链接

包装美学必须注意配合不同国家的文化特性。举例来说，光是颜色就有各种不同的联想。在某些国家，红色和魔法有着一定的关联性；绿色则代表危险的警告；白色则是死亡的象征。另外，也要注意包装的尺寸，在缺乏冷藏设备的国家里，软饮料无法以6罐装的方式售出。在某些国家，类似像洗洁剂这样的商品也只能以小分量的包装方式出售，因为当地家庭没有足够的储存空间。

三、产品包装策略

鉴于包装在产品营销中的重要性，企业必须运用适当的包装策略，充分体现产品的魅力，激发顾客的购买欲望。常用的包装策略有以下几种：

（一）类似包装策略

类似包装策略指企业所有产品的包装采用共同或相似的形状、图案、颜色、特征等。这种策略能节省企业的包装设计及制作成本，使顾客容易识别商品出处，扩大影响，利用企业及其产品的声誉带动新产品上市，促进销售。这种策略一般只适用于质量水平不存在差异的产品。如果企业产品相互之间的质量差异太大，则不宜采用这种策略。

（二）差异包装策略

差异包装策略是指企业的各种产品都有自己独特的包装，在设计上采用不同的风格、色彩和材料。这种策略能避免因个别产品销售失败而对其他产品造成的影响，但会相应地增加包装设计和新产品促销的费用。

（三）组合包装策略

组合包装策略指在同一包装中放入相关联的若干产品。如把茶壶、茶杯、茶盘放在一起进行包装，装有各种规格的套筒扳手的工具箱，装有各种化妆品的化妆盒等。它便于顾客配套购买商品，既方便使用，也可扩大产品的销售。

（四）附赠品包装策略

附赠品包装策略指在包装物内附赠奖券、实物等。如在儿童用品中附赠玩具、卡片是最为流行的一种做法，也有利用包装物抽奖。同一商品同时采用正常包装与赠品包装等，这样可以提高购买频率，吸引顾客重复购买，也可以作为介绍新产品的手段。但要让顾客真正得到实惠，要能有效地对顾客产生刺激，切忌利用赠品宣传进行商业欺诈，这会严重损害企业的形象。

（五）再使用包装策略

再使用包装策略指包装物里的产品用完后，包装容器还可以作其他用途，以此给予消费者额外的利益。如把盛装物品的袋子用作手提袋等。一方面使顾客得到了额外的使用价值，另一方面这些包装物在再使用过程中还能起到广告宣传的作用。但要注意适度，不能过分追求其他用途使价格过高，抑制消费者购买。

（六）等级包装策略

等级包装策略是指企业依据产品的不同档次、用途、营销对象等，采用不同的包装。如高档商品的包装要显得名贵精致，中低档商品的包装可稍为简略朴素，儿童商品的包装可用动物或卡通人物形象，老人使用的商品包装可简易实用，以此来迎合不同的消费者及不同收入水平者的心理要求。

（七）改变包装策略

改变包装策略是指企业为克服现有包装的缺点，或者为吸引新顾客而改变产品现有的包装，采用更具吸引力的新式包装。在适当的时候改变产品包装，可重塑企业产品形象，能使顾客产生一种新奇的感觉，从而刺激需求，促进销售。采用新的包装材料、形式、技术，既可用于产品防伪，抑制仿造者的嚣张气焰，又可体现现有产品的特点，体现消费新潮流，节省包装成本。这已被许多企业的实践证明是行之有效的一种策略。

（八）绿色包装策略

随着消费者环保意识的增强，绿色营销已成为企业经营的主流。因此，在设计产品包装时，选择可重复利用或可再生、易回收处理、对环境无污染的包装材料，更容易赢得消费者的好感和认同。

（九）礼品式包装策略

包装华丽，富有欢乐色彩，包装物上通常冠以“福”“禄”“寿”“禧”“吉祥如意”等字样及问候语，其目的在于增添节日气氛，满足人们交往礼仪之需要。

（十）个性化包装策略

个性化包装追求包装的造型、色彩、图案的个性化，以引起顾客的注意。同时通过个性化的包装赋予一定的象征意义，满足消费者的个性需求。

【学习互动】

下列论述是否正确，并说明理由。

（1）对于那些质量不够稳定的产品和功能、性能、材质等差异较大的产品，可采用类似包装策略，以带动销售。

（2）对于高档、华贵的消费品，包装设计要突出产品的价值、造型与材质，图案要清晰、简洁、庄重、大方，同时要选用高档的包装材料，以提高档次。

案例分析

改变包装出奇效

苏州檀香扇原来在香港市场上售价每把为65港元，销路一直不佳。经过市场调查，发现是由于包装不讲究，影响销路。因为消费者购买檀香扇的目的主要是作为馈赠礼品或工艺品，因此对包装的要求很高。后该企业改变包装，花5港元把原来的纸盒包装改为锦盒包装，售价提高到165港元，结果销路大增，5港元的成本带来了90港元的利润。

问题：你对苏州檀香扇厂这种改变包装的做法有何评价？说明你的理由。

讨论分析：

个人：每位同学结合案例资料和问题，在固定的学习本上记下你的看法。

小组：请同学们每4个人分为一个小组，1人为组长，1人记录，在小组讨论中每个人陈述个人看法，然后小组讨论，形成小组意见。

全班：每个小组一位代表发言，陈述本小组观点。

教师：记录各小组陈述要点，最后做点评。

【**提示：**产品的包装是产品质量不容忽视的一个重要组成部分。良好的包装能满足消费者的某种心理需求，并将包装与质量联系起来，在一定程度上降低了消费者对价格的敏感性，特别是一些礼品或工艺品，消费者愿意以较高的价格购买精美包装的商品，从而增加企业的利润。】

拓展学习

产品包装现状分析

1. 拓展学习内容

选择三种不同包装的商品，通过市场调研按要求填写表 5－5 空格的内容。

表 5－5　　商品包装现状说明表

项　目	商品名称	商品包装状况说明	原因分析
包装适当			
过度包装			
有害包装			

2. 要求

（1）每 4 位同学为一组，两位同学负责调查一种包装情况的产品。

（2）认真学习有关产品包装方面的知识，熟悉包装作为整体产品一部分的相关资料。

（3）实地调查了解有关产品销售情况，询问相关人员，选择自己负责的商品，听取现场营销人员的评价，并把他们的说明记录下来。

（4）小组成员共同讨论，将调查了解的有关内容填写表 5－5 说明表（各组选择商品不要重复）。

（5）老师选 3—5 组同学在班级交流，并做点评。

任务 4　熟悉销售服务策略

任务学习目标

素质目标：通过本任务知识的学习、案例分析和拓展学习，培养同学们在服务顾客时热情服务是营销活动的重要组成部分的意识，树立为顾客服务就是营销而且是更重要的营销的态度。

能力目标：通过本任务的案例分析和拓展学习，能运用产品销售服务的相关知识。根据不同的产品提供不同的销售服务的能力和服务技巧。

知识目标：通过本任务知识的学习，能正确陈述产品销售服务及基本要求、产品销售服务的内容、产品销售服务的基本策略等陈述性知识。

任务描述

随着科学技术的进步，产品技术越来越复杂，消费者对企业的依赖越来越大。在购买产品的过程时，消费者不仅购买产品本身，而且希望得到可靠周到的服务。企业的质量保证、服务承诺、服务态度和服务效率，已成为消费者判定产品质量、决定购买与否的一个重要条件。对于生产各种设备和耐用品消费品的企业，在提供高质量的有形产品的同时，提供售前、售中、售后等销售服务，对提高企业的竞争力有重要作用。

任务学习

产品在市场上的竞争能力，不仅取决于产品的质量、性能、包装等，在很大程度上还取决于产品的售前、售中、售后服务工作的优势。企业在销售有形产品的同时，还必须了解顾客心目中所期望的最好服务是什么，竞争对手所能提供的服务是什么，本企业销售服务的理念是否与顾客需求相吻合。只有企业与顾客所期望的服务水平基本相符，而且有独特的内容，才可能在服务方面形成差异化竞争优势。因此，企业必须重视销售服务工作，熟悉销售服务的内容，制定合适的销售服务策略，这些就是本任务要学习的内容。

一、销售服务的概念

销售服务，又称产品支持服务，是伴随着产品一起提供给顾客的附加利益。如果用产品的整体概念来理解，销售服务就是指整体产品中的延伸部分。销售服务的目的是使顾客在购买和使用产品的过程中，获得更大的效用和满足，产品越复杂，顾客对各种附加服务的依赖就越强，企业就越需要提供这类服务。

对许多产品而言，销售服务不是可有可无，而是产品的延伸和销售的继续，是保证全面满足顾客需求的重要组成部分。例如，空调企业在向市场提供空调产品时，必须向顾客提供上门安装服务、保证维修服务、使用说明书等。缺乏这些服务，顾客或对空调的购买失去兴趣，或在使用的过程中遇到许多麻烦。

销售服务是提高企业声誉和产品竞争能力的重要手段。在现代的市场竞争中，核心产品和形式产品的差别越来越小，企业要想实现差别化，就必须在产品的销售服务上做文章，谁能为顾客提供最好的服务，谁就可以在竞争中获得优势。

【学习互动】

笔记本计算机在销售的过程中必须提供什么服务？

二、销售服务的内容

销售服务的内容非常广泛，视不同的企业、不同的产品各不相同。一般按产品营销服务的过程可分为售前服务、售中服务和售后服务。

（一）售前服务

售前服务是指通过研究消费者的心理，在顾客购买产品之前向顾客提供的服务。它包括：提供各种产品信息，提供技术咨询，为顾客介绍产品，根据顾客的不同需求，协助顾客挑选产品，提供各种必要的技术资料，迅速报价，容易联系等。其目的在于方便顾客，激发购买欲望，强化购买动机。

（二）售中服务

售中服务是指销售过程中为顾客提供的各种服务，即从与顾客洽谈生意、签订购销合同，到产品发运、货款结算全过程的服务。它包括：礼貌热情接待顾客，为顾客精心挑选产品，包装产品，操作示范表演等。其目的在于影响顾客的心理感受，增强顾客的信赖感，促成交易。

（三）售后服务

售后服务是指商品售出以后向顾客提供的各项服务。它包括：送货上门，对大件商品提供送货服务；安装调试，对大型设备、仪器仪表，到现场为顾客安装调试；提供维修，对技术性较强的产品，能否得到及时有效的维修，是影响购买的重要因素；及时提供零配件；质量三包，在保修期内，企业负责保修、包换、包退，必要时承担由此产生的经济损失；为顾客提供技术培训；提供信贷服务；根据顾客的特殊要求，提供特殊服务，如大修理服务、租赁特殊工具、联合运输等。其目的在于保证顾客所购产品使用价值的充分发挥，解除顾客的后顾之忧，提高顾客的满意度，以促使顾客重复购买。

实 例

海信快速发展的启示

顾客满意是“海信”的财富。竭诚使顾客满意是“海信”面向新世纪持续健康发展的关键。“海信”人认识到，在进入微利时代后，服务问题是关系企业生死存亡的大问题。

1999年，“海信”严格按照国际质量标准IS9001将服务细分为话务服务、登门服务、维修服务、电话回访、信函回复等9个过程，每个过程又分解为一系列操作执行环节和规范细致的标准，从而使“海信”服务体系一举在业内通过国际质量标准IS9001体系认证。

海信推出的“天天服务系统”，核心理念就是把服务贯彻到从产品设计到售后的企业经营全过程。在产品的售前阶段，服务应该是精益求精地追求产品质量；在售中、售后服务阶段，则更多地体现为给用户提供专业知识，让消费者既明白又放心地使用产品。正是由于强化了服务，海信集团在国内外市场竞争日趋激烈的情况下，取得了卓尔不凡的成绩。

启示：服务增价值，服务赢人心。

三、销售服务策略

企业在提供产品的销售服务时，应该以顾客的需求为基本依据，认真分析产品的特点、竞争状况和自身实力，采取恰当的服务策略。

（一）热情周到策略

企业在提供服务时，应站在顾客的角度，从服务项目、服务水平、服务方式等方面，想顾客之所想，急顾客之所急，做到既热情周到，又尊重顾客。

从服务项目来看，各种不同的服务项目，对不同行业的顾客来说其重要性是不同的，如免费送货上门和维修服务对家居和电子计算机的购买者来说，重要性就有显著差别。企业需要通过调查，对顾客要求的服务项目，按重要性的大小进行排列，然后做出决定，在本产品顾客认为最重要的服务项目上使顾客得到充分的满意。对服务水平，一般情况下，较高的服务水平将使顾客得到较大的满足，因此就有较高的重复购买率。服务水平的高低，应视服务项目的重要性和顾客的要求区别对待。在服务方式上，应考虑固定服务、流动服务及服务的收费和有关修理服务的提供，这在很大程度上取决于顾客的需求和竞争者的策略，由企业灵活做出选择。

相关链接

什么是顾客？顾客永远是公司的座上客。不管是在人员推销还是邮购销售中，都是座上客。顾客并不依赖我们，而我们却依赖顾客，顾客不是我们工作的障碍，而是我们工作的目标。我们并不因服务于他而对他有恩，他却因给予我们为其服务的机会而有恩于我们。顾客不是我们要与之争辩和斗智的人，从未有人曾在与顾客的争辩中获胜。顾客是把他的欲望带给我们的人，因此我们的工作是满足这些欲望，从而使他们和我们都获得益处。

（二）回访客户策略

企业的营销服务人员或营销主管要经常回访客户，深入细致地了解顾客和用户对企业产品和服务的意见、建议甚至抱怨，以利于进一步改进企业的营销活动和销售服务。

（三）质量保证策略

在提供销售服务的过程中，必须依据国家法律法规的要求，对顾客承诺的“三包”等其他保证真正兑现，绝不食言。这样将促使顾客放心地购买产品，有利于产品销售量的真正扩大。

（四）及时解难策略

及时解难策略主要指售后服务方面，即企业应抽调优秀的专业人员组建专门的服务机构，来履行产品的服务职能，保证随时随地或限时（如必须在 24 小时之内）解决顾客在使用过程中遇到的疑难问题或修理服务等。

（五）差异化服务策略

在服务的范围和质量上，形成与竞争者不同的特色，力求比竞争者更好、更快、更有效地满足顾客需求。差异化服务可体现在送货服务差异化、安装服务差异化、咨询服务差异化、培训服务差异化、维修服务差异化等方面。这种策略已成为当今许多企业在竞争中取胜的关键措施。

案例分析

建立顾客档案

现在许多商场和饭店建立“顾客档案”的做法，给人留下了很深刻的印象。在北京，一家商场推出了大件商品回访制度，引来了大批的回头客。顾客凡购买大件商品，商场就为顾客建立档案，并在三个月内派专业人员回访了解使用情况，解决出现的问题，此后则每年回访一次。显然，它解除了消费者的后顾之忧，不仅真正体现了服务意识，同时也是真正为自己赢得市场的最好办法。

在上海，一家饭店的促销手段值得称道——友情追踪。把凡来过该店办过宴庆的顾客情况收集起来建成档案。每当顾客的喜庆日子来临，店家就送上贺卡、鲜花等礼物以示祝贺。于是，顾客对该店产生了好感，也心甘情愿地成为他们的“回头客”。

问题：这则案例说明什么？对你有何启发？

讨论分析：

个人：每位同学结合建立顾客档案的案例资料和提出的问题，在固定的学习本上记下你的看法。

小组：每4个同学分为一个小组，1人为组长，1人记录，通过小组讨论，形成对上述问题的小组意见，准备在班级交流。

全班：每个小组派代表发言，陈述本组看法。

教师：简要记录各小组的陈述要点，最后做点评。

【**提示：**服务是无止境的。在市场竞争日益激烈的今天，创“名牌服务”已成为摆在商家面前的一个非常现实而又十分紧迫的课题，能够提供完备的服务必将赢得更多的回头客。经商就是经营人心，经商的过程实际上是与人打交道的过程，人是有感情的，以诚待人、以情感人是生意兴隆的关键因素之一。市场营销的最高境界就是赢得顾客的心，得人心者得顾客，得顾客者得市场。】

拓展学习

产品销售服务现状调查

1. 拓展学习内容

通过市场调研选择一个实体产品（有形产品）和一个有特色的服务产品（无形产品），按要求填写表5-6的内容。

表5-6　产品销售服务现状调查情况说明表

项　目	售前服务	售中服务	售后服务
×× 企业 ×× 产品			

续表

项　目	售前服务	售中服务	售后服务
×× 企业 ×× 服务			

2. 要求

（1）每4位同学一组，2位同学负责调查整理一种产品或一项服务。

（2）认真学习有关销售服务方面的知识，收集典型销售服务事例（图书馆、网络）。

（3）实地到企业询问销售或售后人员，听取他们对服务活动的实际体验，了解相关产品的服务情况。

（4）小组成员共同讨论，按表5－6的要求将调查了解的有关内容填入相应的空格，形成销售服务调查情况说明表。

（5）老师选3—5组整理的分析表在班级交流，并做点评。

思考与实训

1. 选择题

（1）产品整体概念包括（　　）三个层次。

A. 核心产品　　B. 形式产品

C. 延伸产品　　D. 附加产品

（2）在产品的市场生命周期中，销售量迅速增长的阶段是（　　）。

A. 投入期　　B. 成长期

C. 成熟期　　D. 衰退期

（3）化妆品、餐具等产品采用一个包装整体出售，这属于（　　）策略。

A. 类似包装　　B. 多种包装

C. 组合包装　　D. 新奇包装

（4）产品组合的深度是指（　　）。

A. 产品线的多少　　B. 产品项目的多少

C. 产品线的关联性　　D. 产品大类

（5）企业增加产品线，扩大经营范围，这是指拓宽产品组合的（　　）。

A. 广度　　B. 深度

C. 关联性　　D. 前三者的总和

（6）下面哪一种说法是正确的？（　　）

A. 产品生命周期是指产品的市场寿命、经济寿命

B. 任何一种产品都必须经历引入期、成长期、成熟期、衰退期

C. 某一产品在不同的市场所处的生命周期就不同

D. 市场营销学分析的主要是产品种类的生命周期

(7) 投入期广告宣传的重点应是（ ）。

A. 宣传产品的特色和性能

B. 扩大产品的知名度

C. 提供完善的售后服务

D. 增加打折的力度

(8) 延长产品生命周期的主要途径有（ ）。

A. 产品改革　　B. 市场改革

C. 营销组合改革　　D. 前三者的总和

(9) 企业以高价配合高强度的促销向市场推出新产品，这一策略可称为（ ）。

A. 快速渗透策略　　B. 缓慢渗透策略

C. 快速撇取策略　　D. 缓慢撇取策略

(10) 在制定产品组合策略时，加强产品组合的关联性可以（ ）。

A. 扩大经营范围，分散市场风险

B. 满足特殊需求，提高市场占有率

C. 强化市场地位，提高企业声誉和知名度

D. 实行多元化经营，提高竞争能力

2. 判断题

(1) 产品项目就是指密切相关的一组产品。（ ）

(2) 任何能满足人们某种需求和欲望的东西，都可以称为产品。（ ）

(3) 产品的市场生命周期是指产品的社会经济寿命。（ ）

(4) 任何产品都必须经历投入期、成长期、成熟期和衰退期。（ ）

(5) 由于包装的价值是构成产品价值的一部分，所以产品包装必须与产品本身的价值相符合。（ ）

(6) 从产品的整体概念来理解，销售服务就是指整体产品中的延伸部分。（ ）

(7) 谁拥有最先进的产品，谁就拥有市场。（ ）

(8) 产品延伸策略主要是针对产品的档次而言的。在原来的基础上，可以向上延伸、向下延伸、双向延伸。（ ）

(9) 进入衰退期的产品，企业承担的市场风险最大，必须果断放弃。（ ）

(10) 产品市场生命周期的长短，主要取决于企业的技术、资金、管理水平等因素。（ ）

3. 案例选择题

开元罐头食品有限公司生产的“开元牌”水果系列罐头，销路一直很好。最近该公司产品开发部研制开发出一种用橘皮加工制成的小食品，成本低，每千克5元。此产品口味独特，具有养颜健胃之功效，市场前景看好。

为使消费者一看就知道此产品是开元罐头食品有限公司生产的产品，该企业营销部决定此产品使用“开元牌”品名，包装也将用与“开元牌”水果系列罐头相同的图案和色彩。同时又决定采用高价格、低促销费用推销产品，以便在短期内收回投资，在低销售费

用的基础上获取较高利润。此产品上市后，基本上达到了预期目标。

(1) 此产品处于产品生命周期的（ ）阶段。

A. 投入期　　B. 成长期

C. 成熟期　　D. 衰退期

(2) 该厂在推销新产品时，采用的营销策略是（ ）。

A. 快速撇取策略　　B. 缓慢掠取策略

C. 快速渗透策略　　D. 缓慢渗透策略

(3) 该厂采用的包装策略是（ ）。

A. 类似包装策略　　B. 差异包装策略

C. 配套包装策略　　D. 改进包装策略

(4) 该厂采用这种包装策略的优点是（ ）。

A. 使顾客容易识别商品出处，壮大企业声势

B. 不会因一个产品的失败而损坏整个企业的形象

C. 起到广告宣传的作用

D. 提高购买频率，吸引顾客重复购买

(5) 如果该公司还生产啤酒、饮料等产品，这是指拓宽产品组合的（ ）。

A. 广度　　B. 深度

C. 关联性　　D. 前三者的总和

4. 案例分析题

华为公司经营的产品组合主要由5大类组成，每条产品线又包括若干个产品项目。多产品线组合通常是企业实施的多元化经营战略在产品组合上的体现。为便于分析研究，现选取一部分产品种类、项目来说明，见表5-7。

表5-7　华为公司的产品组合情况

	智能手机	笔记本	平板	智能穿戴	智能家居
产品组合深度	HUAWEI P30 HUAWEI P30 Pro HUAWEI Mate 20 HUAWEI Mate X HUAWEI nova 4 HUAWEI Mate 20 RS 保时捷设计 华为畅享 9S	HUAWEI MateBook 14 HUAWEI MateBook E HUAWEI MateBook X HUAWEI MateBook 13	华为平板 M5 华为畅享平板 华为平板 M3	HUAWEI WATCH GT 华为手环 华为儿童手表	华为音箱 华为路由
小计	7	4	3	3	2

问题：

(1) 华为公司的产品组合广度、深度和关联性如何？

(2) 华为公司运用了什么产品组合策略？

5. 任务实训

产品策略实训

（1）背景与情境

当你们学习了产品策略以后，你们很好奇，很想结合实际产品，认真分析一下产品的构成，产品市场生命周期各阶段及产品服务策略，以加深对所学产品策略知识的理解。

（2）实训目标

①素质目标：会运用市场营销产品策略的专业知识与企业营销人员沟通，会精心选择问题，巧妙地提出问题。

②能力目标：结合实际产品会分析产品组合，产品市场生命周期等产品策略基本问题。

③知识目标：通过企业实地调研，深入理解产品、产品构成、产品市场生命周期、服务策略等陈述性知识。

（3）实训步骤

①每组4人，其中1人为组长，由组长组织成员讨论小组成员分工，明确调查思路，按分工各负其责，相互沟通，积极配合，共同完成实训任务。

②根据各组所选企业经营商品类别，选择两种商品，详细了解每种商品的构成，该商品处在市场生命周期哪个阶段，服务策略等相关产品策略的内容。

③实际调查前要从网上和图书馆搜集产品策略相关资料。

（4）实训成果及要求

①每组撰写一份调查报告，报告要说明调查了什么企业，什么产品，该产品的结构，该产品的市场生命周期，产品服务策略。

②报告呈现形式各组自定，报告不少于1200字。

（5）实训时间

在学生学习完本项目内容开始时，即可让学生分组，布置本实训任务，利用课余时间去企业进行调研，并积极撰写调研报告。在本项目学习完后，用2个课时让各小组介绍展示本组报告，其他组同学可发表个人意见，最后由老师点评。经过展示点评，各组认真修改完善实训报告，并把修改后的报告在班级微信平台展示交流。

（6）实训评价（见表5-8）

表5-8　产品策略实训评价表

项目	评价标准	分值	小组个人自评（30%）	小组成员互评（30%）	教师评价（40%）	小计
素养培养	参与实训的积极性高，小组合作意识强，小组讨论积极踊跃	10				
	表现出细致、严谨的工作作风，能主动提出关于产品策略实训的一些问题	10				
	能够结合实训认识到产品策略在企业营销工作中的价值	10				

续表

项目	评价标准	分值	小组个人自评（30%）	小组成员互评（30%）	教师评价（40%）	小计
能力提升	能将所学的产品策略知识运用到实训任务中，学以致用	10				
	具有结合实际产品正确分析产品构成产品市场生命周期策略的能力	10				
知识应用	结合实际理解产品构成、产品市场生命周期、服务策略等相关知识	10				
	熟练掌握产品策略分析的基本思路和方法	10				
项目成果展示	能够独立完成实训任务，并能主动提出问题，解决问题	10				
	产品策略实训报告结构完整，无错别字，观点正确	10				
	产品策略实训报告展示形式新颖，语速恰当，语言流畅，有感染力	10				
合计		100				

项目六
价格策略

任务 1　熟悉企业定价程序

任务学习目标

素质目标：通过本任务知识的学习、案例分析和拓展学习，提升同学们对企业产品定价目标的确定要全面考虑社会、企业和顾客多方面的利益意识，在定价过程中自觉践行营销职业道德。

能力目标：通过本任务的案例分析和拓展学习，能结合企业产品价格，理解企业定价目标，掌握定价的基本程序的能力。

知识目标：通过本任务知识的学习，能正确陈述企业的定价目标、影响企业定价的内外部因素，定价的基本程序等陈述性知识。

任务描述

价格是营销组合的第二大工具，也是营销组合中唯一能创造收益的因素，而其他因素都代表着成本。价格又是营销组合中最灵活的因素之一，购买者和营销者都特别关注价格，购买者所支付的价格决定了他们所做交易的价值，也决定了购买者对购买决策的满意度；营销者所制定的价格影响着他们能否收回成本和预期利润的大小。成功的营销指的是企业和消费者均满意，成功的价格指的是消费者认为产品或服务物有所值，而企业在销售产品和提供服务的同时也能获得利润。因此，确定产品的实际成本和消费者愿意支付的最高价格具有很大的难度，都有一个艰难的价格决策过程。

任务学习

价格是市场营销过程中一个十分敏感而又难以有效控制的因素。定价不仅直接影响企业盈利目标的实现，而且直接关系到顾客对产品的接受程度。企业为了获得最佳的营销结果，通常需要仔细制定所售产品或服务的价格。因此，企业必须明确定价目标，认真分析影响价格制定的各种因素，依照一定的定价程序，给企业的产品和服务确定合适的销售价格，这些就是本任务学习的内容。

一、企业定价目标

所谓定价目标，是指企业希望通过价格手段的运用而达到的预期营销效果。由于市场营销环境和企业状况的不同，不同企业的定价目标会有所不同。一般来说，企业的定价目标有以下几种：

（一）以获取当前最高利润为定价目标

获取当前最高利润是指企业的定价目标是获取目前能够从市场上获取的最高利润。这几乎是大多数企业的愿望。

追求最大利润并不追求最高价格。当一个企业的产品在市场上处于某种绝对优势地位时，如拥有专卖权或垄断地位等，固然可以实行高价策略，以获得超额利润。然而，由于市场竞争的结果，任何企业要想在长时期内维持一个过高的价格几乎是不可能的，必然会受到各方面的影响，诸如需求减少、代用品加入、竞争者增多、购买行为推迟，甚至会引起公众的不满而遭到政府的干预等。因此，企业可把追求最大利润作为一个长期的指导思想，同时选择一个适应当前环境的短期目标来确定实际价格。

（二）以提高市场占有率为定价目标

市场占有率也称市场份额，是企业经营状况和产品竞争力状况的综合反映。较高的市场占有率可以保证企业产品的销路，便于掌握消费者的需求变化。所以，企业一般尽量保持或提高市场占有率，并以此作为定价目标。

（三）以实现预期的投资收益率为定价目标

预期的投资收益率即为利润相对投资总额的比率。企业对于所投入的资金，都期望在预期时间内分批收回。因此，定价时一般在总成本之外加上一定比例的预期盈利，以预期收益为定价目标。在产品成本不变的情况下，价格的高低往往取决于企业确定的投资收益率的大小。如果投资收益率低于同期银行存款利率，这种投资就是不划算的。

一般说来，只有企业在同行业中处于领导地位或是生产全新产品，受保护或没有竞争者的产品时，才适宜选用此种定价目标，否则定价太高会遭到用户排斥。

（四）以应付或防止竞争为定价目标

价格是市场竞争的重要手段，在激烈的市场竞争中，厂商的规模无论大小，对于竞争者的价格都很敏感。实力雄厚的大企业都能左右市场价格，为保持自己的市场地位往往以稳定商品的价格为主要目标。有时有意识地通过定价去应付和避免竞争，采取以击败竞争对手为目标，或阻止新的竞争对手的出现，往往采取低价倾销的手段力争独占市场，然后制定对企业有利的垄断价格。而实力弱的企业则紧随市场主导企业的价格或以此为参考，与其保持适当的差异。

（五）以维持企业生存为定价目标

维持生存的定价目标是企业处于不利环境中定价的一种特殊的过渡性目标，目的是使企业能够继续生存。当企业由于生产能力过剩、市场竞争激烈，或顾客需求发生变化，造成产品积压、资金周转困难，影响企业生存时，企业则给自己的产品制定较低的价格，以求收回成本，使企业得以继续经营下去，这时生存比获利更重要，但这只能作为企业面临困境时的短期目标，一旦出现转机，马上选择其他的定价目标。

（六）以维持高品质产品形象为定价目标

维持高品质产品形象是指企业定价目标是维持市场上产品质量领导者的形象。采用这种定价目标企业必须制定高价，一方面使顾客产生优质产品的印象，另一方面收回优质产品生产和开发研究的高额费用。名牌产品多采用这种定价目标。

此外，企业还可确定以保证中间商合理利润、以保护生态环境等为定价目标。

【学习互动】

企业新推出的产品，在生命周期的早期阶段，为迅速打开市场赢得顾客，应选择哪一种定价目标？

二、影响企业定价的因素

企业定价除了考虑定价目标外，还要考虑其他的影响因素。这些因素主要包括企业的内部因素和外部因素，如图 6－1 所示。

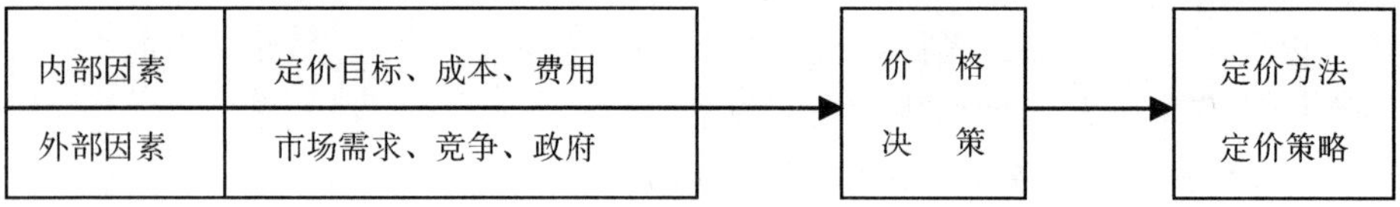

图 6－1　影响定价的因素

（一）成本费用

成本费用是商品价格的主要组成部分，也是定价的基础。产品成本包括制造成本、销售成本和储运成本等。企业为了保证再生产的实现，通过商品的销售既要收回成本，又要实现一定的利润。因此，成本是产品定价的最低限度。从长期来看，任何产品的价格都应高于所发生的成本费用，这样在生产经营过程中所发生的耗费才能从销售收入中得到补偿，企业才能获取利润。企业必须了解成本的具体构成及变化情况，努力降低成本，扩大销售，增加盈利。

（二）市场需求

市场需求是影响企业定价的重要因素。当产品价格高于某一水平时，将无人购买，因此市场需求是产品定价的上限。所以，企业在制定价格时，必须了解价格与需求的关系、需求价格弹性等因素。

1. 价格与需求的关系

一般地，市场需求随着产品价格的上升而减少，随着价格的下跌而增加。需求曲线是一条从左上方向右下方倾斜的曲线，如图 6－2 所示。

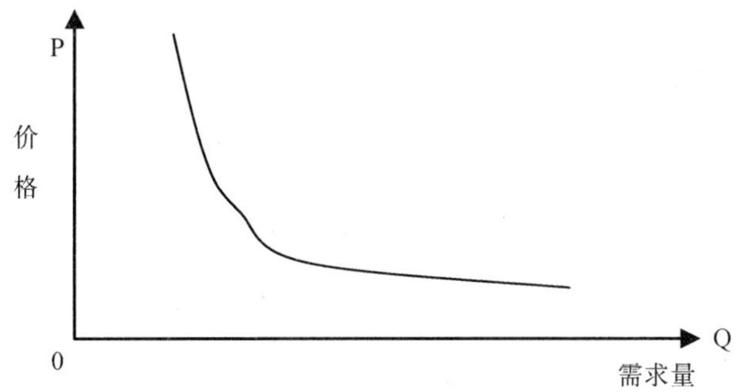

图 6-2　需求曲线示意图

需求曲线表明了价格与需求之间成反比关系，即价格下降，需求增加；价格上升，需求减少。但是也有一些产品，需求与价格之间呈同向变化的关系，如能代表一定的社会地位和身份的装饰品、显示其经济实力的标志性产品或有价值的收藏品等。

2. 需求价格弹性

价格的变动会影响市场需求，那么需求对价格的变动将做出多大的反应呢？这就必须了解需求价格弹性。

需求价格弹性，简称需求弹性，它是指价格变动而引起的需求相应变动的比率，反映需求变动对价格变动的敏感程度。需求弹性的大小一般依据需求弹性系数测定。需求弹性系数反映需求变动率与价格变动率的比值，用 $|E_P|$ 来表示，则：

$$需求弹性系数|E_P| = \frac{需求量变动的百分比}{价格变动的百分比} = \frac{\Delta Q/Q}{\Delta P/P} = \frac{\Delta Q}{\Delta P} \cdot \frac{P}{Q}$$

在上式中，P 代表价格，ΔP 代表价格变动量，Q 代表需求量，ΔQ 代表需求变动量。由于价格与需求反向变动，需求弹性系数小于零。为方便起见，常用绝对值来表示 E_P。

不同产品具有不同的需求价格弹性，对价格的制定影响很大。

（1）$E_P>1$，富于弹性。即需求的变动对价格的变动十分敏感，价格较小幅度的下降或上升，就可能引起需求量较大幅度地增加或减少。这种产品的需求是有弹性的，这时，应该降低价格，以刺激需求，实现薄利多销。

（2）$E_P<1$，缺乏弹性。即需求的变动对价格的变动不敏感，价格变动对需求的影响不大。这时，企业可以适当地提高产品的价格，增加企业的总收益。因为缺乏弹性的商品，降价会减少企业的收益。

（3）$E_P=1$，单一弹性。即需求的变动与价格的变动反向同幅度。价格下降 10%，需求量就增加 10%，对企业总收益影响不大。这时，企业应采取通行价格，来实现预期的利润。

（4）$E_P=0$，完全无弹性。即需求的变动对价格的变动一点都不敏感，价格的任意变化都不会引起需求量的变动。这时，可适当提价，当然，这也有个幅度问题。

（5）$E_P\to\infty$，完全有弹性。即需求的变动对价格的变动有无穷大的敏感性。这时，企业应综合考虑各种因素，努力使自己的产品以市场上的通行价格出售。

需求价格弹性的大小主要受产品的需求程度、产品的独特性和知名度、产品的替代性、产品的供求状况、购买时间等因素的影响。

在市场营销活动中，供需关系一定的情况下，顾客的议价能力对企业产品交易价格的形成有很大影响。

实 例

谁会接受降价的手术

一位留美归来的年轻医学教授在一座大城市里开了家医院。为了打造民营医院的品牌，教授聘请了很多著名的医学专家坐诊，还不断提升护士、护工的服务水平。但是，由于不是公立医院，患者总是对医院的治疗效果抱着怀疑的态度，不敢前来就诊。看到医院总是冷冷清清，教授很着急，到处收罗改变现状的经营方案。在一个电视节目中，他偶然看到了媒体大肆抨击公营医院医生手术前收红包的现象。看到这则报道，教授灵机一动："既然大家都这么反感手术红包，如果我的医院搞一个'谢绝红包，手术降价优惠'的活动，不是就能吸引患者光顾了吗?"说做就做，教授的"降价手术"活动很快就在医院铺开了。然而，降价手术并没有为医院带来多少客源，少数愿意接受降价手术的患者，在手术后对手术的效果都似乎颇有微词。其中一位进行了胆结石切除手术的病人，因为老怀疑医生在手术时把医用棉花留在了他的肚子里，结果患上了神经衰弱。对此教授万分疑惑，为什么大家宁愿付额外红包，也不愿意接受他货真价实的降价手术呢?

启示：要剖析这一现象，我们可以从需求曲线和价格弹性讲起。降价并不一定都能换来需求，因为这里面还有一个需求价格弹性在起作用。比如你开车去自驾游，路过其中一个景点时，发现门票涨了好多，于是你决定不进去了，转而寻找其他景点。在路上，你的爱车需要加油，虽然最近油价升得厉害，但你还是一边埋怨一边加满油箱，并乖乖地付了钱。因为景点是需求富有弹性的产品，中国大江南北景点众多，错过了这个村还有别的店；汽油则属于需求缺乏弹性的产品，因为没有了汽油你的车子无法前进，你也找不到其他便宜的替代品。

（三）市场竞争

企业的定价是一种竞争行为，任何一次价格的制定或调整均会引起竞争者的关注，并可能导致竞争者采取相应的对策。同时，竞争者的定价行为也会影响本企业产品的定价，迫使本企业作出相应的反应。所以，企业在定价时，必须考虑各个竞争者产品的质量和价格，利用它们作为自己定价的出发点。

（四）政府的法律、政策

所有国家的政府都有自己的经济政策，对市场价格的制定和调整也都有相应的限制和法律规定，如我国的《价格法》《反不正当竞争法》就对价格的制定做出种种限制。

相关链接

有关政府禁止的价格行为

1. 禁止价格垄断。价格垄断行为分为两种类型：

(1) 滥用市场优势控制市场价格的行为。如果经营者为了获取高额利润，利用或滥用市场优势，控制市场价格，严重损害其他经营者和消费者的利益，则构成垄断行为，属于法律禁止之列。

（2）联合控制价格行为。包括：一是联合固定价格行为，指处于垄断状态的两个或两个以上经营者为避免价格竞争，以合同、协议等方式共同决定商品或服务的价格；二是限制转卖价格行为，指生产企业在向批发商或零售商提供商品时，要求他们必须按照所限定的价格销售商品，剥夺了批发商或零售商本应享有的自由定价权，使他们无法根据各自面临的竞争状况以及成本费用来制定商品的销售价格，使同一商品的不同经营者之间的价格竞争减弱。

2. 禁止价格欺诈。价格欺诈行为主要有：

（1）虚假降价。它是指谎称降价而实际没有降价的行为，如虚假宣传、伪装削价、虚拟原价、谎称降价、实则提价等。

（2）模糊标价。它是指故意用模糊的语言、文字、计量单位等表示价格的行为，如以虚假的优惠价、折扣价、处理价、最低价及其他虚假信息引诱消费者进行交易。

三、企业定价程序

定价程序，是指企业对影响定价的诸多因素进行分析评估，并结合企业自身和产品的具体情况决定产品价格的一系列步骤。通常包括以下六步，如图 6－3 所示。

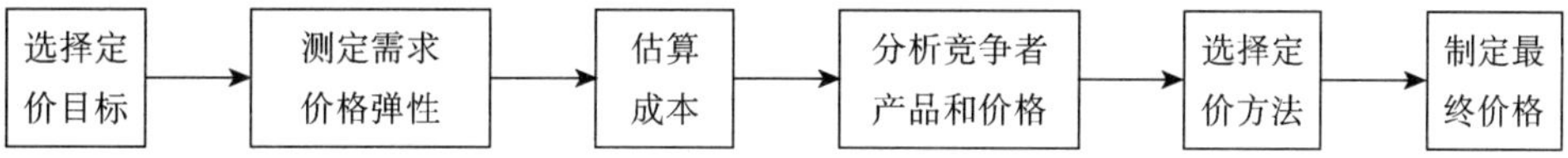

图 6－3 企业定价基本程序

（一）选择定价目标

如前所述，定价目标是企业在定价时有意识要达到的目的。任何企业都不能孤立地制定价格，而必须按照企业的战略目标来制定价格。

（二）测定需求价格弹性

首先，应调查了解市场需求结构，了解不同价格水平上人们的购买数量；其次，分析需求的价格弹性。

（三）估算成本

产品成本一般分为两类，一类固定成本，另一类变动成本。固定成本包括厂房设备折旧费、房地租金、利息、办公费用、高级管理人员薪金等。这些费用不随生产和销售多少产品的变化而变化，即使未开工也必须负担。所以当产量等于零时，总成本等于固定成本。变动成本，是反映随产品的产量和市场投放量的变化而变动的成本，主要是生产和市场营销支出方面的费用，包括原料、燃料、工资、储存费用、运输费用、促销费用等。固定成本和变动成本之和为全部成本。

（四）分析竞争者的产品和价格

产品的最高价格取决于市场需求，最低价格取决于产品的总成本费用。在最高价格与最低价格的幅度内，企业究竟给产品定多高的价格，则取决于竞争对手的同种产品的价格水平。企业必须了解和研究竞争者的产品质量和价格，从而作为自己制定和调整价格的依据。

（五）选择定价策略和方法

企业通过对成本、供求状况、竞争环境等一系列因素的分析研究后，可采用适宜的定价策略和方法制定价格或调整价格。定价策略实质上是实现定价目标的思路和措施，定价方法是对产品价格进行计算或确定的方法，是将定价策略与具体价格水平联系起来的重要环节。实践中可供选择的定价方法大致有三种：成本导向定价法、需求导向定价法、竞争导向定价法。

（六）制定最终价格

在制定最终价格时还需要分析政府有关政策法规、企业的定价政策、消费者心理、企业的合作伙伴方面的意见，经过计算分析，最终确定产品价格。

案例分析

讨价的艺术

一家苹果公司的采购员来到果园，问："多少钱一斤?""8角。""6角行吗?"。目前正是苹果刚上市的时候，这么多的买主，卖主显然不肯让步。"商量商量怎么样?""没什么好商量的。"

"不卖拉倒!"买卖双方不欢而散。

不久，又一家公司的采购员来到果园，见了果农，先递上一支香烟，问："多少钱一斤?""8角。""整筐卖多少钱?""整筐8角一斤。"卖主仍然不让步。

买主没有急于还价，而是不慌不忙地打开筐盖，拿起一个苹果在手里掂量着，端详着，不紧不慢地说："个头还可以，但颜色不够红，这样上市卖不上价呀。"

接着伸手往筐里掏，摸了一会儿摸出一个个头小的苹果："老板，你这一筐，表面是大的，筐底可藏着不少小的，这怎么算呢?"边说边继续在筐里摸着，一会儿，又摸出一个带伤的苹果："看！这里还有虫咬，也许是雹伤。您这苹果既不够红，又不够大，有的还有伤，无论如何算不上一级，勉强算二级就不错了。"

这时卖主沉不住气了，说话也和气了："您真的想要，那么，您还个价吧。"

"农民一年到头也不容易，给您6角钱吧。""那可太低了，"卖主有点着急，"您再添点吧，我就指望这些苹果过日子呢。"

"好吧，看您也是个老实人，交个朋友吧，6角5分钱一斤，我全包了。"

双方终于成交了。

问题：为什么第一个买主遭拒绝，而第二个买主却能以较低的价格成交?

讨论分析：

个人：每位同学结合案例内容，在固定的学习本上记下你对讨价艺术的看法。

小组：每4个同学为一个小组，1人为组长，1人记录，展开小组讨论，每个人陈述自己的看法，然后小组成员共同讨论，形成小组意见，准备在班级交流。

全班：每个小组选一位代表在班级交流，陈述本组观点。

教师：教师记录各组陈述要点，最后做点评。

【**提示：**在市场营销活动中，顾客的价格谈判能力和技巧对产品价格的形成有很大影响。一般情况下，顾客的价格谈判能力和技巧是众多因素综合作用的结果。这些因素有顾客购买数量的大小、产品的性质、顾客寻找替代品的可能性等。本案例中顾客具有娴熟的议价技巧，议价心理把握得体，因而能以较低的价格成交。】

拓展学习

产品定价程序调查

1. 拓展学习内容

你和朋友打算开一个小商店卖衣服和小饰品，小店的地址在一个比较高档的社区（或以某一社区类似商店为例完成实训任务），分析你对产品定价的考虑。从衣服和小饰品中各选一样产品，写出它的定价范围（最高价、最低价），然后计算产品的售价。描述你的定价目标，并解释你的产品的最终售价是如何得出的。

2. 要求

（1）每4位同学一组，完成本实训任务。

（2）认真学习有关企业定价目标，影响定价的内外部因素和企业定价程序的相关知识，收集企业定价方面的典型案例。

（3）实地到类似的小店了解同类产品的进价、销售过程中的费用项目及费用金额、产品售价的范围（最高售价、最低售价）。

（4）按照调查的资料，结合你所选产品的情况，把相关内容填入表6-1，并上传到班级微信平台。

表6-1　　产品定价程序实训表

产　品	定价目标	定价范围 最高/最低价	说明你得出最终售价的理由
×× 服装			
×× 饰品			

（5）教师选3个组的调查结果，在班级交流，由老师做点评。

任务2 了解企业定价方法

任务学习目标

素质目标：通过本任务知识的学习、案例分析和拓展学习，培养同学们在产品定价的过程中自觉践行营销职业道德和营销伦理的意识，践行价格制定过程中的法律法规的意识。

能力目标：通过本任务的案例分析和拓展学习，能结合企业经营的日常生活用品和生产资料，根据市场需求变化，会分析选择适宜的定价方法的专业能力。

知识目标：通过本任务知识的学习，能正确陈述企业成本导向定价、需求导向定价、竞争导向定价方法等陈述性知识。

任务描述

给产品制定最适合的价格是企业重要的营销活动。企业设定的价格应合理适中，价格太低，企业就无法赚取利润；价格太高，就不能产生需求。产品成本确定了价格的最低限度，消费者对产品价值的看法确定了价格的最高限度，同时考虑竞争对手的价格以及其他的外部和内部因素，以便在这两极之间找到最适合的价格，这就必须要选择科学的定价方法。

任务学习

企业定价是一项十分复杂而又技巧性很强的工作，任何企业都不能凭直觉随意定价，必须借助科学而行之有效的定价方法。定价方法是企业确定价格、实现定价目标所采用的具体方法，本任务主要学习企业采用的一般定价方法，主要包括以成本为导向、以需求为导向和以竞争为导向的定价方法。

一、成本导向定价法

成本导向定价法，就是在产品成本的基础上，加上一定比例的利润而构成产品基本价格的定价方法。即以产品的成本作为定价的基本依据，定价时较少地考虑市场需求和竞争状况。具体包括：

（一）成本加成定价法

成本加成定价法是以产品的成本为基础，加上预期的利润，结合销售量等有关情况，确定产品的价格水平。其基本公式为：

P = 单位产品总成本 ×（1 + 加成率）

上式中，P代表价格。这种定价方法的关键，在于确定成本加成率。一般情况下，确定成本加成率大小的主要依据是产品的性质、特点、市场供求和产品的需求弹性。通常高档消费品或生产批量较小的产品，其成本加成率可大些；一般生活必需品或生产批量大的产品，成本加成率应小一些。

成本加成定价法是企业最基本、最普遍采用的定价方法。它的优点是计算简便易行，能保证企业获得预期的利润。缺点是忽视了市场需求的变化和竞争的影响，缺乏灵活性，而且它只是从卖方的角度来考虑，不一定切合实际。在产品销量与产品成本相对稳定、竞争不太激烈的情况下，可以采用。

（二）目标利润定价法

目标利润定价法也称投资收益率定价法。它是根据企业的总成本和估计的总销售量，加上按投资收益率制定的目标利润来制定价格的方法。这种方法计算价格时，先预计不同产量所发生的总成本，再加上单位产品的目标利润。其计算公式为：

P＝（总成本＋目标利润）/预计销售量

这种方法计算简便，可以保证企业实现既定的目标利润，使企业管理具有计划性，不足之处是没有考虑价格与需求之间的关系，忽略了竞争者产品的价格对企业产品销量的影响。如果在目标期内实际销量小于预期的销量，那么目标利润就很难实现。所以，这种方法适用于市场占有率较高或带有垄断性的产品。

（三）变动成本定价法

变动成本定价法又称边际成本定价法或边际贡献定价法。它是指计算价格时所依据的产品成本仅计算变动成本，而不计算固定成本，价格水平比正常定价低得多，可以刺激销量。只要价格或收益高于变动成本，企业就可获利，这部分收益弥补固定成本之后如仍有剩余，就形成企业的纯收入，否则将发生亏损。其计算公式为：

P＝（总的变动成本＋边际收益）/总产量

这种定价方法通常适用于两种情况：一是当产品积压时，企业如果坚持以总成本为基础定价，就难以为市场所接受，销售量会受到影响；二是订货不足，生产能力过剩，企业开工不足时，与其让厂房设备闲置，不如以变动成本定价的低价来扩大销售维持生存，同时，尽可能减少固定成本的亏损。所以在企业经营不景气、销售困难、生存比获利更重要或企业生产能力过剩时，只有降低售价才能扩大销售，就可以采用变动成本定价法。

【学习互动】

以下情况适合采用哪一种定价方法？

（1）小企业生产的标准化的、竞争性不强的产品；

（2）供不应求或处于市场有利地位的产品；

（3）供过于求或处于激烈竞争的产品。

二、需求导向定价法

需求导向定价法是以消费者对产品的价值感受和需求强度为依据来制定产品的价格。这是伴随着营销观念的更新而产生的新型的定价方法，面对商品供应的日益丰富和消费需求的不断变化，企业已经认识到，判定产品价格是否合理，最终并不取决于生产者或经销商，而是取决于消费者和用户。合理的定价，不仅使消费者获得了公平交易的满足，还应成为刺激消费者产生再次购买欲望的手段。所有这些都赋予了定价强烈的艺术性的特点，需求导向定价法正是定价艺术性的集中体现，其特点是具有较强的灵活性和适应性。具体包括以下三种定价方法：

（一）理解价值定价法

理解价值定价法又称认知价值定价法，就是根据目标顾客对商品价值的认识程度和感觉来确定价格，而不是依据产品的成本。因为消费者在购买商品时，总会在同类产品之间进行比较，选择那些既能满足其需求，又符合其支付标准的商品，当价格水平和消费者对商品价值的理解大体一致时，消费者就会顺利购买。例如，一位消费者在一小卖部喝一杯咖啡，吃一块点心要付3.5元，在饭店的咖啡厅，同样的东西需要6.5元，如果送到饭店的房间里享受需15元，价格一级比一级高，这并不是由成本的增加而导致的，而是由于附加的服务和环境气氛为产品增加了价值，消费者对产品的感受、理解不同所致。

理解价值定价法的关键是要正确地估计顾客的认知价值。如果估计过高，会导致定价过高，影响销售；如果估计过低，会导致定价过低，产品虽卖出去了，但影响收益。所以，为了加深顾客对商品价值的理解程度，提高其愿意支付的价格限度，企业在定价时，应首先搞好市场定位，突出产品特色，使消费者形成一种有利企业的价值印象。

（二）市场可销价格倒推法

市场可销价格倒推法也称反向定价法，即根据市场上同类产品的价格或消费者能够接受的销售价格，估算出本产品在市场的零售价，倒推出产品的批发价和出厂价，再同成本比较，最后定出价格。其计算公式为：

$$批发价=\frac{市场可销零售价}{1+批零差率}$$

$$出厂价=\frac{市场可销批发价}{1+进销差率}$$

$$或\quad =市场可销批发价\times(1-进销差率)$$

市场可销价格的确定，可通过主观评价、市场调查或试销评估来确定。批零差率和进销差率一般可由买卖双方共同协商，按利润合理分配，或依据一般行情来确定。这种方法比较适合批发商和零售商采用。

实 例

某品牌空调通过市场调查，了解到消费者可接受的价格为6000元，空调零售商的经营毛利要求25%，批发商的经营毛利要求10%，采用可销价格倒推法计算出的价格如下：

零售商可接受的价格＝消费者可接受的价格×（1－25%）＝6000×75%＝4500元

批发商可接受的价格＝零售商可接受的价格×（1－10%）＝4500×90%＝4050元

经过计算后得知，4050元就是空调的出厂价格，4500元是批发价格，企业应据此做好成本控制。

（三）需求差异定价法

需求差异定价法又称差别定价法，指在特定的条件下，同一产品或服务可按不同的价格出售。这种价格不一定完全反映成本的差异，而是以顾客需求差异为基础。这充分体现了定价的灵活性。差别定价法有以下几种形式：

1. 因顾客而异的需求差异定价

即对同一产品或服务，根据顾客不同的需求强度，制定不同的价格或不同的顾客在同一价格下，享受不同的配套服务。例如，对批发商和零售商采用不同的价格；有的公共交通工具对学生折让，对老人免票等。

2. 因产品形式而异的需求差异定价

即对同一产品，根据不同式样、花色、规格等，制定不同的价格，并且这种价格上的差异与成本差异不成比例。例如，式样新颖的服装比式样陈旧的服装定价可高些；同是汗衫，普通的可能卖 10 元，而文化衫可以卖到 18 元。

3. 因时间而异的需求差异定价

即同一种产品或服务，在不同的季节、不同的月份、不同的日子，甚至不同的钟点，制定不同的价格。例如，长途电话的收费，在白天与晚上、平时与节假日就不相同；宾馆在旅游旺季和淡季的收费标准也不相同。

4. 因地点而异的需求差异定价

即企业为处于不同位置的产品或劳务制定不同的价格，即使它们的成本费用没有任何差异。例如，影剧院、体育场前排和后排的票价就不相同，同样品牌的酒在商店和饭店的价格就不一样。

采取需求差异定价法，应符合下列条件：一是市场能够细分，细分后的市场相互独立，互不干扰；二是市场中高价与低价竞争者不能并存；三是价格差异适度，不致引起消费者的反感。

三、竞争导向定价法

竞争导向定价法是以市场上相互竞争的同类产品的价格为依据，来确定自己产品的价格。具体包括：

（一）随行就市定价法

随行就市定价法又称通行价格定价法，它是以本行业的平均价格水平或本行业中占主导地位的企业的价格水平作为定价的基础。平均价格水平往往被认为是“合理价格”，容易被市场接受。同时，企业试图与竞争对手和平相处，避免恶性价格战所产生的风险，而且这种通行价格一般也能为企业带来适度的利润。这种定价方法主要适合产品差异较小的行业，如钢材、粮食、其他原材料或高度竞争型市场。

（二）竞争价格定价法

竞争价格定价法是一种主动竞争的定价方法，指企业根据本企业的实际情况及与竞争对手的产品差异状况，以高于、低于竞争者的价格来出售产品。采用这种定价方法，首先，要了解竞争对手的价格策略和方法；其次，把本企业的产品与竞争对手的产品进行分析、比较，找出本企业产品所具有的优势，作为制定主动出击价格的依据；最后，根据上述竞争环境和条件，制定出本企业产品的价格。关键是知己知彼，随时调整，这充分体现了定价的灵活性，一般为实力雄厚或产品独具特色的企业所采用。

（三）密封投标定价法

大宗物资采购、工程项目承包、仪器设备采购、矿产能源开发等大都采用招标和投标的交易方式。投标价格是投标者根据竞争者的报价估计确定的，而不是按照自己的成本费用确定的。

投标定价法的另一种形式是拍卖定价法。它是指预先展示所出售的商品，在一定的时间和地点，按一定的规则，由买主公开叫价的方式，引导购买者报价，利用买方竞购的心理，从中选择最高价格成交。这种方法具有竞争公开、出价迅速、交易简便的特点，现仍流行于世界各地，尤其在出售文物、古董、珍品、高级艺术品、房产等商品时多采用此法。

【学习互动】

我国图书的定价属于何种定价方法？北京故宫博物院的门票，成人票60元/人，学生票20元/人，这采用了哪种定价方法？

案例分析

铲车公司的定价

某铲车公司是生产和销售大型铲车的一家公司，一般的铲车价格均在14万元左右，然而该公司却卖16万元，当顾客上门询问为何公司的牵引机要贵2万元时，该公司的销售人员给顾客算了一笔账：

14万元，是与竞争者同一型号的机器价格；6000元，是产品更耐用多付的价格；8000元，是产品可靠性更好多付的价格；5000元，是公司服务更佳多付的价格；1000元，是保修期更长多付的价格；16万元，是上述总和的应付价格；10000元，是折扣。16万元，是最后价格。

铲车公司的经销人使客户相信，他们花16万元就能买到17万元的铲车一台，从长远来看，购买这种铲车的成本比一般牵引机的成本更低。

问题：

（1）铲车公司采取了什么定价方法？

（2）你认为铲车公司对铲车的定价方法合理吗？

讨论分析：

个人：每位同学根据案例内容和问题，在固定的学习本上写下自己对铲车公司定价的看法。

小组：请同学们每4个人分为一个组，展开小组讨论，1人负责记录，每个同学发表自己的看法，形成小组意见，准备在班级交流。

全班：每组推选一位代表在班级发言，陈述本组观点。

教师：记录各小组陈述要点，最后做点评。

【**提示：**采用理解价值定价法，让顾客充分理解产品的价值，认识到物有所值，就会顺利地接受并实施购买。】

拓展学习

产品定价方法调查

1. 拓展学习内容

调查了解不同的生产者和经营者，他们采取什么样的定价方法，并简要分析说明采用该种定价方法的原因。

2. 要求

（1）每6位同学为一组，完成本实训任务（2人负责一种方法）。

（2）调查了解每种方法在实践中的应用实例，按要求填入表6-2，并上传到班级微信平台。

表6-2　产品定价方法调查表

大类方法	具体方法	产品定价实例	原因说明
成本导向定价法	成本加成定价法		
	目标利润定价法		
	变动成本定价法		
需求导向定价法	理解价值定价法		
	市场可销价格倒推法		
	需求差异定价法		
竞争导向定价法	随行就市定价法		
	竞争价格定价法		
	密封投标定价法		

（3）认真学习有关企业定价方法的具体内容。

（4）教师选择3个组的调查结果，在班级交流，由教师做点评。

任务3　学习企业定价策略

任务学习目标

素质目标：通过本任务知识的学习、案例分析和拓展学习，培养同学们在制定产品价格的过程中，能自觉践行价格制定中的营销职业道德和营销伦理、国家有关价格制定的法律法规的意识。

能力目标：通过本任务的案例分析和拓展学习，培养同学们能结合企业产品的实际定价情况，从多个角度分析认识企业的定价策略的专业能力。

知识目标：通过本任务知识的学习，能正确陈述企业新产品定价策略、折扣和让价策略、新理定价策略、促销定价策略、产品组合定价策略等基本知识。

任务描述

企业运用不同的定价方法确定了产品的基本价格后，还要根据市场环境、产品特点、消费心理、销售条件等，运用灵活的定价策略和技巧，对产品的基本价格进行调整和修正，从而使企业的定价更具有灵活性和艺术性，以促进销售，增加盈利。

任务学习

在实际营销活动中，每个企业的营销人员给自己的产品定价时必须要讲究一定的策略和技巧，如根据顾客光顾的次数、购买量的多少给予一定的折扣和让价，针对顾客对一些数字的敏感和心理感受制定价格，或为了达到某种目的搞一些销售促进工作。这些工作看似简单，其实是需要一定的方法和技巧的，本任务主要介绍企业定价的基本策略和技巧。

一、折扣和让价策略

企业为了鼓励顾客的某些行为，如提早付款、批量购买，会对基本价格进行修订，实行价格折扣和折让，以适应消费者的偏好和需求情况变动，充分体现定价的灵活性。主要有以下几种方式：

（一）现金折扣

现金折扣即对按约定日期付款或提前付款的顾客给予一定的价格折扣，其目的在于鼓励顾客提前支付货款，加速资金周转，减少呆账风险。这是国际上十分流行的一种价格策略，典型的折扣条件是“2/10，net30 天”，表示付款期 30 天，如果顾客能在 10 天内付款，则给予 2% 的折扣。现金折扣率一般应高于银行同期贷款利率，否则，买主宁愿采用延期付款的方法。

（二）数量折扣

数量折扣是企业给那些大量购买某种产品的顾客的一种减价，以鼓励顾客购买更多的货物。一般来说，购买数量越大，折扣幅度越大。

数量折扣分为累计数量折扣和非累计数量折扣。累计数量折扣，即规定顾客在一定的时间内购买商品累计达到一定数量和金额时，按总量大小给予不同的折扣，其目的在于鼓励顾客经常购买本企业的产品，建立一种长期的购买合作关系。如一名旅客在一年中累计乘坐飞机旅行超过 10000 公里，每次购买机票时按基本价格结算票款，到年终，航空公司免费赠送旅客一张 2000 公里以内的机票一张。非累计数量折扣，即按顾客每次购买产品数量和金额的多少给予不同的折扣，购买越多，折扣越大，其目的在于鼓励顾客进行一次性的大量购买，便于企业大批量的生产和销售。如购买 100 件以上按基本价格的 95% 收款，购买 200 件以上按 93% 收款。

（三）交易折扣

交易折扣又叫功能折扣、职能折扣。它是指企业对处于不同渠道的中间商或同一渠道中不同环节的中间商，按其在渠道中所发挥的功能、承担的风险给予不同的折扣。目的在于鼓励各类中间商充分发挥其潜在功能，调动各类中间商的积极性，取得渠道最佳的使用效果。

（四）季节折扣

季节折扣又称季节差价，是企业给那些非旺季购买、季节性强的商品或服务的顾客提供的一种减价，使企业的生产和销售在一年四季保持相对稳定。生产厂商利用这种折扣鼓励批发商、零售商提早进货，从而使自己获得资金和维持稳定的生产。例如，某些旅游景点为了在旅游淡季吸引游客，对景点门票或旅店房间租金打折，采用季节折扣的策略。

（五）推广让价

推广让价是指中间商替制造商进行产品促销活动时，制造商给予中间商一定的津贴。例如，零售商为制造商的产品在当地的报刊上做广告，开辟专门的橱窗陈列某制造商的产品，为制造商的产品举办展销会等，制造商应给予一定的补贴。其具体做法多种多样，可以支付一部分广告费，或在货价上给予减让，或免费供应一部分产品等。

【学习互动】

实行折扣定价时，对批发商、零售商的折扣一样吗？折让策略的实行，对中小企业来说是一种公平竞争吗？

二、心理定价策略

企业在给产品定价时，一方面要从经济的角度考虑定价，另一方面还要根据消费者的购买动机和心理感受来制定价格。主要有以下几种：

（一）尾数定价策略

尾数定价又称奇数定价，是指对多数日用品或低档商品在定价时保留价格尾数，以零头数来标价。如定 9.95 元，而不定 10 元，使价格与整数有一定的差额，并保留在较低一级档次。这是根据消费者求实、求廉的心理，使消费者感觉价格低廉。但它一般只适用于价格较低的产品，其尾数一般使用奇数，效果更好。

（二）整数定价策略

对一些高档耐用的消费品，特别是一些消费者不太了解的商品，消费者往往以价格高低来衡量产品质量的优劣。对这些商品，企业在定价时，合零凑整，采用整数定价，利用“一分钱一分货”和方便快速的心理，使价格上升到较高一级档次。如一台电视机标价 2500 元，而不标价 2498 元，这样反而会增加顾客的购买欲望。

（三）如意定价策略

如意定价是根据消费者追求吉利、好兆头的心理，在定价时加以适当利用的定价策略。如采用一些吉祥的数字来给产品标价，如“8”“9”“6”或偶数以及 888 元（发发发）、188 元（一路发）等，往往能收到较好的效果。但要注意，不同地区、不同民族有不同的方言、习俗，要灵活运用这一策略。

（四）声望定价策略

企业利用消费者仰慕名牌和“价高质必优”的心理，对在消费者心目中享有声望的产品制定较高的价格，如一些名牌产品（名烟、名酒）、有名望的商店（老字号）、标志性的高级消费品（高级轿车、钻石、香水、精美瓷器、水晶、珍珠等），价格都定得较高。一方面显示商品的档次和企业的声望，另一方面迎合了消费者的求名心理，满足较高收入消费者的需要。

（五）招徕定价策略

招徕定价策略也称特价品定价，即企业利用消费者的求廉心理，在一定时期内，有意识地将某几种商品的价格定得特别低，以招徕顾客，借以带动和扩大其他正常价格产品的销售。现在，一些超级市场和百货商店几乎天天都有“特价”“惊爆价”“减价”等商品，就是这种策略的运用。

相关链接

当企业发现它的主要竞争对手以更低的价格出售相同的产品时，很自然会倾向于也降低价格或把对手的价格压下去。虽然削价以后，看着顾客都涌向你很具诱惑性，但也存在危险。连续几轮的削价可能导致整个行业所有竞争者的利润都减少的价格战。或者更糟糕，对一件产品打折就会在顾客头脑中留下该产品便宜的印象，使销售者长期保持可观价格的能力减弱。所以，竞争对手削价时，企业如何保持其定价权利是必须认真思索的问题。

（六）习惯定价策略

有些商品在顾客心目中已经形成了一个习惯价格，符合其标准的价格就会被顺利接受，偏离其标准的价格则会引起疑惑。因此，对这类商品，企业在定价时要按照消费者已经形成的习惯心理，力求维持产品价格不变，避免价格波动带来不必要的麻烦。当必须变价时，应同时改变包装或品牌，避开习惯价格对新价格的影响，引导消费者逐步形成新的习惯价格。

实 例

金利来领带一上市，就以优质高价定位，对有质量问题的金利来领带，绝不上市销售，更不会降价处理。这样给消费者留下的印象是，金利来领带绝不会有质量问题，低价销售的金利来领带绝非真正的金利来产品。

启示： 优质高价定价策略的应用，极好地维护了金利来的品牌形象和市场地位。

三、促销定价策略

促销定价，是指企业在某些情况下临时把价格定得低于目录价格，甚至低于成本，以促进销售。促销定价的形式有：

（一）特价品定价

特价品定价也即招徕定价，见前述心理定价策略。

（二）特别事件定价

企业利用某个特定的时间或场合、某种特别的节日或某些重要的社会活动日，将价格大幅度地降低，以吸引顾客，如开业庆典、周年纪念、“六一”“三八”；一些商店利用寒暑假开学前的时机，降低学习用品的价格，吸引学生购买。

（三）现金回扣

有些制造商在特定的时间内向顾客提供现金回扣，以刺激他们购买本企业产品，达到清理存货的目的。

（四）心理折扣

企业开始时给产品制定很高的价格，然后大幅度降价出售，如标出“原价××元，现价××元”。采取这种方式，不得违反有关价格法规，如虚增原价、所标原价无根据或所标原价非本次降价前的售价等。

案例分析

折让策略的运用

某服装店制定了一个打折方案。他们首先定出一个打折的期限，第一天打9折，第二天打8折，第三、四天打7折，第五天打6折，依此类推，第十天打3折，后两天打1折。顾客只要在打折销售期间选定自己喜欢的任何一天去购买，都可享受到相应的折扣和优惠。结果第一天、第二天来的顾客不是很多，第三天就开始成群结队地来到商店，第五天打6折时客人就像潮水般地涌来抢购，以后就连日顾客爆满。还没到最后一天，所有的商品被顾客买光了。

问题：本案例对你有何启发？这家服装店运用这一打折方案成功吗？

讨论分析：

个人：每位同学根据案例内容，在固定的学习本上写下你对该服装店打折方案的看法。

小组：请同学们每4个人分为一个组，进行小组讨论，1人负责记录，形成小组意见，准备在班级交流。

全班：每组选一位代表在班级发言，陈述本组观点。

教师：记录各小组陈述要点，最后做点评。

【**提示：**采用折让销售是商场为了尽快清理库存、收回货款，或者应对竞争对手、减少损失而经常采用的一种方法。这种方法必须要根据产品特点、竞争状况、企业经营能力等而综合考虑，来决定折让策略的时间和折让的幅度，才能收到预期的效果。】

拓展学习

定价策略调查

1. 拓展学习内容

请同学们到市场上调查了解企业具体的定价策略，并对企业采用的不同定价策略作简要的说明。

2. 要求

（1）每6位同学一组，共同完成本实训任务（每两人负责一个大类）。

（2）认真学习有关定价策略的相关知识。

（3）从实践中收集企业运用定价策略的实际案例。

（4）将调查实例和分析内容填入表6－3，并把调查表上传到班级微信平台。

表6－3 产品定价策略调查表

大类	定价策略（每类中任选三种）	产品定价策略运用实例	分析说明
折扣和折让策略	现金折扣 数量折扣 交易折扣 季节折扣 推广折扣		
心理定价策略	尾数定价 整数定价 如意定价 声望定价 招徕定价 习惯定价		
促销定价策略	特价品定价 特别事件定价 现金回扣 心理折扣		

（5）教师选3个组的调查结果在班级交流，并进行点评。

思考与实训

1. 选择题

（1）市场需求弹性较大的商品，定价时适当（　　），可以增加总收入。

A. 提高价格　　B. 降低价格

C. 保持价格不变　　D. 先高后低

（2）现在许多商场、超市经常推出“特价”“惊爆价”商品，这属于（　　）策略。

A. 现金折扣　　B. 招徕定价

C. 渗透定价　　D. 习惯定价

（3）以维持或提高市场占有率为定价目标的企业，通常为其产品制定（　　）。

A. 高价格　　B. 低价格
C. 市场价　　D. 保本价格
(4) 投标定价法的另一种形式是（　　）。
A. 招标定价法　　B. 投标定价法
C. 拍卖定价法　　D. 竞争定价法
(5) 为了与顾客建立长期的购买合作关系，企业应实行（　　）。
A. 累计数量折扣　　B. 非累计数量折扣
C. 季节折扣　　D. 现金折扣
(6) 竞争导向定价法具体包括（　　）。
A. 随行就市定价法　　B. 竞争价格定价法
C. 可销价格倒退法　　D. 密封投标定价法
(7) 比较稳健的定价目标是（　　）。
A. 以避免竞争为定价目标　　B. 以提高市场占有率为定价目标
C. 以维持形象为定价目标　　D. 以获取最大利润为定价目标

2. 判断题

(1) 定价既是一门科学，也是一门艺术。（　　）
(2) 要追求利润的最大化，就一定要给产品制定最高价。（　　）
(3) 价格与需求之间的关系是反比关系。（　　）
(4) 市场供求是影响产品定价的重要因素。（　　）
(5) 要想打败竞争对手，就一定要给产品定最低价。（　　）
(6) 成本导向定价法简单易行，适合所有的产品。（　　）
(7) 成本是产品定价的最低限度，需求是产品定价的最高限度。（　　）
(8) 为了调动各类中间商的积极性，企业应采用累计数量折扣。（　　）

3. 案例选择题

宏达汽车经销商经销各种不同规格、不同档次的小轿车。具体定价方法是：高档豪华轿车根据消费者在观念上所理解的价值来定价；中档轿车根据经济成本加30%的毛利来定价；低档轿车以本行业主要竞争者的价格为基础来定价。由于该经销商采用了不同的定价方法，使盈利水平一直处于稳定状态。

(1) 高档豪华型轿车采用的定价方法是（　　）。
A. 随行就市定价法　　B. 理解价值定价法
C. 差别定价法　　D. 成本加成定价法
(2) 中档轿车采用的定价方法是（　　）。
A. 需求导向定价法　　B. 成本加成定价法
C. 目标利润定价法　　D. 竞争导向定价法
(3) 低档轿车采用的定价方法是（　　）。
A. 成本导向定价法　　B. 需求导向定价法
C. 随行就市定价法　　D. 竞争价格定价法

（4）小轿车的市场需求弹性（　　），定价时适当（　　），可以增加总收入。

A. 较小，提高价格　　B. 单一，保持价格不变

C. 较大，降低价格　　D. 较大，先高后低

（5）轿车生产厂家为了鼓励宏达汽车经销商迅速付清货款，通常会采用一种（　　）定价策略。

A. 数量折扣　　B. 现金折扣

C. 功能折扣　　D. 季节折扣

（6）给汽车的附带产品，如汽车轮胎、音响、导航、装潢等产品定价时，可以将价格定得（　　）。

A. 较高　　B. 较低

C. 中等　　D. 前三种都可以

4. 案例分析题

彩电论斤卖

某百货大楼前，人声鼎沸，人们里三层外三层地围着一个正在转动的彩色轮盘，嘴里喊着一个数字——“25”。这可不是一个非法的赌博场所，而是百货大楼进行“彩电论斤卖”的促销活动现场。每位顾客只要先以原价买下自己选中的任何一款彩电，就可以去转动轮盘，轮盘上标着从25到85的一组单价，指针在哪个单价上停下来，商家就按这个数字的单价乘以彩电的重量来计算售价，如果超出原价，就按原价卖出，如果低于单价，商家将退还多余的钱。在一片喧闹声中，轮盘的指针在那个红色的25上停了下来，一个小伙子以580元的价格抱走了原价920的康佳彩电。就算是运气比较差的人，也能以低于市场价一两百元的价格买到大厂家生产的品牌机。这一下让很多围观的人跃跃欲试，都想赶上这趟热闹。

问题：这种卖彩电的做法你赞同吗？说说你的理由。

5. 任务实训

价格策略实训

（1）背景与情境

当你学习了产品定价策略以后，已经知道了企业的定价目标，定价程序，定、调价策略与相关定价方法，你还很想了解一下，企业经营那么多的产品，企业经营者是怎样给自己产品定价的，根据市场供求关系变化又是怎样给自己产品进行调价的。

（2）实训目标

①素质目标：会用产品定价策略和定价方法等专业知识与企业营销人员进行沟通，并能友好地与企业相关人员处理调研中的相关问题，顺利完成调研任务。具有营销伦理道德和商业保密的安全意识。

②能力目标：结合产品与企业实际定价方法，能准确分析判断企业定价和调价的方法及原因。

③知识目标：通过企业价格策略实际调研，深入理解产品定价目标，定价策略，定、调价方法等陈述性知识。

(3) 实训步骤

①每组4人，其中1人为组长，由组长组织成员讨论小组成员的分工，明确调研思路，按分工各负其责，相互沟通，积极配合，共同完成本实训任务。

②根据本组所选企业经营商品类别，选择两种供求情况不同且定价策略不同的产品，详细了解两种产品的定价目标、定价策略和具体的定价方法以及根据供求情况，营销人员调价时机的选择以及调价调价方法的具体应用。

③实际调查前要从网上和图书馆搜集价格策略相关资料。

(4) 实训成果及要求

①每组成员撰写一份调查报告，报告要详细说明调查了什么企业，什么产品，该产品定价目标、定价策略和定价方法，简要说明为什么这样定价，并了解根据供求情况怎样调价，调价时机和调价方法的选择，并要说明调价的理由。

②报告呈现形式各组自定，报告不少于1200字。

(5) 实训时间

在学生学习完本项目内容开始时，即可让学生分组，布置本实训任务，利用课余时间去企业进行调研，并积极撰写调研报告。在本项目学习完后，用2个课时让各小组介绍展示本组报告，其他组同学可发表个人意见，最后由老师点评。经过展示点评，各组认真修改完善实训报告，并把修改后的报告在班级微信平台展示交流。

(6) 实训评价（见表6-4）

表6-4　　定价策略实训评价表

项目	评价标准	分值	小组个人自评（30%）	小组成员互评（30%）	教师评价（40%）	小计
素养培养	参与实训的态度端正，小组合作意识强，小组成员讨论积极踊跃	10				
	实训过程中表现出细致、严谨的工作作风，能主动提出关于价格策略实训的相关问题	10				
	能够结合实训认识价格策略在市场营销中的重要性，商业保密的安全意识强	10				
能力提升	能将所学的价格策略知识运用到实训任务中，学以致用	10				
	结合企业的实际，运用定价策略和定价方法，熟悉企业产品定价	10				
知识应用	了解定价目标、定价程序、定价方法等相关知识	10				
	掌握产品定价程序和定、调价方法	10				

续表

项目	评价标准	分值	小组个人自评（30%）	小组成员互评（30%）	教师评价（40%）	小计
项目成果展示	能够独立完成实训完成任务并能主动提出问题，解决问题	10				
	定价策略实训报告结构规范，无错别字，观点正确	10				
	定价策略实训报告汇报形式新颖，语速恰当，语言流畅，有感染力	10				
合计		100				

项目七
渠道策略

任务1 认知分销渠道

任务学习目标

素质目标：通过本任务知识的学习、案例分析和拓展学习，培养同学们在渠道运用和渠道合作中的营销道德和营销伦理的意识。

能力目标：通过本任务的案例分析和拓展学习，培养同学们能结合企业产品的进货渠道和销售渠道分析企业渠道结构和渠道类型的专业能力。

知识目标：通过本任务知识的学习，能正确陈述分销渠道及功能、分销渠道模式等陈述性知识。

任务描述

产品和劳务只有到达消费者或用户手中，才是现实的消费品。在市场经济条件下，产品在流通领域的这种运动，是依赖一系列的买卖活动转移其所有权来实现的，担负这一职能的就是市场分销渠道。产品只有通过一定的渠道，才能在适当的时间、地点，以适当的价格供应给广大的消费者和用户。而将生产者手中的产品运到消费者能够买得到的地点并不容易，这中间开销大，耗费时间，所以尽管目前的商业行为更侧重于销售活动，但有效的分销仍然是提高消费者满意度和销售利润的重要因素。

任务学习

营销中最复杂、最具挑战性的环节就是分销，分销是生产和消费契合的关键点。通过分销将有价值的产品带给消费者时，很少是一个企业独立完成的，大多数企业只是供应链或分销链条中的一个环节。正因为这样，分销效率不仅取决于企业自身，还有赖于整个分销过程中的渠道成员及与竞争对手的分销渠道相比是否占优势。本任务主要学习：分销渠道的性质和功能，渠道成员是如何相互合作和组织起来发挥渠道功能（分销渠道模式），如何选择渠道类型，培养同学们对分销渠道进行初步分析的能力，为改善渠道功能，提高分销效率和效益提出合理建议。

一、分销渠道的概念和职能

（一）分销渠道的概念

分销渠道是指产品从生产者向消费者或用户转移的过程中所经过的一整套机构或途径。在现代社会中，大部分生产企业并不是把产品直接销售给最终的消费者或用户，而是借助一系列中间商的买卖活动来实现的。所以，分销渠道的起点是生产者，终点是消费者和用户，中间环节包括批发商、零售商、代理商以及储运商等，由它们构成了产品的分销渠道，如图7－1所示。从生产者到最终的消费者和用户，任何一组相关联的市场营销机构叫作一条分销渠道。分销渠道也可理解为产品从生产领域经中间商转移到消费领域的市场营销活动。

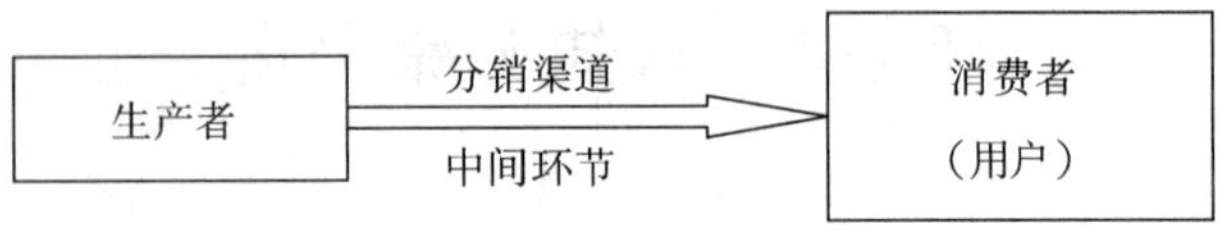

图7－1　分销渠道示意图

（二）分销渠道的职能

1. 联结产销

分销渠道一头连着生产，一头连着消费，它就像一座桥梁，把生产者和消费者联结在一起，使产品供应和消费之间在时间、地点和所有权等方面的差异得以消除。

2. 沟通信息

为了保证商品的适销对路和有效流动，分销渠道必然时刻努力搜集、传播和反馈各类信息，了解现实和潜在的产品销售情况，市场供求的变化，顾客、竞争者及其他市场要素的动态信息等。

3. 促进销售

分销渠道中的中间商以转移商品为基本业务，因此，在经营过程中，会努力地将有关企业产品的信息通过各种促销方式传播给目标消费者和用户，以刺激需求，扩大商品销售量。

4. 风险负担

分销渠道成员在商品流转过程中，由于大量集散商品，承担商品供求变化、自然灾害、价格下跌等风险。

5. 实体分配

产品在实现空间转移时，渠道成员负责货物的运输、仓储及信息处理等具体活动，从而使商品高效、适时地到达消费者的手中。

6. 协商谈判

渠道成员在实现产品所有权转移的过程中，要就产品的价格、付款方式、促销费用、订货和交货条件等问题进行协商谈判，才能保证顺利成交。

分销渠道除了上述主要功能外，还具有减少交易次数、降低流通费用、集中平衡和扩散商品、分级分等、提供服务、资金通融等作用。因此，企业在市场营销中，必须科学地选择和培育分销渠道，合理设置中间环节，充分发挥分销渠道的作用，实现货畅其流。

二、分销渠道的模式

在现实经济生活中，产品从生产领域进入消费领域有多种途径，而且不同行业、不同产品的分销渠道往往不同。

（一）消费品分销渠道模式

消费品由于其消费者的分散性，一般要经过零售环节。消费品的分销模式归纳起来有以下五种，如图 7－2 所示。

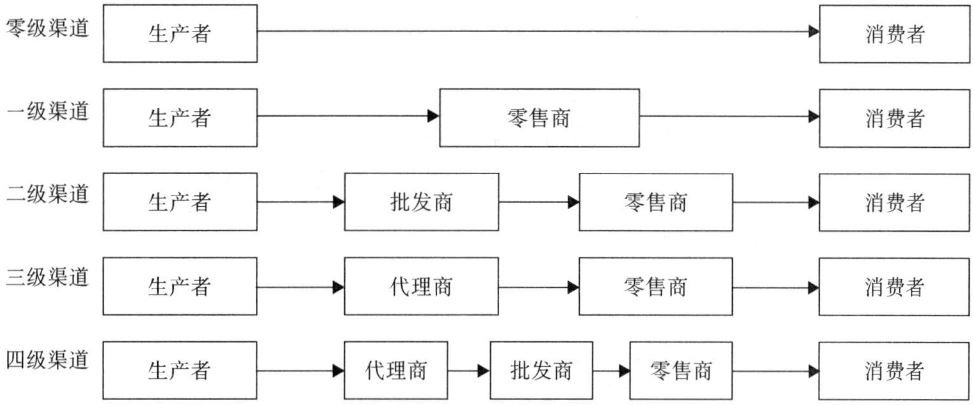

图 7－2 消费品分销渠道模式示意图

（二）工业品分销渠道模式

工业品分销渠道的基本要求是环节尽量少，渠道尽量短，主要有以下几种分销模式，如图 7－3 所示。

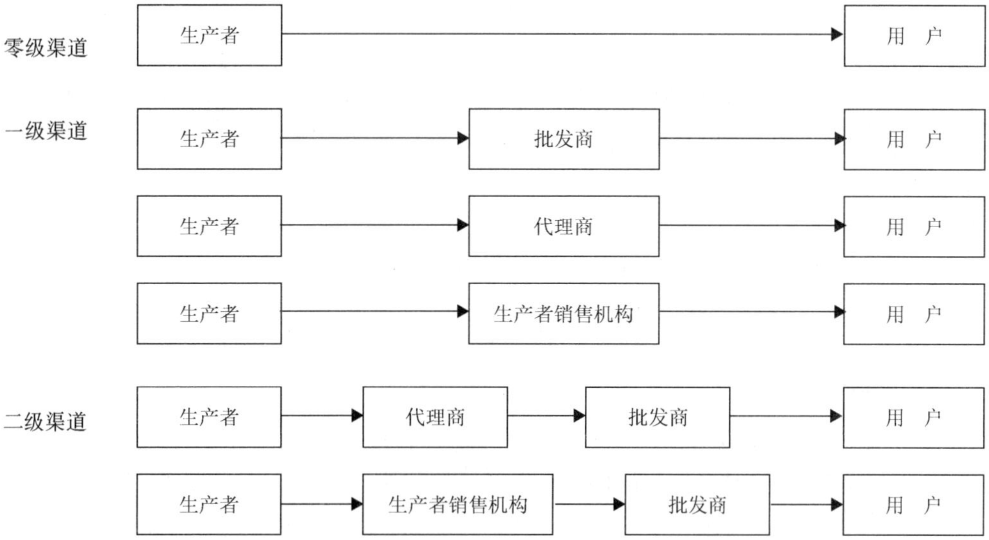

图 7－3 工业品分销渠道模式示意图

从图7－2和图7－3可以归纳分销渠道的模式有以下几种：

1. 零级渠道

它是由生产者直接将产品销售给消费者或用户的一种渠道模式，如上门推销、邮寄销售、网上直销和生产者自设商店销售等。

2. 一级渠道

它包括一种类型的中间商，即只经过一个中间环节。在消费品市场通常是零售商，在工业品市场则可能是代理商或批发商。

3. 二级渠道

它包括两种类型的中间商，经过两个中间环节。在消费品市场通常是批发商和零售商，在工业品市场可能是代理商（生产者销售机构）与批发商。

4. 三级渠道

经过三个中间环节。在消费品市场，一般是在批发商和零售商之间加入中转商，解决大量批发与零星销售之间的矛盾，或是生产者通过代理商将产品卖给批发商和零售商。

当然，还有层次环节更多的渠道模式，但不多见。因为环节越多，管理越困难，并将导致流通费用和产品售价过高、信息传递不灵等不良后果。

【学习互动】

运输公司、仓储公司是不是渠道成员？

三、分销渠道的类型

（一）按是否使用中间环节，可以分为直接渠道与间接渠道

1. 直接渠道

生产者将产品直接销售给消费者或用户，不经过中间环节，属直接渠道，也即零级渠道。直接渠道是工业品分销的主要类型，绝大多数机器设备、原材料和零件、部件都是采用直接销售的形式。在消费品市场上，也有不少商品采用了直接渠道，饮食店、糕点店大多采用直接销售方式销售自己的产品。

2. 间接渠道

在生产者与消费者或用户之间有中间机构加入，商品销售要经过一个或多个中间环节，属于间接渠道，包括一级渠道、二级渠道、三级渠道等。目前市场上绝大多数的消费品都是通过间接渠道销售给最终的消费者或用户的。中间商的介入，将起到调节产销矛盾、提高分销效率的作用。

（二）按使用中间环节的多少，可以分为长渠道与短渠道

如果有中间商加入，经过一个中间环节的，叫短渠道；经过两个或两个以上中间环节的，叫长渠道。

分销渠道的长与短只是相对而言的，仅为形式的不同而已，并不决定它们的孰优孰劣。所以渠道长短的选择，关键是要适合商品的特点，权衡利弊，“取长补短”。一般情

况下，价格较高的家用电器、个人电脑、名牌服装、汽车和其他贵重商品等，可采用短渠道；绝大多数日用品、食品饮料、普通服装、小型家用电器、标准零配件等，可通过长渠道销售。

（三）按各环节使用同种类型中间商数目的多少，可以分为宽渠道与窄渠道

分销渠道的宽窄取决于渠道的每个层次（环节）中使用同种类型中间商数目的多少。如果生产者利用许多的批发商和零售商来分销产品，这种渠道就是宽渠道；反之，如果只通过很少的专业批发商推销其产品，甚至在某一地区只授权给一家中间商总经销，这种渠道就较窄或很窄。确定中间商数目时，有以下 3 种可供选择的战略：

1. 广泛分销

广泛分销也称密集分销或普遍分销，指生产者利用尽可能多的中间商销售自己的产品，使广大消费者都能及时、方便地买到所需产品，比较适合消费品中的便利品（如饮料、牙膏、洗衣粉、报纸等）和工业品中的一般原材料、小五金、小工具等及不宜长期存放的商品（如鲜花、水果、肉制品、鲜奶）等。

2. 选择分销

这是指生产者在一定的市场区域内选择一些愿意合作且条件较好的中间商来销售自己的产品，借以提高产品形象，加强推销力度，增加商品购买率。这种策略适用于所有产品，但相对来说，对于消费品中的选购品（服装、鞋帽、家电等）和工业品中的零配件更合适。

3. 独家分销

这是指生产者在一定的地区内只选择一家中间商销售自己的产品，独家买卖。通常经双方协商签订独家经营合同，规定在该地区内中间商不得再经营竞争性的产品，生产者也不得再向其他中间商供货。这种策略主要适用于特异产品（如专利技术、专门用户、品牌优势等），如钢琴、轿车、钻石饰品，相当多的工业用品如钢材、化工原料、建材、机器设备等的销售采用的就是独家分销策略。

（四）按采用分销渠道的多少，可以分为单渠道系统和多渠道系统

单渠道系统是指生产者只通过一条分销渠道销售产品，多渠道系统（复式渠道或混合渠道）是指企业对同一或不同细分市场，同时采用多条渠道的分销体系，并对每条渠道或至少对其中一条渠道拥有较大控制权。

在产品分销中，越来越多的企业乐于采用复式渠道。因为这种渠道形式能有效地扩大市场面，增加竞争力。例如，许多家电产品的分销，既采用直接渠道（通过建立自己的销售机构或专卖店），又同时采用间接渠道（通过百货公司、大型家电零售连锁店、大型超市等）来销售产品。采用复式分销渠道，较单一渠道增加了企业对渠道管理控制的难度，也容易造成市场混乱，因此必须加强管理，注意协调、处理各渠道间的关系，最大限度地减少利益冲突。

【学习互动】

某县生产的一种特色农副产品，通过拼多多进入市场，该县的特色农副产品采用的是哪一种渠道类型？

相关链接

某品牌饮料产品的 22 种营销渠道

某品牌产品在进行市场开拓与分销活动时，他们采用 22 种渠道，将其产品分销到每一个角落。

1. 传统食品零售渠道：如食品店、食品商场、副食品商场、菜市场等。

2. 超级市场渠道：包括独立超级市场、连锁超级市场、酒店和商场内的超级市场、批发式超级市场、自选商场、仓储式超级市场等。

3. 平价商场渠道：经营方式与超级市场基本相同，但区别在于经营规模较大，而毛利更低。因此，在饮料经营中往往采用鼓励整箱购买、价格更低的策略。

4. 食杂店渠道：通常设在居民区内，利用民居或临时性建筑和售货亭来经营食品、饮料、烟酒、调味品等生活必需品，如便利店、便民店、烟杂店、夫妻店、小卖部等。这些渠道分布面广、营业时间较长。

5. 百货商店渠道：即以经营多种日用工业品为主的综合性零售商店。内部除设有食品超市、食品柜台外，多附设快餐厅、休息冷饮厅、咖啡厅或冷食柜台。

6. 购物及服务渠道：即以经营非饮料类商品为主的各类专业店及服务行业，经常顺带经营饮料。

7. 餐馆酒楼渠道：即各种档次的饭店、餐馆、酒楼，包括咖啡厅、酒吧、冷饮店等。

8. 快餐渠道：快餐店往往价格较低、客流量大，用餐时间较短，销量较大。

9. 街道摊贩渠道：即没有固定房屋、在街道边临时占地设摊、设备相对简陋、出售食品和烟酒的摊点，主要面向行人提供产品和服务，以即饮为主要消费方式。

10. 工矿企业事业单位渠道：即工矿企业事业单位为解决职工工作中饮料、工休时的防暑降温以及节假日饮料发放等问题，采用公款订货的方式向职工提供饮料。

11. 办公机构渠道：即由各企业办事处、团体、机关等办公机构公款购买，用来招待客人或在节假日发放给职工。

12. 部队军营渠道；即由军队后勤部供应，以解决官兵日常生活、训练及军队请客、节假日联欢之需，一般还附设小卖部，经营食品、饮料、日常生活用品等，主要向部队官兵及其家属销售。

13. 大专院校渠道：即大专院校等寄宿制教育场所内的小卖部、食堂、咖啡冷饮店，主要面向在校学生和老师提供学习、生活等方面的饮料和食品服务。

14. 中小学校渠道：指设立在小学、中学、职业高中以及私立中、小学校等非寄宿制学校内的小卖部，主要向在校学生提供课余时的饮料和食品服务（有些学校提供课余时的饮料和食品服务；有些学校提供学生上午加餐、午餐服务，同时提供饮料）。

15. 在职教育渠道：即设立在各党校、职工教育学校、专业技能培训学校等在职人员再教育机构的小卖部，主要向在校学习的人员提供饮料和食品服务。

16. 运动健身渠道：即设立在运动健身场所的出售饮料、食品、烟酒的柜台，主要向健身人员提供产品和服务；或指设立在竞赛场馆中的食品饮料柜台，主要向观众提供产品和服务。

17. 娱乐场所渠道；指设立在娱乐场所内（如电影院、音乐厅、歌舞厅、游乐场等）的食品饮料柜台，主要向娱乐人士提供饮料服务。

18. 交通窗口渠道；即机场、火车站、码头、汽车站等场所的小卖部以及火车、飞机、轮船上提供饮料服务的场所。

19. 宾馆饭店渠道：集住宿、餐馆、娱乐为一体的宾馆、饭店、旅馆、招待所等场所的酒吧或小卖部。

20. 旅游景点渠道：即设立在旅游景点（如公园、自然景观、人文景观、城市景观、历史景观及各种文化场馆等）、向旅游和参观者提供服务的食品饮料售卖店。一般场所固定，采用柜台式交易，销售较大，价格偏高。

21. 第三方销售渠道：即批发商、批发市场、批发中心、商品交易所等以批发为主要业务形式的饮料营销渠道。该渠道不面向消费者，只是商品流通的中间环节。

22. 其他渠道：指各种商品展销地、食品博览会、集贸市场、庙会、各种促销活动等其他销售饮料的形式和场所。

案例分析

不同档次的酒不同的分销渠道

某白酒企业生产中高档酒，共有3个档次，100元左右、200元左右和500元左右。产品在刚开始进入市场时，只做酒店，渠道单一，白酒销售很不理想。后来经过调研分析，企业决策层形成共识——仅仅一个渠道对于一个品牌的成长是远远不够的。单渠道只可以是发展过程中的一个阶段，任何一个品牌想要在区域市场站稳脚跟都必须是多渠道铺货。虽然说中高档白酒的主要销售渠道是酒店，但是批发渠道还是具有一定的生命力和价值。另外，终端卖场的作用日益突出。该企业根据市场情况采取了先进入餐饮渠道，在获得消费者认可之后，再进入商场、超市渠道，然后进入批零渠道。经过两年的渠道调整与维护，销售红火起来。

问题：（1）“分销渠道层次越多，越难控制”，是否说明分销渠道层次越少越好？

（2）你对该白酒企业的分销渠道策略有何评价？

讨论分析：

个人：每位同学根据案例内容和问题，在固定的学习本上记下你的看法。

小组：每4个同学一组，进行小组讨论，1人负责记录。每个同学发表自己的看法，最后形成小组意见，准备在班级交流。

全班：每组选一位代表在班级发言，陈述本组观点。

教师：简要记录各组陈述要点，最后做点评。

【**提示：**渠道层次的多少，主要由商品的消费地区范围和消费对象的多少决定，商品的性质也会影响渠道层次的多少。一般来说，商品的消费地区面向广泛，消费对象众多，商品的使用价值在相对长时间内不会发生变化，一般渠道层次就可多些，否则就少些。工业品分销如大多数机器设备、零部件采用直接渠道多，日用消费品大多采用间接渠道分销。】

拓展学习

产品分销渠道调查

1. 拓展学习内容

选择两件你购买过的或最喜欢的商品（一件是线上购买的，另一件是线下购买的），认真调查了解，从生产地到销售地点，中间的分销渠道涉及了哪些环节。

2. 要求

（1）由每个同学单独完成该实训任务。

（2）根据自己选定的两件商品（不同大类），走访经销商，向营销人员了解该产品从生产地到销售地点经过了哪些环节，经过了哪些分销步骤。详细说明商品每一次位移的空间变化，借助了什么运输工具，增加了什么费用，价格发生了什么变化，见表 7－1。

表 7－1　　产品分销渠道调查表

商品名称	经过的流通环节	借助什么运输工具	增加了什么费用	价格发生了什么变化

（3）将调查收集的资料分商品，按分销环节和步骤的先后顺序进行详细说明和分析，可与同学交流，修改完善，完成分销渠道调查表，并上传到班级微信平台。

（4）老师选 3—5 个同学在班级交流，可由学生点评，老师最后做总结。

任务 2　了解中间商

任务学习目标

素质目标：通过本任务知识学习、案例分析和拓展学习，能结合销售渠道准确认识渠道成员中的营销伦理和营销道德的相关内容。

能力目标：通过本任务案例分析和拓展学习，培养同学们正确分析渠道成员的特点的专业能力。

知识目标：通过本任务知识学习，能了解中间商的概念和分类，能了解批发商和零售商在分销渠道中各自担当的角色等内容。

任务描述

产品的分销渠道是由不同类型的中间商构成的，这里主要探讨批发和零售两个环节。对零售我们并不陌生，因为每天我们都会接受大大小小、各式各样的零售商提供的服务。尽管零售商不开发产品，但他们负责选择能够招揽消费者的产品种类以及销售地点、制定价格、操作促销。他们为消费者购买商品时和购买后提供信息和服务。在分销渠道所有成员中，零售商直接与消费者接触，因此，他们扮演着十分重要的角色。批发商在分销渠道中也发挥着重要的作用，在产品或服务从生产者转移至最终消费者或用户的过程中，批发商完成了购买、销售、运输、储存以及财务管理等项特定的分销活动。由此可知，不同的中间商有不同的类型和职能，认知和了解他们有利于企业选择恰当的中间商，从而加速商品的流通过程。

任务学习

中间商是介于生产者与消费者之间，专门从事商品流通活动的经济组织或个人。中间商可以有多种分类方式，按其是否拥有商品所有权，可分为经销商和代理商。经销商是从事商品流通业务，并拥有商品所有权的中间商；代理商是指从事商品交易业务，接受生产企业委托，但不具有商品所有权的中间商。按在流通过程中所起的不同作用，中间商可分为批发商和零售商。本任务主要是学习零售商和批发商的特点、职能，并了解其为了适应市场和技术的快速发展，零售业和批发业正在发生哪些变化。

一、批发商

（一）批发商的概念及经营特征

批发商是指专门从事成批商品买卖活动，为转售或生产加工，进行批购和批销的中间商。批发商在经营方式上表现为大批量购买和大批量销售，经营的结果并不改变商品性质，只是实现商品在时间和地点上的转移，达到销售的目的。

与零售商相比，批发商的交易对象主要是生产商、下一层次批发商或零售商；流通过程中处于中间环节；交易中反映的主要是工商企业间、商业企业间的经济关系；交易次数少，批量较大。批发商在媒介商品交换的过程中发挥着独特的作用。

（二）批发商的职能

批发商构成商品流通的大动脉，是连接生产企业和零售企业的纽带，在满足市场需求、调节商品供求等方面发挥着蓄水池的作用。

1. 开拓市场与产品推介

批发商通过其营销人员的业务活动，可以将生产者产品有效地推广介绍给众多小客户，从而起到开拓市场、促进产品销售的作用。

2. 集中采购与分装配货

即通过采购把分散在各地的企业的商品集中起来，再经过初步加工、整理、挑选、分级、编配和包装等活动，分散供应给零售企业和生产用户。

3. 整买零卖与沟通产销

批发商可以整批地买进货物，再根据零售商的需要批发出去，从而降低零售商的进货成本，并作为生产者与更低一级批发商、零售商的桥梁与纽带。

4. 仓储服务与货物运输

批发商将货物储存到出售为止，从而降低供应商和顾客的存放成本和风险。由于批发商一般在仓库储存与货物运输方面具有专业的设备与人员，而且一般距零售商较近，可以很快地将货物送到顾客手中。

5. 融通资金与分担风险

批发商可以向客户提供信用条件和融资服务，促进产品销售，加快商品销售及周转速度；另外，如果批发商能够提前订货或准时付款也就等于是为制造商提供融资服务，可以加快资金周转速度，提高企业再生产能力；批发商在分销过程中，由于拥有货物所有权，故可以分担失窃、损坏或滞销等各种风险。

6. 信息咨询与终端服务

批发商可向其供应商提供有关买主的市场信息，如竞争对手的活动、新产品的出现、价格剧烈变动等；批发商还可以经常帮助零售商培训推销人员、布置商店以及建立会计和存货系统，从而提高零售商的经营效益。

（三）批发商的类型

1. 商人批发商

商人批发商也称独立批发商，是指自己进货，取得商品所有权的批发商。这是批发商的主要类型。按照所提供的服务差别，又可细分为以下两种。

（1）完全服务批发商。完全服务批发商能执行批发商的全部职能，如保存货物、提供信贷、运送货物、协助管理等服务。具体又分为：

① 综合批发商。经销商品种繁多，花色齐全，通常单店规模较大。

②专业批发商。通常只经营一条或两条产品线，但花色品种齐全，如药品批发商、五金批发商等，单店规模相对较大。

③工业品配销商。主要向制造商销售零件、部件以及生产用辅助材料，而不是向零售商销售产品。

（2）有限服务批发商。有限服务批发商是只提供一部分服务的批发商，以减少成本费用，降低批发价格。又可分为：

① 现购自运批发商。大多以小型零售商为服务对象，收付现金，一般不负责送货。

② 货车贩运批发商。以上门批发为特色，销售产品极为有限，承担销售和送货职能。

③ 承销批发商。这类批发商只有营业场所，不设仓库，根据客户订单，与生产厂商联系，直接运送给客户，主要经营煤炭、木材、重型设备等大宗商品。

④ 邮购批发商。将产品目录邮寄给城乡零售商店、企业和机关团体顾客，然后按收到的订单交送订货。

2. 代理批发商

代理批发商简称代理商，是指在产品流通过程中，不拥有产品所有权的批发商。主要功能是代表买方或卖方在市场上从事营销活动，负责寻找顾客，代表委托者与顾客洽谈、代销、代购、代存、代运业务。代理商按其与生产者之间业务购销联系的紧密程度，又可分为厂家代理商、销售代理商、采购代理商、经纪人、寄售代理商等。

（1）厂家代理商。接受厂家的委托签订代理销售协议，在厂家规定的价格、销售地点等条件下推销产品，安排产品的储运，向厂家提供市场信息，并获取一定的佣金。

（2）销售代理商。接受生产者的委托，独家代理生产企业全部产品，是生产企业在市场的全权代表。不受地区限制，有一定的定价权。一般情况下，一个生产企业在同一时期只能使用一个代理商，且自己不能从事直接的销售活动。

（3）采购代理商。代客户进行产品采购，一般与客户建立有长期的联系。采购代理商主要负责收货、验货、储运，并负责将产品交给客户。目前在我国的服装批发市场上活跃着许多采购代理商。

（4）经纪人。经纪人俗称掮客，也称经纪商，既无商品所有权，也不持有和取得现货，主要职能是为买卖双方牵线搭桥、协助谈判、促成交易。经纪人一般不代买，也不代卖，不持存货，也不参与融资或承担风险。一般由委托方付给佣金。

（5）寄售代理商。又称寄售商，受生产者的委托，从事现货代销业务。生产者按照协议将产品交给寄售代理商，由寄售代理商在合适的时候以市场价格销售，扣除应得的佣金和相关的费用后，将货款汇给生产者。

相关链接

诚征代理

我公司是××市批准认定的高科技企业，专业生产制造各类液晶显示屏，播放录像、电视、动画的效果清晰，技术国内外领先。

现诚征国内外代理，本公司信誉好、让利高，是您成功的最佳选择。欢迎您成为本公司的代理商。

××市××电子科技有限公司

地址：××市××路××楼

电话 ××

传真：××

邮编：××

联系人：××

3. 生产商及零售商的分店和销售办事处

（1）销售分店和销售办事处。这是生产厂商设立的组织批发销售业务的机构，其目的是改进自己的存货控制、销售和促销业务。

（2）采购办事处。这是大型零售商在一些中心市场设立的采购与批发销售机构，兼有采购和批发的功能。

4. 其他批发商

其他批发商主要指零售企业兼营的批发业务部门和存在于某些特殊经济部门的专业批发商、专业批发市场等。

【学习互动】

厂商代理商和销售代理商主要的区别是什么？

当前，随着科学技术的发展，尤其是以通信技术为基础的信息技术的广泛应用，给传统的流通结构、流通方式带来了巨大的冲击，对传统的批发业提出了极大的挑战。所以，批发商应及时了解和掌握新技术、新产品的动态，与时俱进，提高市场竞争能力。

二、零售商

（一）零售商的概念和经营特征

零售商是指向最终消费者提供日常生活所需的商品和服务的机构和组织。商品经过零售环节，最终进入消费领域，实现了社会生产目的，实现了商品价值，保证了社会再生产的顺利进行。零售是商品交换的一种类型，相对于其他交易类型，具有以下3个特征：

（1）交易对象是最终的消费者，他们是为了个人和家庭生活而购买和消费的。

（2）交易活动零星频繁。零售商整批购进商品，然后零星分散地把商品销售出去，一般营业时间长，交易次数多，交易也频繁。

（3）处于商品流通的最后环节。商品经过零售以后，最终进入消费领域，商品变成了消费品，满足了消费者的消费需求。

（二）零售商的职能

（1）批量购进，零散销售。解决供求数量矛盾。

（2）了解市场，反馈信息。承担市场调查与求购信息反馈的双重职能。

（3）咨询服务，担保信用。解决购销双方信息不对称的矛盾。

（4）采购配货，保障供应。解决生产地分散与消费地集中的矛盾。

（5）预测市场，储备货物。解决供求时间不协调的矛盾。

（6）运输储存，送货上门。解决生产者与消费者地域空间的矛盾。

（7）广设网点，便利购销。解决生产者与消费者数量需求不对称的矛盾。

（三）零售商的类型

1. 购物中心

购物中心指由大商店和小店铺组成的商场。由于购物中心内设有不同行业的店铺，经营各种各样的商品和服务，有停车场，有餐饮服务，甚至设有大型娱乐场所，所以具有商品品种齐全，服务多样化，能满足一次购买所需商品和购物、餐饮、休闲、娱乐同时进行的优势。

2. 专业商店

专业商店指专业化程度较高，专门经营某一类商品或某一类商品中的某种商品的零售商。这类零售商经营的商品范围较窄，但经营的商品花色品种较为齐全。如服装店、书店、花店、电器城、家具店等。由于社会分工的纵深发展，市场细分化，近年来拥有品种丰富、档次齐全的系列化商品的专业商店得到迅速发展。

3. 超级市场

超级市场指以自我服务、低价销售为特征的零售机构。目前超级市场规模越来越大，设施越来越齐全，是竞争力比较强的一种零售方式。

4. 方便商店

方便商店即便利店，它是指设在居民区附近的小型商店，营业时间较长，商品主要是日用品，方便顾客购买，但它的销售价格较高。便利商店已成为人们生活中不可缺少的一种零售形式。

实 例

总会有新的零售形式不断出现

一家软饮料制造商开设了一个软饮料连锁商店，专门针对“带回家”这一市场，为顾客节省大量的钱。一家面包公司专门使用大号的包装，为顾客节省了10%—30%的开支。

启示：经济发展，科技进步，总有新的零售形式会不断出现，以满足顾客新需求。

5. 产品陈列式推销商店

这种商店是产品目录和折扣商店的合二为一，即向顾客散发彩色印刷的产品目录，在目录中，标明每项商品的价格和折扣价，一般销售种类多、有商标的商品，如珠宝饰品、照相器材等。这种形式已成为西方零售业中最热门的形式之一。

6. 无店铺零售商

无店铺零售是指商品不通过中间商和零售店直接销售给顾客。由于没有店铺让顾客直接光顾和进行交易，因此商品信息沟通就成为无店铺零售商最重要的职能。根据商品信息沟通的方式不同，无店铺零售商可分为：

（1）邮购公司。它指通过报纸或杂志广告，介绍商品并接受顾客汇款订货和销售的零售商，使顾客在家中也能购物。

（2）网上商店。它指通过企业网站或网页，向顾客推荐和介绍商品，利用电话和电子邮件接受顾客订货，然后通过物流配送系统送货上门。目前专门的网上商店迅速发展，网上交易量大增。

（3）直销公司。它是以推销人员上门推销为主来销售商品的零售商。

（4）自动售货机。自动售货是指使用硬币自动售货。自动售货机一般设置在人流量较多的交通要道以及车站、码头、机场、影院等场所。自动售货机的成本很高，其所售商品价格比一般商店高20%左右。

【学习互动】

自动售货这种零售形式，适合在我国大力发展吗？为什么？

案例分析

中国零售业知名品牌：北京华联集团

北京华联集团投资控股有限公司成立于1996年，是目前中国规模最大的大型连锁商业集团之一。

北京华联集团现拥有大型综合超市、百货店和购物中心等多种零售业态，建立了覆盖全国的连锁零售网络，拥有中国一流的商业管理资源、商品资源、品牌资源和人才资源。公司主要经营大型综合超市和生鲜超市，向顾客提供物美价廉、品质优良的生鲜、食品、百货等民生必需品，经营品项达六万多种。

北京华联集团坚持以人为本、诚实守信的企业理念，以对员工、顾客、供应商、合作伙伴的真诚和信用，赢得了良好的社会知名度和美誉度。北京华联已经成为中国零售业知名品牌，被中国政府列为重点培育的流通领域大型企业集团之一。

作为专注于社区型购物中心运营管理的专业运营商，以北京地区为核心布局区域，截至2017年年底，华联股份旗下正式营业的购物中心共28家，其中北京地区14家，京外地区14家；自持购物中心5家，租赁或管理购物中心23家。

问题：北京华联经营成功的实例，对你有何启发？谈谈你的看法。

讨论分析：

个人：每位同学根据案例内容和问题，在固定的学习本上写下你的看法。

小组：请同学们每6个人分为一个组，1人负责记录，负责把本组同学们交流的观点，形成小组意见，准备在班级交流。

全班：每组选一位代表在班级发言，陈述本组观点。

教师：记录各小组陈述要点，最后做点评。

【**提示：**零售商千变万化，新组织形式层出不穷，但其基本职能是向最终消费者直接销售商品和服务。北京华联在实现其基本职能的过程中有以下3点做得非常好：一是目标市场选择明确，市场定位准确，即选择与消费者生活息息相关的日用品、食品杂货业；二是服务决策科学，北京华联善待员工、顾客、供应商、合作伙伴，真诚听取顾客意见，为顾客提供满意的服务；三是低价格决策，北京华联拥有丰富的商品资源，通过控制成本，对商品实行低价营销策略。此外，北京华联以其知名度在消费者中口口相传，促销费用较低，企业的地点选择也很讲究，方便的地点是吸引顾客能力的关键。总之，一个企业的成功是许多因素共同影响的结果，特别是零售业必须根据市场形势的变化，随时调整自己的经营策略，才能在市场上不断提升自己的企业竞争力。】

拓展学习

体验零售商经营

1. 拓展学习内容

（1）列出你最近常光顾的2家零售商店，每个零售商店销售何种产品？是什么因素使你决定购买该店的产品？

（2）再到互联网上浏览一下，选择两家网店，看都卖些什么商品？与附近的实体店比较，你喜欢网上购物还是去实体店购买，为什么？

2. 要求

（1）每组4人，负责调查两家实体店和两家网店，两人一组分头调查。

（2）从图书馆和网络收集有关零售业的相关资料，为实地调查做好准备。

（3）汇总交流调查情况，讨论分析后把结果填入表7－2中，并上传到班级微信平台。

表7－2　　零售企业调研信息汇总表

企业名称		经营商品大类	主要的营销措施	吸引你购买的原因分析
实体店	1.			
	2.			
网店	1.			
	2.			

（4）选择3个小组在班级交流，班级其他同学可作补充，最后老师做点评。

思考与实训

1. 选择题

（1）下列产品中，最适合采用广泛分销策略的是（　　）。

A. 电视机　　B. 高档家具

C. 可口可乐　　D. 精工牌手表

（2）如果某公司建立的一级销售渠道属于宽渠道，一定是因为（　　）。

A. 存在多个代理商　　B. 存在多个批发商

C. 存在多个零售商　　D. 存在多个消费者

（3）按是否经过中间环节，分销渠道可分为（　　）。

A. 直接渠道和间接渠道　　B. 长渠道和短渠道

C. 宽渠道和窄渠道　　D. 多渠道与少渠道

（4）（　　）俗称掮客，主要作用是为买卖双方牵线搭桥，协助谈判，促成买卖。

A. 批发商　　B. 代理商

C. 经纪人　　D. 经销商

（5）下列产品最适宜选择短渠道的是（　　）。

A. 机器设备　　B. 时装

C. 玻璃制品　　D. 食品

（6）接受生产者的委托，独家代理生产企业全部产品的中间商是（　　）。

A. 厂商代理商　　B. 销售代理商

C. 寄售代理商　　　　D. 经纪商

（7）在目前市场规则不甚完善的情况下，选择中间商考虑（　　）因素十分重要。

A. 经营能力　　　　B. 资金状况

C. 信用状况　　　　D. 合作意愿

（8）消费品中的便利品和工业品中的标准件、通用小工具等多采用（　　）。

A. 直接分销　　　　B. 广泛分销

C. 选择分销　　　　D. 密集分销

（9）渠道成员包括（　　）。

A. 批发商　　　　B. 零售商

C. 代理商　　　　D. 制造商

（10）如果你有自己的交通工具，希望尽快购买食品、衣服和电器，下列哪种零售店最便捷（　　）。

A. 超级大卖场　　　　B. 折扣店

C. 复合零售商　　　　D. 连锁店

2. 判断题

（1）分销渠道就是由不同类型的中间商构成的。（　　）

（2）企业选择两种或两种以上的渠道来销售产品，这采用了广泛分销策略。（　　）

（3）长渠道是指在同一环节层次上选择两个或两个以上的中间商销售产品。（　　）

（4）没有中间商介入的分销渠道，称作一级分销渠道。（　　）

（5）最窄的渠道模式是独家分销，最宽的渠道模式是密集分销，最长的渠道模式是三级渠道，最短的渠道模式是一级渠道。（　　）

（6）专业商店经营的产品项目较少，但花色品种齐全。（　　）

（7）购物中心是迄今为止最完美的一种零售形式。（　　）

（8）直销就是直接销售，传销也应属于直销的一种。（　　）

（9）易腐烂的产品、鲜活产品通常选择短渠道和窄渠道。（　　）

3. 案例选择题

深圳香雪兰公司在全国洗发水市场调研的基础上，为其新产品“美乐”洗发水制定了以下分销渠道策略。

第一，到二级城市争市场。“美乐”洗发水要想占领尽可能大的市场，在没有大量资金投入作后盾的情况下，直接进入一级市场无疑收效甚微，而且一级市场有众多名牌产品，很容易形成对新产品的围攻。因此要先行进入二级市场，寻找地市级经销商。因为二级城市具有人口多、覆盖面广、周边辐射能力强的特点，是城市与农村的连接点，占有“近可攻城市，远可退农村”的地理优势。

第二，选择成长型代理公司。“美乐”洗发水属于新产品，市场基础薄弱，知名度较低，想要有效介入市场，需寻找到既接受自己（愿意经销），又能提升自己（积极推广）的经销商。通过分析比较，公司认为成长型代理公司更符合“美乐”洗发水的市场要求。

第三，零售点定位于中小型商场及超市。零售网络是产品直接面对目标消费群的纽带，由中小型商场、超市的经营特点可以看出，中小型商场、超市是“美乐”洗发水销售的良好选择。

第四，为了提高中间商的热情，公司推出一系列激励措施：分销技能培训；销售人员培训；设定销售目标、奖励政策；广告宣传支持（增强经销商信心）；售点广告支持（增强经销商信心）；参与市场反馈信息的分析（及时应对市场变化）；参与维护营销网络（掌握市场控制主动权，巩固市场销售基础）；参与促销活动的策划，奖励业绩突出者（鼓励经销商积极性，提高销售热情）。

（1）公司无法进军一级市场是受（　　）因素影响。

A. 市场　　B. 资金

C. 中间商　　D. 产品

（2）公司选择成长型代理商的原因包括（　　）。

A. 产品是新产品，知名度低　　B. 公司财务能力有限，控制力弱

C. 成长型代理商进取心强，合作意愿强　　D. 日用品需要宽分销渠道

（3）公司实行宽渠道，受（　　）因素影响。

A. 产品　　B. 市场

C. 购买行为　　D. 企业控制力

（4）公司为代理商提供分销技能培训、销售人员培训，属于（　　）。

A. 渠道成员功能调整　　B. 渠道成员素质调整

C. 渠道成员数量调整　　D. 个别分销渠道调整

（5）公司对代理商的直接激励包括（　　）。

A. 分销技能、销售人员培训　　B. 设定销售目标、奖励政策

C. 广告支持，促销活动管理　　D. 帮助代理商维护客户网络

（6）如果美乐洗发水处于市场投入期，应倾向于建立（　　）渠道模式。

A. 直接　　B. 间接

C. 短　　D. 宽

4. 案例分析题

（1）三只松鼠是依赖线上电商渠道起家的互联网坚果品牌，从2002年成立至2018年就卖出了160多亿元的坚果和零食，并且每年的销售额几乎保持翻番增长，可以说是当前中国销售规模最大的食品电商企业。

关于线上营销渠道。三只松鼠一直是以旗舰店为主的方式在线上立足的，而线上营销最大的优势就是可以快速推出一款产品并对新品进行测试；除了旗舰店以外基于微信生态圈的社交电商是线上营销的另一种渠道，线上营销可以更快、更有效率地让消费者理解商品，从而等商品一成熟便迅速推向全国。

关于线下营销渠道。直营连锁的三只松鼠投食店，2018年已达到45家，这45家店可以帮助客户消费信息的回流；2B分销渠道，这种营销方式是以零售通为代表，而且三只松鼠在零售通的业绩表现中是零食品类中的第一名；松鼠小店，这是三只松鼠的联盟店，通过这些营销渠道可以便捷地服务消费者，同时这种营销渠道可以进行品牌展示、消费体验和互动。

问题：①三只松鼠有哪些分销渠道？各有什么优势？

②结合案例分析三只松鼠的分销渠道属于什么类型？

③有人会觉得线上购买的产品不如线下购买的安全、品质有保证，请谈谈你的看法。

（2）李先生原来是当地一家有名的服装厂的设计师，因为与老板意见不合而离职。李先生认为自己对新潮服装有很强的设计能力（过去他设计的多套新款服装销路都不错），便决定自己做老板。他拿出多年积蓄创办自己的服装厂，并打算在销售渠道方面大胆创新，推出服装邮购销售方式。但是对于如何组织商品销售，他是一个外行。而对于自己的构思的可行性如何，他更是心中无底。

问题：①李先生的服装厂是否适合采用邮购销售方式？

②如果可以采用的话，李先生应当抓住哪些环节来保障商品销售顺畅？

③除了邮购方式，你认为李先生的服装还可采用什么分销模式？

5. 任务实训

渠道策略实训

（1）背景与情境

当你们学习了分销渠道策略相关内容以后，已经知道了产品要经过许多环节和通道才到消费者手中，不同的产品销售渠道都相同吗？都经过同样的环节吗？企业经营者是怎样选择营销渠道的？带着这些问题你很想深入企业了解一下实际情况。

（2）实训目标

①素质目标：会运用营销渠道的专业知识与企业营销人员进行交流，并按商务礼仪礼貌规范与企业营销人员进行交流。

②能力目标：通过调研结合不同产品特性和市场供求关系能分析判断该产品应采用什么渠道营销，能准确说出判断的相关依据。

③知识目标：通过企业流通渠道调研，结合企业营销实际，能陈述营销渠道，长渠道、短渠道，宽渠道、窄渠道等相关知识。

（3）实训步骤

①每组4人，其中1人为组长，由组长组织成员讨论成员分工，明确调研思路，按分工各负其责，相互配合，积极完成实训任务。

②根据本组所选企业经营商品类别，选择两种商品，一种是适合长渠道营销的产品，另一种是适合短渠道营销的产品，详细了解两种产品营销渠道的内容。

③实际调查前要从网上和图书馆搜集渠道策略相关资料。

（4）实训成果及要求

①每组成员撰写一份渠道策略实训报告，报告要说明调查了什么企业，什么产品，每个产品的特性，供求情况，营销渠道内容和营销渠道选择的理由。

②报告呈现的形式各组自定，报告不少于1200字。

（5）实训时间

在学生学习完本项目内容开始时，即可让学生分组，布置本实训任务，利用课余时间去企业进行调研，并积极撰写调研报告。在本项目学习完后，用2个课时让各小组介绍展示本组报告，其他组同学可发表个人意见，最后由老师点评。经过展示点评，各组认真修改完善实训报告，并把修改后的报告在班级微信平台展示交流。

（6）实训评价（见表7－3）

表7－3　　渠道策略实训评价表

项目	评价标准	分值	小组个人自评（30%）	小组成员互评（30%）	教师评价（40%）	小计
素养培养	参与实训的态度端正，积极性高，小组合作意识强，小组讨论积极踊跃	10				
	养成细致、严谨的工作作风，能主动提出关于渠道策略的相关问题	10				
	能够结合实训认识渠道策略在企业营销中的意义	10				
能力提升	能将所学的渠道策略知识运用到实训任务中，学以致用	10				
	熟悉依据产品选择营销渠道的方法	10				
知识应用	了解企业渠道策略、长渠道、短渠道、宽渠道、窄渠道等知识	10				
	掌握企业渠道策略管理的相关知识	10				
项目成果展示	能够独立完成实训，完成任务及时、主动，并能提出问题，解决问题	10				
	渠道策略实训报告结构完整，无错别字，观点正确	10				
	渠道策略实训报告演讲汇报形式新颖，语速恰当，语言流畅，有感染力	10				
合计		100				

项目八
促销策略

任务1 认知促销组合

任务学习目标

素质目标：通过本任务知识的学习、案例分析和拓展学习，培养同学们在促销组合活动过程中践行促销营销道德和营销伦理的意识。

能力目标：通过本任务的案例分析和拓展学习，提升同学们依据企业经营实际和促销要素提出制定基本促销组合意见和建议的专业能力。

知识目标：通过本任务知识的学习，能正确描述促销、促销组合及影响因素，制定促销组合策略等陈述性知识。

任务描述

现代市场营销所要求的，不仅是开发优质的产品、制定合理的价格、建立高效率的分销网络系统，仅有这三项活动还不能给企业带来足够的销售收入和利润，因为可能还有许多潜在的消费者和用户由于信息不通极少进行购买。为了进行卓有成效的市场营销活动，企业还必须制定行之有效的促销策略。促销的实质在于信息沟通，通过各种促销组合活动，制定促销策略，使消费者对企业及产品产生兴趣，进而进行购买活动。

任务学习

促销是营销策略组合工具中的最后一项，但促销不是一个独立的工具，相反，它是几种工具的组合。在整合营销传播的框架下，较为理想的状态是，企业将认真地协调全部的促销手段，以便对企业及产品的宣传能令人信服，目标始终如一。本任务我们学习促销及促销的作用、促销组合和促销策略、影响促销组合的决策因素，形成对促销和促销组合的全面认知。

一、促销的含义与作用

（一）促销的含义

促销即促进销售，它是指企业通过人员和非人员的方式，把企业的商品、服务等信息传递给消费者，从而达到刺激需求、促成购买、扩大销售目的的全部活动的总称。促销是任何企业营销计划中的重要因素，它可以使企业树立良好形象，增加销售，使渠道成员产生合作感，给消费者提供售后服务以及开展其他活动等。理解这一概念时应注意以下几点：

1. 促销的实质——沟通和传递信息

信息沟通是企业进行促销活动的基本要求。通过促销活动，首先将商品或劳务的信息传递给各种可能的消费者，才能进行深层次的说服工作。

2. 促销的方式——人员推销和非人员推销

人员推销是企业派出推销人员与顾客进行面对面的洽谈，直接说服顾客购买。非人员推销是借助一定的媒体来传递产品或服务的信息，从而激发消费者的购买欲望，具体包括广告、营业推广、公共关系等手段。

3. 促销的目的——促成和推动销售量的扩大

促销不仅仅是传递信息，更重要的是引发消费者的兴趣，促使其采取购买行动。但是，促销只是一种辅助手段，其本身并不能取代销售的功能。

【学习互动】

请你谈谈为什么说促销是一个沟通过程？

（二）促销的作用

1. 传递供给信息，指导顾客消费

在现代市场营销中，信息流是商流和物流的前导。企业把进入市场或即将进入市场的产品或服务的有关信息传递给目标市场的购买者，引起他们的注意，使他们知晓何时何地以何价格水平，能够买到多大数量、多高质量、何种规格型号、什么特色、哪一品牌的产品，从而使市场上正在寻找卖主的潜在买主成为现实买主。在现代市场营销中，信息沟通是争取顾客的重要环节，也是密切营销企业与生产者、顾客之间的关系，强化分销渠道中各个环节之间的协作，加速商品流通的重要途径。

相关链接

星期天报纸中夹了一张插页，里面有一张购买某商场商品的 10 元的优惠券。某网上书店给你寄来了一封电子邮件，上面说如果你再花 35 元购买书籍，就可以享受 70% 的折扣。超市中货架的尽头摆放了一面墙大小的可乐饮料，刺激人们购买。一位学生购买了一部联想笔记本电脑，得到了免费手提箱。五金连锁店接到通知，要是同意在当地报纸上为某品牌电动工具做宣传的话，就可以得到 10% 的回扣。促销包括广泛地用以刺激更快更强烈的市场反应的手段。

2. 突出产品特点，激发消费需求

促销突出本企业产品不同于竞争对手产品的特点以及它给消费者或用户带来的特殊利益，这就有利于加深顾客和公众对本企业产品的了解，建立起本企业产品的形象。有效的促销活动通过介绍产品（尤其是新产品）的性能、用途、特征等，能够诱导和激发需求，在一定条件下还可以创造需求。

3. 强调心理促销，激励购买行为

现代企业促销活动其实是一场攻势强大的、体现攻心为上、先预后取等心理战略和战术的促销活动。因为促销的对象是目标市场上的消费者，要使他们产生对本企业的购买行为，“心动”是前提。企业通过促销突出宣传本企业经营产品不同于竞争对手产品的特点以及它给消费者带来的特殊利益，显然有助于加深消费者对本企业产品的了解，帮助消费者进行正确的购买决策，采取相应的购买行为。

4. 树立企业形象，赢得顾客信任

促销活动有时并不以立即产生购买行为为目的，而是通过促销活动树立企业及其产品在市场上的良好形象，给消费者留下深刻的印象，形成消费者的特殊偏好，与企业结下厚意深情。一旦产生购买欲望与需求，就会联想到本企业的产品。因此，企业的促销活动可以抵御和击败竞争对手的促销活动，使消费者增加购买本企业产品的信心，稳定销售形势。

【学习互动】

为什么促销成为最吸引消费者购买产品的手段？

二、促销组合及促销策略

（一）促销组合

促销的方式包括人员推销和非人员推销两类，非人员推销又具体分为广告宣传、营业推广、公关关系、网络促销等具体方式，把这些方式结合在一起，就是促销组合，如图8－1所示。

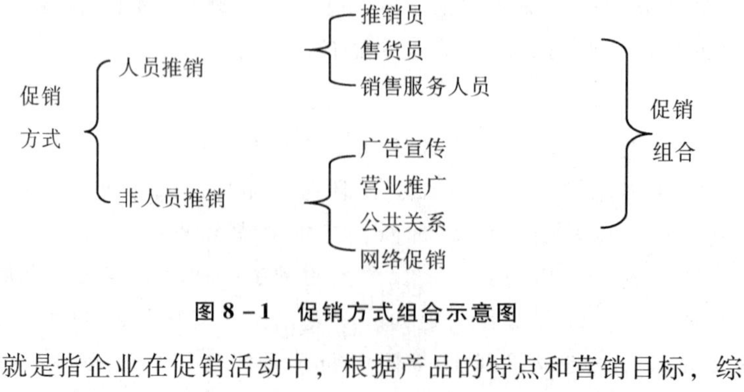

图8－1 促销方式组合示意图

促销组合，就是指企业在促销活动中，根据产品的特点和营销目标，综合各种影响因素，对人员推销、营业推广、公共关系、网络促销4种促销方式有机地结合起来。综合运用，形成一个完整的最佳的促销方案，以便实现更好的整体促销效果。

在这四种促销方式中，人员推销最根本的特点是推销员“人的表现”，着眼于信息的双向沟通和情感交流，这是人员促销的主要原因；营业推广最主要的特点是与日常营业活动紧密结合，催化交易活动，产生短期效益；公共关系促销最主要的原因是“关系好”“形象好”“人缘好”，追求的是远期效益；网络促销最主要的原因是利用线上促销。

实　例

新颖出奇的促销活动

比利时一家啤酒厂推出了一种新型啤酒，为了迅速打进市场，厂家想尽了各种办法，但是奏效不大。一天厂家人员来到布鲁塞尔市区，看到一尊小男孩撒尿的雕像。关于这个正在撒尿状的小男孩有着一个动人的传说，早在比利时抗法战争时，法军安放炸药要毁灭这座城市，导火索点燃后，恰好一个小男孩路过这里，情急之下，这个小男孩立即撒尿把导火索淋熄，从而保全了城市，人们为了纪念他而雕塑了这尊像。面对此景，厂家想出了一个绝妙的促销创意。

啤酒厂经有关部门同意，将小男孩雕像清洗干净，选择一个节日，做好了准备。节日这天，人山人海，小孩雕像处，无比热闹，由于天气很热，许多人口渴难耐。忽然，人们闻到从小孩雕像处飘来浓浓的啤酒芳香，有人大呼小叫小男孩撒出的是啤酒（厂家事先安排），有人试着用杯具接啤酒，一喝，哇，好啤酒！消息传来，人们蜂拥而至，附近专门有人免费发放一次性纸杯，这一举动轰动全城，很快这家啤酒就迅速占领了市场。

启示：促销组合是将市场所需的几种促销手段结合起来，以不同的形式向消费者传递促销信息。具体选择何种方式取决于产品本身，目标市场、产品定价和分销的整体营销理念。本例中的促销组合缺少任意一项，促销活动就不会收到预期效果。促销组合只有围绕一个共同的主题合理设计，使所有的要素相互协调，提供给消费者完整的信息，才能实现促销目的，收到预期的促销效果。

（二）促销策略

促销策略是根据促销合力形成的总体方向划分，可以分为推式促销与拉式促销两种类型。

1. 推式促销

推式促销是指上游企业直接针对下游企业或目标顾客开展的促销活动。活动过程主要是运用人员推销、营业推广手段，把产品从制造商推向批发商，再由批发商推向零售商，最后由零售商推向最终消费者，如图 8－2 所示。

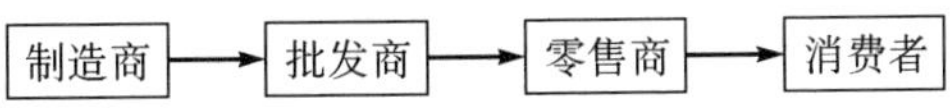

图 8－2　推式促销策略

采用这一策略的企业，通常有自己的促销队伍，或者产品质量可靠，声誉较高。这种促销策略的促销对象一般是中间商，它要求促销人员针对不同的销售对象采取不同的促销方法和技巧。

2. 拉式促销

拉式促销，主要是指制造商直接针对最终消费者施加促销影响，以扩大产品或品牌的知名度，刺激消费者的购买欲望，进而产生购买行为，如图8－3所示。

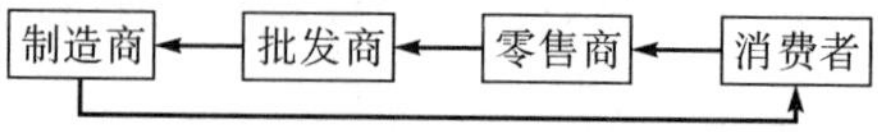

图8－3　拉式促销策略

拉式促销策略一般以广告宣传、公共关系为主要手段，通过创意新、高投入、大规模的广告宣传，直接诱发消费者的购买欲望，由消费者向零售商、零售商向批发商、批发商向制造商采购，由下游至上游，层层拉动以实现产品销售。运用这种策略的企业一般具有较强的经济实力，能够承担起昂贵的广告和公关费用。单位价值较低的日用品，流通环节较多或流通渠道长的产品，市场范围较广或市场需求较大的产品，常采用这种策略。

三、影响促销组合决策的因素

以上各种促销方式各具特点，企业若要制定一套行之有效的促销组合策略，应考虑以下几方面的因素。

（一）促销目标

企业发展的不同阶段有不同的促销目标，特定的促销目标往往对促销方式有较为明确的条件要求和制约，从而限制了促销方式的选择范围。当以提高知名度和塑造良好形象为主要目标时，就应以公共关系和广告为主；当以销售商品为主要目标时，公共关系是基础，广告是重点，人员推销是前提，营业推广是关键。

（二）促销产品的特点

不同的产品有不同的用途，需要不同的促销组合。一般来说，工业用品购买时要经过复杂的研究、审批手续等，应以人员推销为主，配合公共关系和营业推广；消费品主要供应个人和家庭生活之用，涉及面广，销量大，常常以人员促销为主，辅之以公共关系和营业推广。

（三）目标市场的特点

不同的市场类型对促销方式有不同的需求。市场规模相对集中的市场，人员推销是重点；规模大、范围广且分散的市场则应多采用公共关系和营业推广。对个人和家庭消费则以人员促销为主，辅之以营业推广；对组织用户、集团消费应以人员推销为主，辅之以公共关系；对中间商则宜以人员推销为主，并配合营业推广。当然，企业还要根据自身与竞争对手的实力分析和比较，选择针锋相对的促销方式或避其锋芒的促销组合。

（四）产品市场生命周期的阶段

在产品市场生命周期的不同阶段，有不同的促销目标。这就决定了在不同阶段要有不同的促销策略。一般而言，在投入期，企业的促销目标是让消费者认识和了解产品，因此需要加大宣传，辅之以人员推销和营业推广；在成长期，由于产品销量迅速增长，竞争对手介入，企业的促销目标是进一步开发消费者的购买兴趣，激发其购买行为，因此要注意宣传企业产品的特色，使消费者逐渐对企业产品产生偏好；在成熟期，竞争对手增多，企业的促销目标是增加消费者对产品的信任感，保持市场占有率，因此企业应多采用公共关系宣传手段来提高企业和产品的声誉；在衰退期，企业的促销目标是使一些老顾客继续使用本产品，因此宜采用营业推广手段，辅之以公共关系。上述策略见表 8－1。

表 8－1　　产品市场生命周期不同阶段的促销组合

产品市场生命周期	促销重点	促销组合
投入期	认识与了解产品	人员推销、产品形象
成长期	提高知名度、形成偏好	公共关系
成熟期	保持竞争优势、继续扩大市场	公共关系、营业推广
衰退期	维持信任、提醒购买	营业推广为主
整个周期	树立形象	公共关系

（五）促销时间与促销渠道的选择

任何商品都有销售时机和非销售时机。显然，在销售时机（如销售旺季、流行期、特别事件和节假日等）应当掀起促销高潮，一般要以营业推广为重点；而在平时则应以公共关系和人员推销为主。从渠道选择方面看，如果企业以间接渠道为主来分销商品，则应以公共关系为主，为中间商创造有利的销售环境，再配合对中间商的营业推广，充分调动其积极性；如果企业以直接分销渠道的销售方式为主，则应重点采取公共关系、人员推销和营业推广。

（六）促销费用

企业开展促销活动，必须要支付一定的促销费用，有的促销方式费用较高，而有的较低。企业市场营销费用究竟有多少用于促销，这往往是对促销方式选择的一种硬约束。一般来说，企业选择促销方式，要根据自身的资金水平，同时也要考虑最佳效益。

【学习互动】

企业以提高形象或以增进市场占有率为促销目标时，各应采取什么促销组合策略？

案例分析

房地产公司的促销

某城市××房地产公司在销售其新建的普通居民住宅时采用如下促销组合：召开新闻发布会，宣布赠送某著名影星住房一套，并聘其在销售现场进行现场推销工作，现场的销售广告为“与著名影星做邻居”。但促销活动并没有引起很大反响，结果以失败告终。

问题：这个促销组合失败的原因在哪里？

讨论分析：

个人：每位同学根据案例内容，在固定的学习本上写下你对房地产公司促销失败原因的看法。

小组：每4个人为一个组，针对案例的问题进行讨论，每个同学发表个人看法，形成小组意见，准备在班级交流。

全班：每组选一位代表在班级发言，陈述本组观点。

教师：记录各小组陈述要点，最后做点评。

【**提示：**企业在确定促销组合策略时，必须考虑产品的特点和市场的特点。普通住宅请著名影星做推介，一时可以吸引人们的注意力，但缺乏说服力，应考虑普通老百姓更能接受的促销手段。】

拓展学习

“感受促销”

1. 拓展学习内容

根据表8－2列出的三类商品：服装、鞋子、洗涤用品，结合你个人的购买体验完成表中要求的内容。

表8－2　个人购买产品信息汇总表

品名	选择什么牌子的？	为什么会选择这个牌子的？	是在搞促销活动吗？	这是你熟悉的牌子吗？你是怎么了解的？	你平时购买商品信息主要从什么渠道获得？	你平时购买商品最相信什么促销工具传递的信息？
服装						
鞋子						
洗涤用品						

2. 要求

（1）每个同学单独完成任务，如果个人体验无法回忆，也可向你所熟悉的朋友亲戚了解，根据他们的体验如实记录。

（2）填写好基本内容后，征求周围同学的意见，修改完善，并上传到班级微信平台。

（3）选择3—5名同学的记录在班级交流，其他同学可提建议，老师做点评。

任务2　熟悉人员推销策略

任务学习目标

素质目标：通过本任务知识的学习、案例分析和拓展学习，培养同学们在商品推销过程中践行营销职业道德和营销伦理、诚信推销的意识。

能力目标：通过本任务的案例分析和拓展学习，熟练基本的推销方法，提升同学们的商品推销能力。

知识目标：通过本任务知识的学习，能正确描述人员推销及特点、人员推销的工作步骤及推销技巧、人员推销的方法等陈述性知识。

任务描述

人员推销是促销组合中最古老、最传统、最富有技巧性的促销方式，也是最不可缺少的促销方式，它在现代企业市场营销活动中占有相当重要的地位。人员推销是人与人之间直接接触进行推销的营销传播，销售人员与顾客互动，以期望销售产品并创造独特的顾客价值，与顾客建立长期关系。具体讲，就是推销人员通过聆听顾客意见，估计他们的需要，并通过组织企业的力量来解决顾客问题，实现企业的经营目标。

任务学习

人员推销是促销组合中一种人与人之间直接接触进行推销的方式。在人员推销方式中，推销人员提高自身推销能力至关重要。本任务主要学习人员推销的相关理论和技能，了解什么是人员推销、人员推销的基本工作程序、一般的推销技巧、如何做好一名推销员等内容，强化对人员推销过程认识和推销技巧训练，培养学生的推销能力。

一、人员推销的含义和特点

（一）人员推销的含义

人员推销是指企业委派自己的销售人员，直接向消费者或用户销售某种产品和提供某种服务的一种直接销售方式。西方企业和我国工商企业的实践证明，人员推销与其他的方式相比具有不可替代的作用，因此在现代营销活动中它仍然是重要的促销工具。

（二）人员推销的特点

1. 灵活机动，适应性强

推销人员本身就是信息传递的媒介，他们可以根据不同用户的具体情况，采取不同的推销方式，及时调整推销策略，也可以在顾客方便的时间、地点，以顾客最能接受的方式向顾客传递产品信息、推销产品。

2. 区别对待，针对性强

推销人员在推销之前往往要先对顾客进行调查研究，选择潜在顾客，直接针对潜在顾客进行促销活动，这样针对性强，成效也比较显著。

3. 双向沟通，反馈性好

人员推销属于信息的双向沟通，意见可以迅速地在双方之间交换。一方面，推销人员可以对顾客的意见进行解释和说服；另一方面，也可以及时地将意见反映给有关部门，使其做适当的产品调整。

4. 及时促成购买，缩短购买时间

在人员推销中，传递信息与达成销售是融为一体的。推销人员在传递信息的同时，根据顾客的情况适时地提出销售建议，从而达成交易。

5. 搜集信息，兼做服务

推销人员在推销产品时还可以进行市场调研，搜集市场信息，同时还可以兼做一些商业性业务和售后服务工作，如签约、收钱、送货、安装和维修等。

6. 推销费用较大

对人员素质要求较高，推销费用大。由于人员推销是以推销人员作为传递信息的载体，因此单位信息的传播成本大，同时要求推销人员有较高的素质，才能胜任推销工作。

二、人员推销的工作程序及技巧

为了提高推销的工作效率，推销人员应遵循一定的工作程序，如图8－4所示。

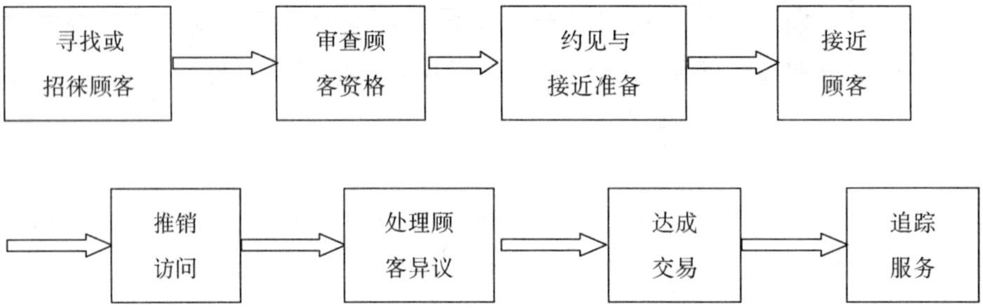

图8－4　人员推销程序示意图

（一）寻找或招徕顾客

人员推销首先要找出潜在的顾客。潜在顾客就是指可能购买你产品的人，一般必须具备五个条件：有需要，有购买力，有购买决策权，有接近的可能性，有使用能力。寻找潜在顾客的方法技巧很多，可以通过以下几种途径：

（1）地毯式访问法，即挨家挨户访问法。这是一种古老而又常用的推销方法，费时费力，带有较大的盲目性。

（2）连锁介绍法，即设法通过现有的顾客介绍来寻找未来顾客的方法，因为有时顾客更容易相信顾客。

（3）中心开花法，即“中心人物利用法”，在某一特定的推销范围内，争取一些有影响力的中心人物，在这些中心人物的协助下，寻找顾客的方法。

4. 资料查阅法，即通过查找企业的内部资料和外部资料来寻找顾客的方法。内部资料如销售部门记录、服务部门记录、往来账目等，外部资料如企业目录、专业团体会员名单、电话号码簿、商业广告等。

（二）审查顾客资格

这是寻找顾客工作的继续。主要内容包括：对顾客购买需求审查、支付能力审查、购买决定权审查等。

（三）约见与接近准备

推销对象确定之后，推销人员要认真准备有关产品、顾客知识和竞争者的信息，同时还要做好约见与准备。由于各种原因，购买者尤其是有购买决策权的人，往往不愿意甚至是想办法拒绝接见业务员，因此，事先约见顾客，获得当面洽谈的机会，本身就是成功推销的开始。

1. 约见前的准备

包括：理由准备，即为什么访问；心理准备，要克服自卑心理、畏难情绪，树立自信心，要想说服别人，首先说服自己；仪表准备，包括容貌、服饰、言谈、举止、动作、表情等。

2. 约见的方法和技巧

约见也叫商业约会，约见的方法一般有电话约见、信函约见、访问约见，还有托他人介绍约见等。

（四）接近顾客

这是正式接触推销对象的第一步，是推销面谈的前奏。推销员应特别注意与顾客的第一次见面，接近顾客必须要考虑以下三点：一是要给对方一个好印象。推销员要注重礼仪，既要不卑不亢，同时又不诋毁竞争对手。二是验证在预备阶段所准备的全部情况。三是为后面的谈话做好准备。接近顾客的方法有以下几种：

1. 介绍接近法

通过自我介绍或经第三者介绍接近顾客。自我介绍在口头介绍的基础上，还应主动出示身份证、名片、介绍信等，由第三者引荐，应把第三者开具的便条、信函、名片等交给顾客，也可由第三者亲自引见。

2. 产品接近法

直接利用所推销的产品引起顾客注意和兴趣进而转入面谈的接近方法。这要求产品本身具有独特的魅力和很强的可操作性，如推销玻璃清洁剂的可直接进行产品的演示。

3. 利益接近法

向顾客简要陈述推销产品给顾客带来的实际利益，让顾客感到少花钱多享受。

4. 好奇接近法

利用顾客的好奇心理，接近顾客。

5. 馈赠接近法

利用赠品或礼品引起顾客的注意和兴趣，以接近对方。

6. 赞美接近法

通过赞美顾客而接近顾客，但应讲究一定的方法和技巧。

7. 求教接近法

利用向顾客请教问题的机会来接近顾客。顾客是不会拒绝虚心求教的推销员的。

【学习互动】

推销界有句名言“推销产品之前先要推销自己”，你同意吗？为什么？

（五）推销访问

这一阶段是推销过程的关键环节，是推销人员运用各种方法说服顾客购买的过程。推销说服的技巧一般有以下两种：

1. 提示说服

通过直接提示或间接提示、积极提示或消极提示、明星提示、证明提示、动议提示等，将顾客的购买欲望与产品特性联系起来，由此促使顾客做出购买决策。

2. 演示说服

通过产品演示、文字图片演示、音响影视演示去劝导顾客购买产品。一般重点指出产品的特点和带给消费者的利益以及它们如何优于竞争者的产品，有时甚至也可指出本产品的某些不足或可能出现的问题以及该如何减免或防范。

（六）处理顾客异议

在面谈的过程中，顾客对推销人员的提示必然会做出反应，而提出异议或问题居多，这是正常的。这就给推销人员提供一个机会，去消除那些可能影响销售的反对意见，并进一步指出产品的其他特点，或提示企业可提供的特别服务。处理异议的方法和技巧一般有如下几种：

1. 反驳处理法

反驳处理法也叫直接否定处理法，正面回击顾客的异议，但应注意尽量避免与顾客直接冲突。

2. 但是处理法

但是处理法也叫间接否定处理法，不直接否定，而是形式上肯定，但本质上转弯抹角地否定。如顾客提出价格高，可以回答："你的意见是对的，我们的价格是比对方高，但是人们常说，好货不便宜，便宜没好货，我们使用的是最好的材料……"

3. 利用处理法

利用顾客异议本身处理有关顾客异议，即肯定其正确的一面，利用其积极因素。

4. 不睬处理法

可以先不予以正面回答，而是转移话题，重新询问新的问题或讨论其他问题。

5. 询问处理法

将对方的异议转化为话题，要求对方回答，适合试探摸底和了解实情。

6. 预防处理法

抢先把问题说出来，以使顾客不能再提及。

（七）达成交易

在实际推销中，顾客往往不愿主动地提出成交。但成交的意向总会以各种各样的方式表露出来，如态度逐渐好转，主动询问价格，询问交货日期，询问优惠条件等。这时推销人员就要准备达到最主要的目标——成交，在这个阶段，推销人员可以提供一些优惠条件，运用一些成交技巧，促成交易。

1. 请求成交法

直接要求顾客购买商品的一种成交技巧，利用各种成交机会，积极提示，主动向顾客提出成交要求。

2. 假定成交法

假定顾客已接受推销建议而要求顾客购买的成交技巧。

3. 选择成交法

向顾客提供几种购买决策方案，并且要求顾客立即购买的一种成交技巧。

4. 从众成交法

利用顾客的从众心理，促使顾客立即购买推销产品的一种成交技巧。

5. 机会成交法

向顾客提示有利的机会、最后的成交机会等，促使顾客立即购买。

6. 保证成交法

向顾客提供成交的保证条件，以促使交易实现的一种成交技巧。

（八）追踪服务

追踪服务是推销人员为已购产品的顾客提供各种售后服务。追踪服务能加深顾客对企业和产品的信赖，促使重复购买。同时，通过追踪服务可获得各种反馈信息，为企业决策提供依据，也为推销员积累了经验，为开展新的推销提供有利的条件。

实 例

某推销员向一家商品包装企业的厂长推销新型打包机，他的目的是让这个企业全换上这种机器，下面是他与厂长的对话：

推销员：王厂长，您好，我带来了一种新型打包机，您一定会感兴趣的。

厂长：我们不缺打包机。

推销员：王厂长，我知道您在打包机方面是个行家。是这样，这种机器刚刚研制出来时间不长，性能相当好，可用户往往不愿用，我来是想请您帮着分析一下看问题出在哪里，占不了您几分钟的时间，您看，这是样品。

厂长：哦，样子倒挺新的。

推销员：用法也很简单，咱们可以试一试（接通电源，演示操作）。

厂长：这机器还真不错。

推销员：您真有眼力，不愧是行家。您看，它确实很好。这样，我把这台给您留下，您先试用一下，明天我来听您的意见。

厂长：好吧。

推销员：您这么大的厂子，留一台太少了，要一个车间试一台，效果就更明显了。您看，我一共带来五台样机，先都留到这吧。如果您用了不满意，明天我一块来取。

厂长：全留下？也行。

推销员：让我们算一下，一台新机器800多元，比旧机器可以提高工效30%，每台一天能多创利20多元，40天就可收回成本，如果您要得多，价格还以可便宜一些。

厂长：便宜多少？

推销员：如果把旧机器全部换掉，大概至少要300台吧？

厂长：310台。

推销员：那可以按最优价，每台便宜30元，310台就是10000多元了。这有协议书，您看一下。

厂长：好，让我们仔细商量一下。

启示：在这一推销过程中，推销员运用了许多的推销技巧，使买卖一步步地接近成交。

【学习互动】

在本例推销过程中，推销员运用了哪些推销技巧？

三、推销人员的任务和要求

（一）推销人员的任务

推销人员的工作任务不仅是挨家挨户地推销企业的现有商品和接受用户的订货要求，而且包括更多、更复杂的任务，其主要任务如下：

1. 寻找顾客

人员推销不仅要提供商品、满足消费者复杂购买的要求，更重要的是在市场中寻找机会，挖掘和发现潜在需求，创造新需求，寻找新顾客，开拓新市场。

2. 传递信息

推销人员是通过传递信息来推销商品的，即推销员及时将企业提供的商品和服务信息传递给顾客，为顾客提供资料，引起顾客的购买欲望，做出相应的购买决策。

3. 推销商品

推销人员通过与消费者的直接接触，运用销售技巧，有效地分析顾客的需求及所期望的最大利益，根据不同情况向他们提供各种奖励、折扣、优惠和服务等，从物质和精神上满足对方需求，诱导其实现购买行为，推销商品。

4. 收集信息

企业所需要的营销信息，很大一部分源于顾客，推销人员活跃于企业与顾客之间，是企业收集信息的重要渠道之一。推销人员在推销商品过程中，应进行调查研究，与顾客保持经常联系，收集市场情报资料，反馈信息，及时向有关部门反映，为改进营销措施、进行营销决策提供依据。凡此种种，都是他们义不容辞的责任。

5. 提供服务

推销人员应在推销中积极主动地为顾客提供售前、售中、售后服务，及时解决顾客在购买和使用过程中出现的问题。销售服务也是推销商品的良好机会，有利于消费者和用户重复购买。

（二）推销人员的基本素质

1. 道德品质素质

企业推销人员必须具有优良的思想品德，这是保证企业推销工作正常开展、坚持正确营销方向的根本。思想品德素质由优良的政治品质、高尚的道德品质和良好的工作作风三大方面构成。政治品质主要是要有较高的政策水平以及对政府的路线、方针、政策能正确领会，准确把握，灵活运用；道德品质要求推销人员必须对社会的安定、文明和发展负一定的道德责任，并具备良好的职业道德；工作作风要求推销人员兢兢业业、勤勤恳恳，对自己职责范围内的事要保质保量地完成。

2. 文化知识素质

推销人员必须具备广博的知识、广泛的兴趣，能针对不同顾客投其所好，了解其心理活动和实际需求，热情为客户服务，做好市场营销的调研、决策、计划、组织和实施评估工作。要求知识丰富、信息量大，特别是对于经济学、心理学、市场营销学等方面的知识更是至关重要。

3. 业务技能素质

要求熟悉企业及产品的有关情况，熟练掌握所推销产品的有关技术指标和安装操作的使用方法，并对市场上的同类竞争产品的情况了如指掌。

相关链接

某企业副总经理观察到一家肥皂公司的推销代表找到买主，而没有带任何书面材料，这名推销员有三笔新的促销生意，需要与六位不同的交易对象洽谈……推销代表走了之后，买主说："我要明白他的意思，至少需要一刻钟。"

又有一名推销代表找到买主，告诉他说："我是一名地区的推销代表，我希望你参加我们公司下周的一次大型促销活动。"买主说："这太好了，都有哪些活动?"推销代表支支吾吾道："我不清楚……我下星期再来通知你。"买主不解地问他今天来干什么，他只说："噢，我是这一地区的推销代表。"

另外一名推销代表进门就说："该是我们填写订单的时候了……为夏天的生意作打算。"买主问道："噢，很好，我去年总共购买了多少?"推销代表看上去很愣然，然后说道："噢，要是我知道的话，我就是个天才了……"

很多推销代表都没有事先做好准备，无法答复买主的一些基本问题，不明确他们进行推销访问所需达成的目标。

4. 心理素质

推销人员经常会遇到顾客的拒绝，当问题发生后，不应该灰心丧气，而是应该具有良好的自我心理调节能力，总结经验、再接再厉。

5. 社交礼仪素质

衣着干净整洁，谈吐谦恭有理，有良好的风度，并能掌握有关推销洽谈和接待顾客的技巧和艺术。

6. 身体素质

要求有良好的体质和健康的身体，推销工作有时很辛苦，需要推销人员坚韧不拔、连续奋战，能克服经常遇到的种种困难和挫折。

实 例

美国有一位"价值百万美元笑脸"的推销专家，叫威廉·怀特。他因为拥有一张令顾客无法抗拒的笑脸，才获此美誉。他的迷人微笑并非天生，而是来自苦练。40岁时，威廉退出棒球界，应聘保险公司推销员，他以为以他在棒球界的知名度，理应被录取，结果却遭淘汰。人事经理对他说："做推销员必须有一张迷人的笑脸，而你没有。"

此后，威廉立志苦练笑脸，每日在家大笑百次，弄得邻居以为他有毛病，为此，他躲在洗手间里练习。一段时间后他再去见那位经理，以便知道自己的成绩，经理说还是不行。威廉不认输，继续努力，他搜集了各种人物微笑的画照，贴满房屋，以便随时观摩，他还买了大镜子放在洗手间内，以便对照。过了一阵子，他又见了一次经理，经理冷淡地说："好一点了，但还是不吸引人。"威廉不死心，回去坚持练习，一天他碰到社区管理员，很自然地笑了笑，管理员对他说："你看起来跟过去不一样了。"这句话使他信心大增，又跑去见经理，经理说："有些意思了，不过似乎不是发自内心的笑。"

威廉不气馁，又回去苦练，最后终于练成那张价值百万美元的笑脸。

启示：干一行，爱一行，钻一行，就能行行出状元。

案例分析

服务第一

甘道夫是全美十大杰出业务员，是历史上第一位年销售额超过10亿美元的寿险业务员，他在全美50个州共服务了超过10000名的客户。甘道夫是如何取得这样的辉煌成就的呢？

甘道夫说："你对你的客户服务越周到，他们与你的合作关系就会越长久，不管你推销的是什么，这个法则都不会改变。"优质的服务可以消除顾客可能产生的后悔感觉，大部分顾客喜欢在买过东西后得到正面的回应，以确定他们买了最正确的产品。

每当完成一笔交易，甘道夫总会寄上答谢卡给他的客户，即使是最富有的客户。甘道夫有许多成功富有的客户，他们什么都不缺，然而却仍然喜欢收到这些卡片。大部分的客户每年都会收到生日贺卡。此外，在每位客户向他买保险一周年时，甘道夫总会亲自登门拜访。作为一名保险推销人员，他会记住客户的详细资料，比如亲人在或已故，结婚或离婚以及企业的经营状况等，还会寄给每位客户可能对他有用的杂志或报道。

问题：（1）寿险推销员甘道夫成功的原因是什么？

（2）本案例对你有何启发？

讨论分析：

个人：每位同学根据案例内容和问题，在固定的学习本上记下你的看法。

小组：每4个人为一小组，展开小组讨论，1人负责记录，负责把本组同学们交流的观点，形成小组意见，准备在班级交流。

全班：每组选一位代表在班级发言，陈述本组观点。

教师：记录各小组陈述要点，最后做点评。

【**提示：**人员推销是人与人直接沟通的过程，不仅要求有丰富的专业知识和推销技巧，而且要有丰富的沟通能力。甘道夫借助周到的服务和真诚的推销态度，赢得了顾客的信任，成为杰出的推销员。整天在外奔走的推销员，他们的产品大同小异，唯一可以与其他推销人员区别开来的方法，就是提供更好的服务。规范的推销对服务作了一些流程式规定性的要求，但是面对不同客户，针对推销市场变化，开发出不同的服务内容，是维系客户关系、取得顾客信任的有效手段。甘道夫在这方面的许多新做法值得我们学习，在市场

上只要有心，一切皆有可能。】

拓展学习

营业现场促销方式体验

1. 拓展学习内容

通过走访企业，调查了解营业现场促销人员的推销方式，详细记录两件商品有关现场促销的内容，按要求完成表 8－3 相关内容的填写。

表 8－3　现场人员促销调查表

产品	商场名称	促销时间	商品品名	促销方式及过程	对你的启发和你的建议
日常生活用品					
大件用品					

2. 要求

（1）每两位同学一组，完成拓展学习任务。

（2）事先收集推销相关知识与实例，拟定调研思路。

（3）现场调研，为便于整理分析资料，可录像或录音。

（4）填写调查表的相关内容，并上传到班级微信平台。

（5）老师选 3—5 组在班级交流，同学可点评，老师做总结。

任务 3　掌握营业推广策略

任务学习目标

素质目标：通过本任务知识的学习、案例分析和拓展学习，培养同学们在面对消费者和推销人员的营业推广策划中践行营销职业道德和遵守法律规范的意识。

能力目标：通过本任务的案例分析和拓展学习，培养同学们与消费者和推销人员基本的营业推广活动策划的专业能力。

知识目标：通过本任务知识的学习，能正确陈述营业推广的含义和特点、营业推广的方式及推广技巧、营业推广活动的基本要求等陈述性知识。

任务描述

营业推广是营销中最常用的促销手段之一，是企业为鼓励消费者购买而采取的短期促销方式。企业可供选择的营业推广形式很多，各有自己的特点和适用情况，企业要结合推广对象、目标市场类型、市场竞争状况等因素，在整合营销传播的框架下和其他促销手段协调使用。

任务学习

营业推广在整个促销组合中占有很重要的地位，应用范围非常广泛。要想很好地实施，企业必须明确营业推广的目的，选择最佳的方式，策划营业推广活动并评估推广结果。本任务就是要学习营业推广的相关知识与技能，具体要了解什么是营业推广、营业推广的方式与技巧、开展营业推广活动的基本要求等内容，培养同学们营业推广方面的技能。

一、营业推广的含义和特点

（一）营业推广的含义

营业推广也称销售促进，是指为刺激顾客需求、鼓励购买行为而采用的各种促销形式，包括代价券、奖券、竞赛、附带廉价品等。即除了人员推销、广告、公共关系以外，用以刺激和增进购买的所有不规则、非周期性发生的一切促销活动，都属于营业推广的范畴。

（二）营业推广的特点

与人员推销、广告及公共关系相比，营业推广具有以下几个显著特点：

1. 针对性强，促销效果明显

营业推广是一种以激励消费者购买和经销商经营积极性为主要目标的辅助性、短暂性的促销措施。营业推广直接针对顾客、经销商或推销人员，针对性强。营业推广一般都是通过提供某些优惠条件调动有关人员的积极性，刺激和引诱顾客购买。因而营业推广见效快，对一些消费者具有较强的吸引力。

2. 非规则性和非经常性

人员推销是连续的、常规的促销形式，而营业推广活动则是非经常性的促销手段，它往往是为了解决营销过程中出现的具体促销问题或为了达到某种短期促销目标而临时采取的促销措施。所以，营业推广只是企业整体促销活动的一个环节，是辅助或协调人员推销的补充性措施。

3. 形式多样，应用普及

营业推广的方式繁多，如提供咨询性服务，举办展览会，博览会，示范，现场演示操作，赠送纪念品等，企业可以根据经营水平的不同特点，灵活地加以选择和应用。

4. 短期效果

营业推广往往是企业为了尽快地批量推销产品或推销积压产品，获得短期经济效益而采用的措施。这种促销方式的效果往往也是短期的，如果运用不当，容易使顾客产生逆反心理或使顾客对产品产生怀疑。这种做法有时会降低产品的身份和地位，从而有损企业或产品的形象。因此，选择营业推广方式时应慎重。

二、营业推广的方式和技巧

（一）对消费者的营业推广方式

针对消费者的营业推广是为了唤起顾客的购买欲望，提高重复购买率，推动新产品销售，扩大市场占有率，经常在新产品开拓市场时或现有产品需要掀起销售高潮时采用。其常用的方式有以下几种：

1. 赠送样品

即免费让消费者试用产品。通过亲身试用，消费者能领略到产品的好处和实际利益，从而迅速接受新产品，成为新产品的购买者。

2. 购买奖酬

购买一定数量的商品即可获得奖金和奖品。

3. 组合销售

将新产品与原有产品配套出售或将有连带关系的产品包装在一起出售，价格略低于单件分别出售的价格。

4. 试用品尝

现场请消费者试饮饮料、品尝食品等。

5. 折价优待

由广告或商品包装发送的折价优待券，凭券到指定商店购买该商品，即可获得一定的价格优惠。

6. 以旧换新

将以前购买的同品牌的老产品或别的品牌的同类产品折价，再加上一定数量的现金即可换购该品牌的新产品。

7. 廉价包装

包装注明统一折价率，购买时按折价率付款；或包装上注明该包装是加大容量的包装；或购买时另赠送小容量包装的商品。

8. 奖励券

购买一定数量的商品即可获得奖励券，凭奖励券数目的多少可换取不同价值的商品。

此外，还有现场展销、购物赠品、分期付款、限时折扣、特价优惠、购物积分、包退包换、特价日销售、义卖等。随着市场经济的不断发展，国际上通行的一些营业推广方式也会逐渐被推广应用。

【学习互动】

服务促销属于营业推广的范畴吗？

实 例

“娃哈哈”的推广活动

“娃哈哈”十分注意市场推广活动的策划，经常推出一些具有创意性的活动或事件，以期引起媒介的报道和消费者的参与，达到强化企业形象、销售产品的目的。有时这种活动的效果比广告更好。

1993 年，“娃哈哈”在杭州赠送果奶。当时“娃哈哈”在杭州市各大报纸上刊登广告，读者将报纸上的“娃哈哈”标志剪下来，可以到杭州市各大商场领取一盒“娃哈哈”果奶。当天报纸发行100万份，“娃哈哈”预计能有30%的反馈率就不错了，结果各大商场的果奶很快告罄。而商场面前兑换果奶的人仍然很多，并且迟迟不肯离去。为此，公司决定连夜加班生产，让每一个持标志者都能领到果奶。这一活动成为各大报纸宣传的热点，“娃哈哈”的美誉得到了进一步提高。

1994年，“娃哈哈”在成都请外国人促销。在当年的全国糖烟酒订货会上，“娃哈哈”独树一帜，一个由外国人组成的宣传队伍，在街上身披绶带，向路人分发“娃哈哈”宣传品。外国人给“娃哈哈”做广告的消息传开后，“娃哈哈”公司获得了大批订单。

“娃哈哈”还曾在郑州发放小黄帽。一天大街上忽然出现了小学生都戴着“娃哈哈捐赠”的小黄帽。原来这些小黄帽是“娃哈哈”专门为郑州5万名小学生定做发放的。一时间，5万个戴着小黄帽的小学生就像5万个流动广告宣传员。

启示：赠送活动、洋人促销、发放小黄帽等多样化的推广活动，大大提高了产品的知名度和美誉度，对产品的销售起到了推动作用。

（二）对中间商的营业推广方式

对中间商的营业推广是为了鼓励中间商大量进货代销，加速资金周转。采用的方式有：

1. 免费提供陈列样品

经销商在向顾客推销商品时，需要有样品在柜台或橱窗陈列。如果生产商不予免费提供，则经销商就会减少甚至不陈列样品，这样就会减少许多成交机会。由生产商提供陈列样品，经销商就会免除样品被用或废旧引起损失的担心。

2. 推广资助

由于经销商经营的产品往往是众多企业的众多商品，因而要其专为某一企业的商品做广告或做其他推广工作，他们认为这是不值得的。所以，要刺激其推广的积极性，就必须在推广方面给予一定的资助。一般推广资助采取的方式有：按订货量或销售额的多少发放推广津贴；与经销商联合推广，如联合做广告或联合展销等，费用由双方按比例分摊或全部都由生产商承担；为经销商提供推广指导，如提供广告样板、专橱（专柜），设计资料，提供推广所用的材料、展品等。

3. 销售竞赛

生产商在众多经销本企业产品的经销商中发起销售本企业产品的竞赛，对优胜者给予奖金或奖励。

4. 协助经营

生产商为经销本企业产品的经销商提供人员培训、派员指导、举办经营研讨会、提供经营手册、发放经营简报等，帮助和促进经销商经营效率的提高。

5. 发放刊物和邮寄宣传品

生产商定期出版并向经销商免费发放有关企业生产情况及产品经营情况的刊物，供其了解情况，学习经营经验，提高经营效率。同时，经常向经销商邮寄产品目录、样品手册等，这也是较多采用的方式。

（三）对推销人员的营业推广方式

对推销人员的营业推广是为了鼓励推销人员积极工作，努力开拓市场。采用的方式有：

1. 推销竞赛

在推销人员中举行推销竞赛活动，对优胜者给予奖励、奖金或授予某种荣誉称号，以激发士气和提高积极性。

2. 推销津贴

对推销人员按完成推销量的多少发放数量不等的津贴或奖金，以激励推销人员的工作热情。

企业根据具体情况，还可以开展优胜重奖、高额补助，也可以搞超额提成、红利及利润分成等，还可以对表现出色的推销人员给予精神和荣誉上的鼓励。

相关链接

青岛啤酒为了打开香港市场，在开展人员推销和广告促销的同时，曾采用一个啤酒瓶盖（必须带铁盖内的橡皮圈）换取一元港币的方法。于是，香港大饭店的服务员都热心向顾客介绍青岛啤酒，成为青岛啤酒的推销员。这样大大提高了销量，使青岛啤酒在香港这个竞争激烈的啤酒市场上占有了一定的地位。

现实中，营业推广的方式是多种多样的，根据目标市场的具体情况来创新营业推广，是产品进入目标市场的一个重要促销手段。

三、开展营业推广活动的要求

（一）目标

营业推广必须有明确的目标。企业应当根据目标市场和整体策略来确定推广目标，依据推广目标制定周密的计划。当然，由于消费者、中间商、企事业单位有各自不同的购买特点，在确定目标和制定计划时应区别对待，并把长期目标与短期目标有机地结合起来。

（二）费用

营业推广是企业重要的促销形式。通过营业推广可以使销售额增加，但同时也增加了费用。企业要权衡推销费用与营业收益的得失，把握好所费与所得的正确比值，从而确定促销的规模和程度。

（三）对象

各种营业推广手段对于不同的对象，其作用是有很大差别的。实践证明，营业推广的对象主要是那些“随意型”顾客和价格敏感度高的消费者。对于已经养成固定习惯的老顾客，营业推广的作用要小一些。因此，对象的选择要因时、因地制宜。

（四）媒体

企业必须通过最佳的媒体来实施营业推广。比如一张优惠券，既可以放在商品包装袋里赠送，也可以在购买商品时当场分发，或附在报刊广告中给予。又如，为了扩大某种商品销售，企业拟给予顾客10%的价格折扣。但这一信息通过什么媒体传播出去，需要很好地进行研究。一般来说，媒体的选择必须考虑媒体的普及率及费用支出情况，权衡利弊，从优确定。

（五）期限

营业推广的时间选择必须符合整体营销策略，并与其他经营活动相协调。如果时间太短，不少有希望的潜在买主，也许恰好在这个阶段没有采购欲，从而收效甚微；如果推广时间太长，又会给消费者造成一种印象，认为这不过是一种变相减价，从而失去吸引力。因此，时间选择要恰到好处，既要给消费者“欲购从速”的吸引力，又要避免草率从事。

（六）效果

营业推广的效果体现了营业推广的目的。每次营业推广后，都要对营业推广的效果进行评价。推广效果评价的一般方法有比较法（即比较推广前后销售额的变动情况）、顾客调查法、实验法等。企业可通过这些方法取得营业推广的成果资料，并与推广目标和计划进行分析比较，肯定成绩，找出问题，以便控制和调整营业推广过程，实现推广目标。

【学习互动】

营业推广在市场促销活动中适宜经常使用吗？

案例分析

屡屡碰壁的促销活动

一家饲料公司原来效益很好，也没有做过促销，直至其他企业后来居上，这家企业才慌了，于是召开销售人员会议。销售人员没有不抱怨的，人家企业做得多好，农民买一包饲料可以得到一件文化衫，经销商做大了组织去国外旅游。这家企业经理心想，这不是很难，我们也做得到。

江南每年6—8月是农忙时节，农户都忙着双抢，养殖业是淡季。这位经理想，淡季一定要刺激农民，诱导农民购买。于是，该企业制作了很漂亮的文化衫。7月底，销售人员又向经理抱怨：怎么这么晚才给市场发放促销品，别人早就做了。原来，竞争企业在5月底就将文化衫全部发放到位，农民在双抢时根本没有时间去购买饲料。第二年该企业很早就准备好了促销品，是质量很好的香皂，因为农忙时农民每天都要洗澡，香皂是他们的必需品。但结果和预料大相径庭，经销商拒绝大量进货。销售人员从市场前线发回报告，说经销商已大量购进了竞争厂家的货品，原因是该厂开展了一个活动，承诺在市场淡季完成旺季85%销售额的经销商，可以参加企业的出国考察团，竞争厂家已经抢占了经销商的仓库和资金。

问题：为什么该企业的促销活动屡屡碰壁？

讨论分析：

个人：每位同学根据案例内容和问题，在固定的学习本上写下你对本案例的看法。

小组：请同学们每4个人分为一个组，1人负责记录，负责把本组同学们交流的观点，形成小组意见，准备在班级交流。

全班：每组选一位代表在班级发言，陈述本组观点。

教师：记录各小组陈述要点，最后做点评。

【**提示：** 营业推广是短期的促销行为，目的是鼓励购买的积极性，或宣传一件产品，提供一种服务。公共关系为购买商品或享受服务提出了理由，而营销推广则提出了现在就购买的理由。营业推广被制造商、批发商、零售商大量采用，他们瞄准顾客、商业客户、零售和批发商、销售员队伍，实施五花八门的营业推广活动。在市场竞争日趋激烈、产品差异越来越小、顾客越来越受到销售部门的引导的情况下，营业推广成为吸引顾客的重要手段。营业推广活动是一项涉及面广、影响大的活动，必须在销售各环节之间，竞争对手关系上，对顾客吸引力上等多方面综合考虑。否则，不但不会取得效果，反而失了市场，丢了人心。】

拓展学习

收集营业推广实例

1. 拓展学习内容

目前营业推广活动在很多大中型商场经常采用，请你走访附近的商场、超市，详细了解一种营业推广方式。要求记录活动名称、活动时间、针对的商品、营业推广的方式、具体操作方法、收到的效果以及获得的经验和教训。

2. 要求

(1) 每两位同学为一组，深入商场、超市，对你们感兴趣的两种营业推广方式进行调查了解（可以是针对批发商、零售商、营销人员的，也可以是针对消费者的）。

(2) 通过图书馆和网络等途径，收集营业推广的相关知识及针对不同环节的营销推广案例，详细拟定调研方案和提纲。

(3) 实地收集商场、超市开展营业推广活动的相关资料，形成完整的营业推广案例。内容填入表 8－4，并上传到班级微信平台。

表 8－4　　营业推广实例

商场名称	营业推广的商品名称	营业推广的时间	营业推广的目标	营业推广活动方式及具体内容	预期收到的效果	总结分析

(4) 老师选取五个不同内容的营业推广案例，在班级交流，同学作点评，老师最后做总结。

任务4 了解公共关系促销

任务学习目标

素养目标：通过本任务知识的学习、案例分析和拓展学习，培养同学们在公关促销活动中践行营销职业道德和相关法律法规的意识。

能力目标：通过本任务的案例分析和拓展学习，提高同学们根据小微企业的经营活动特点，策划日常公共关系活动的专业能力。

知识目标：通过本任务知识的学习，能正确陈述公共关系的含义和公关促销的特点，公关促销促销活动方式等陈述性知识。

任务描述

公共关系是另一个主要的大众传播工具，即通过获得有利的公众传播而与企业的不同客户建立良好的关系，建立良好的“企业形象”。公共关系促销可以以比较低的代价而对公众心理产生较强的影响。很多企业公关部门以塑造企业形象和增加利润为目的来协调企业的全部活动，良好的公共关系成为企业打造品牌效应的强有力工具。

任务学习

公共关系是促销组合中的又一重要手段，主要目的是通过产品服务、企业或事件这些与公众相关的无须收取费用的交流，搞好企业与整个社会公众的关系。它是一种着眼于企业长期目标的间接促销手段。公共关系的一个主要工具是新闻，另一个使用普遍的工具是特别活动，如新闻发布会、大型的开幕式发放书面材料，接近并影响企业的目标顾客。目前许多企业创建网站作为最好的公共关系媒介，网站也成为处理危机的理想场所。本任务主要学习公共关系的含义，公共关系促销的特点，在市场营销活动中常用的也是非常有效的公关促销活动方式，培养同学们处理公共关系危机的技巧，提高利用公共关系促销的能力。

一、公共关系的含义和特点

（一）公共关系的含义

公共关系是指社会组织运用沟通手段使自己与公众相互了解和相互适应，以争取公众的理解、支持和协作的一系列管理活动。公共关系有利于沟通与协调企业内部以及企业与社会公众的各种联系，树立企业的良好的企业形象和产品形象，提高社会公众对企业及产品的接受程度，营造良好的市场营销环境。

公共关系是社会组织与公众之间的关系，所以公共关系的主体是社会组织，公共关系的客体是公众，公共关系的手段是传播，公共关系的目的是扩大知名度、提高美誉度。

(二) 公共关系促销的特点

公共关系作为促销组合的一个部分，与其他的促销方式相比，具有以下特点：

1. 注重长期效应

公共关系要达到的目标是树立企业良好的社会形象，创造良好的社会关系环境。实现这一目标，需要企业长期不懈的努力。企业通过各种公共关系策略的运用，能树立良好的产品形象和企业形象，从而能长时间地促进销售，稳固地占领市场。

2. 注重双向沟通

公共关系的工作对象是各种社会关系，包括企业内部和外部两大方面，企业不是孤立的经济组织，而是相互联系的“社会大家庭”中的一份子，每时每刻都与其相关的社会公众发生着广泛的经济联系和社会联系。所谓企业公共关系，就是指要与这些社会公众建立良好的关系，既要了解公众，又要让公众认识企业，愿意购买企业的产品和接受企业提供的服务。

3. 注重间接促销

公共关系的手段是有效的信息传播，而这种信息传播并不是直接介绍和推销商品，而是通过积极参与各种社会活动，宣传企业营销宗旨，联络感情，扩大知名度，从而加深社会各界对企业的了解和信任，达到促进销售的目的。其他促销方式的目的是让消费者“买我”，即买我们的产品，而公共关系促销的目的是让消费者“爱我”，爱我们的企业，进而爱我们的产品，达到间接促销的目的。

二、公共关系促销的活动方式

(一) 发现和创造新闻

新闻是以第三者的名义，通过大众媒体传播的特定信息，因而对公众的影响要大得多。所以企业要积极主动地、经常地与新闻界保持联系，了解新闻报道的重点及新闻动向，并经常、及时地向新闻界提供具有新闻价值的本企业信息。同时，公关人员要善于发现和创造对企业及其产品有利的新闻，以吸引新闻界和公众的注意，增加新闻报道的频率，从而扩大企业及其产品的影响和知名度。

(1) 召开新闻发布会和记者招待会，通报企业情况，提供新闻素材。

(2) 邀请新闻记者参观企业，为其采访提供方便。

(3) 企业人员撰写新闻稿件寄给新闻单位，使其发表采用。

(4) 创造新闻素材，吸引新闻媒介的关注。这种方法难度较高，是高级的公关艺术。例如，20 世纪 90 年代，健力宝集团为了支持足球发展，曾拿 1000 万元人民币资助中国少年足球队到巴西学习，各大媒体纷纷报道，扩大了企业的知名度，树立了良好的企业形象。

实 例

本店绝不食言

香港一家经营强力胶水的商店，坐落在一条鲜为人知的街道上，生意很不景气。一天，这家商店的店主在门口贴了一张布告："明天上午九点，在此将用本店出售的强力胶水把一枚价值4500美元的金币贴在墙上，若有哪位先生、小姐能用手把它揭下来，这枚金币就奉送给他（她），本店绝不食言！"这个消息不胫而走。第二天，人们将这家店铺围得水泄不通，电视台的录像车也开来了。店主拿出一瓶强力胶水，高声重复广告中的承诺，接着便在那块从金饰店定做的金币背面薄薄涂上一层胶水，将它贴到墙上。人们一个接着一个地上来试运气，结果金币纹丝不动。这一切都被录像机摄入镜头。这家商店的强力胶水从此销量大增。

启示：企业善于制造新闻事件，是成功宣传企业及产品的最经济的途径。

（二）介绍情况、回答问题、发表演讲、对外开放参观

企业营销人员要利用各种场合、各种机会，灵活地运用公共关系与语言艺术，及时地介绍企业及其产品情况，回答公众关心的问题，或者在有关业务会议上发表演讲，这也是提高企业及其产品知名度的一种有效形式。对外开放参观是企业为了让公众更好地了解自己，面向社会各界开放，组织广大公众到企业参观、考察，以提高组织的透明度，争取公众了解和支持的一种重要手段。

（三）开展公益性的活动

企业积极参与社会活动和支持公益事业，如赞助文化、体育活动，捐资助学，扶贫救灾等，能够树立企业关心社会公益事业、承担一定的社会责任和社会义务的良好形象，有利于提高企业广告宣传的影响面和影响力，有利于建立与其他社会组织的友谊和感情，有利于赢得公众的好感和信任。

（四）策划专门性公关活动

企业根据营销活动的需要，可以安排一些特殊的事件来吸引公众对自己和自己产品的注意。例如，可以通过召开新闻发布会、研讨会、展览会、业务洽谈会、答谢会，举行庆典活动等。这是企业与其他组织和社会公众沟通信息、交流感情的好机会，是企业信息迅速、广泛传播的有效途径。

1. 巧抓事件

抓住一些与本企业及产品有关联的信息，采取某些措施使公众关注该事件，提高知名度和美誉度。如中国移动，利用一次海上遇难，移动手机拯救了整船人的性命的事件，制成广告，大肆宣传。

2. 制造事件

举办企业庆典、展览会，进行意见征集活动或征集商标、征集广告等。如南京熊猫电子集团等发起，倡议全国使用"熊猫"品牌和企业名称的参加"拯救中国国宝大熊猫活动"，等。

相关链接

数年前，土豆协会决定出钱举办一次公共宣传活动，来鼓励更多人消费土豆。一个遍布全国的对土豆的看法和使用研究表明，许多消费者都认为土豆很容易令人发胖，而且没有足够的营养，又缺乏足够的维生素和矿物质。这种认识通过食品刊物编辑、科学饮食倡导者，还有医生广为传播。其实土豆含有的热量比人们认为的要少得多，并且富含几种重要的维生素和矿物质。

土豆协会决定分别针对消费者、医生、饮食专家、营养学家还有食品刊物编辑制定公共宣传计划。针对消费者的计划是由有关土豆的故事组成：通过电视剧和妇女杂志宣传，同时编写并发行《土豆爱好者的饮食烹调》一书，并在食品专栏里刊登文章和食谱。针对其他对象也做了相应的宣传工作。

（五）公关广告

在公共关系促销活动中，利用公关广告形式树立企业形象。如：

（1）形象广告。以树立企业形象为目的的广告。

（2）声明广告。表明企业对某些事件的立场和态度的广告。

（3）致歉广告。向公众表示歉意，以取得公众谅解和好感的广告。

（4）祝贺广告。与本企业有密切关系的企业或单位举办重大活动时表示祝贺的广告。

（5）公益广告。企业为获取公众的好感、表现社会责任而进行的有关维护社会公众利益的广告。

（六）散发宣传材料

企业可以制作各种宣传资料广为散发和传播，向公众传递有关企业及产品的信息。宣传资料可以是印刷资料，如企业宣传册、年度报告、企业刊物等；也可以是音像资料，如幻灯片、录音带、录像带、光盘等。

（七）营销活动中导入 CIS

企业营销活动中导入 CIS（Corporate Identity System），就是综合运用现代设计和企业管理的理论和方法将企业的经营理念、行为方式及其个性特征等信息加以系统化、规范化和视觉化，以塑造具体的可感受的企业形象。企业可以通过一定的媒体来传播这种视觉化的形象。例如，将代表其形象的视觉符号（色彩、字体、图案、符号等）制在企业的建筑物、车辆、工作服、业务名片、办公用品、包装用品、文件、招牌上面。通过导入 CIS，可以更具体、详细、直观地表达组织形象，它的传播也容易被公众所接受，也使公众对组织形成一个比较完整、系统的印象，有利于扩大企业的知名度，形成良好的企业形象，从而促使社会公众认同企业形象、接受企业的产品，也同样可达到扩大销售的目标。

【学习互动】

以企业或产品名称命名的体育比赛、文艺比赛等，属于哪种公关活动方式？

（八）危机公关活动

当企业与公众发生冲突或发生突发事件，使公众舆论反应强烈，企业形象受到严重损害时，公共关系处于紧张状态之中。这时需要动用整个企业的力量及各种传播媒介来处理危机，协调与平衡企业与公众之间的紧张关系，变危机为商机。目前，很多企业通过建立网站，发布正确的信息，收集公众反映，及时公布企业的回应，网站成为处理危机的理想场所。

实 例

两篇稿件

有一天，一位叫基泰斯的美国女记者在日本东京奥达克百货公司购入了一台电唱机，作为送给在东京的婆婆的见面礼。售货员以日本人特有的彬彬有礼的服务，精心挑选了一台半启封的电唱机。

当基泰斯回到住所开机试用时，却发现电唱机没有装内件，根本无法使用。她不禁怒不可遏，准备第二天一早同这家百货公司交涉，并于当晚赶写了一篇新闻稿，题目是“笑脸背后的真面目”，并发传真到她所供职的美国报社。

不料，次日清晨，一辆汽车开到她的住处，从车上走出的是奥达克百货公司的副经理和拎着大皮箱的职员。他俩一进客厅便俯首鞠躬，表示歉意。基泰斯十分吃惊地问他们是如何找到这儿的。

那位经理打开了记事簿，讲述了大致经过。原来，昨天下午清查商品时，他发现错将一个空心的货样卖给了一位顾客。此事至关重要，他迅速召集全体公关人员商议，费尽周折，从顾客留下的一张美国某报的名片里发现线索，打了35次越洋电话，最终总算从美国纽约得到了顾客东京婆婆家的电话号码，找到了顾客所在地。接着，经理亲手将一台完好的电唱机外加唱片一张、蛋糕一盒奉上。

奥达克百货公司所做的这一切深深打动了基泰斯。她马上打越洋电话到美国报社，告知报社说又有新的稿件发出，昨天的传真稿件不要再发了。她随后又赶写了一篇新闻稿——《35次紧急电话》。报社考虑到她两篇稿件的视点不同，配上编辑的话，将两篇稿件全部刊发。后来，奥达克百货公司把基泰斯寄给他们的报纸给了日本某报，日本的几家报纸竞相转发，奥达克百货公司的声誉大大提高。

启示：在企业经营活动过程中，难免会出现一些预料不到的情况，出现危机并不可怕，可怕的是面对危机束手无策，坐以待毙。所以，当企业出现危机时，就要运用公共关系手段，加强与公众的联系，保证信息畅通，积极采取补救措施，这样反而可以使坏事变好事，危机变商机。本例中，一个媒体记者的两篇稿件，无意中替一个百货公司打开了公关的大门，这就是危机公关的最好范例。

【学习互动】

结合实际，再举出现实企业营销活动中危机公关的成功范例，并谈谈你的感想。

案例分析

家乐福价格欺诈

2011年1月26日，国家发改委披露，多地消费者举报“家乐福等部分超市价签标低价、结账收高价”，恶意坑害消费者。经查实，确有一些城市的部分超市存在价格欺诈行为。紧随其后，央视、新华社、新浪网等国内重要的媒体连续大篇幅谴责家乐福，一时间造成了巨大的社会反响。

面对社会谴责，家乐福就价签问题发表声明称：“相关问题是由于我公司价签系统不完善而造成的，我们正着手进行升级改造。针对目前出现的问题，公司特别加强了内部监督检查工作和检查频率，并积极与各地物价等监管部门进行沟通，邀请各地物价检查部门的专业人员对我公司相关负责人及员工加强培训。”然而，媒体调查显示，公众对以上补救措施并不买账。

问题：（1）家乐福价格欺诈事件对你有什么启示？

（2）面对此次事件，你认为应该怎样处理？

讨论分析：

个人：每位同学根据案例内容和案例问题，在固定的学习本上记下你对价格欺诈的看法。

小组：同学们每4个人分为一个组，展开小组讨论，1人负责记录，通过讨论形成小组意见，准备在班级交流。

全班：每组选一位代表在班级发言，陈述本小组观点。

教师：记录各小组陈述要点，最后做点评。

【**提示：**面对价格欺诈，家乐福的认错态度不端正，被迫道歉缺乏诚意，敷衍了事，因而使得家乐福未能在危机发生后的道歉中重新获得消费者的支持和信任。任何企业面对公共关系危机事件，要采取紧急措施，防止事态发展，要面对公众坦诚告知，表明诚意，调查情况，明了事实，针对对象，立即采取对策，并提出有针对性的实质性的改进工作意见。整个过程一定要态度诚实、办事透明、公开公正，这样才能重新建立与社会公众的良好关系。】

拓展学习

收集公共关系促销实例

1. 拓展学习内容

公共关系促销在商业活动中会随时用到，它对树立企业的良好形象，沟通与协调企业内部以及企业与社会公众的各种关系，创造良好的市场营销环境有重要的作用。请同学们走访附近的商场、超市，收集企业在公共关系方面成功或失败的实例，作为互相学习的资料在班级交流展示。

2. 要求

（1）每2位同学一组，深入商场、超市收集有关公共关系促销的实例。

（2）可从图书馆和网络上，收集有关公共关系促销的相关知识和典型案例。

（3）收集总结的公共关系促销实例，必须说明商场、时间、事件、公共关系促销活动方式，公共关系促销目标和实际收到的效果，给企业营销工作的启示等内容，形成一个完整的公共关系促销案例，见表8－5。

表 8－5　公共关系促销实例

商场名称	事件发生的时间	事件经过	公共关系促销方案	促销成效	对你的启发

（4）老师选择五个不同的公共关系促销案例，在班级交流，同学作点评，老师最后做总结。

任务 5　了解网络促销

任务学习目标

素质目标：通过本任务知识学习、案例分析和拓展学习，提高同学们践行网络促销职业道德的职业素养。

能力目标：通过本任务案例分析拓展学习，能明确网络促销的任务和要求，提升同学们的网络促销能力。

知识目标：通过本任务知识学习，能了解网络促销的含义和特点，熟悉网络促销的工作程序及相关规范等知识。

任务描述

网络促销是企业利用现代网络技术向网上虚拟市场的目标顾客传递有关产品和信息，以激发客户需求，促使客户产生购买欲望并发生购买行为的各种活动。随着上网人数的快速增加和互联网应用的迅速发展，网络促销已经成为以互联网为主要手段的一种新的促销手段。同时，互联网已与人们的日常工作和生活密不可分。随着网络的普及，网络促销这一促销方式快速发展，对企业市场营销活动的影响作用也会越来越大。作为市场营销人员应该掌握网络促销的基本方法和工具，熟悉网络促销的工作程序及相关规范。

任务学习

网络促销是促销组合中的又一重要手段，主要目的是利用互联网资源，充分发挥网络的促销能力，通过拓展销售渠道，实现在线销售产品和服务，发挥在线促销功能，吸引潜在客户。本任务主要学习网络促销的含义和特点，掌握网络广告、网络站点推广、网络销售促进和关系营销等网络促销方式，熟悉网络促销的实施过程和内容。培养同学们网络促销的意识，提高利用网络促销的能力。

一、网络促销及特点

（一）网络促销

网络促销是指利用现代化的网络技术向虚拟市场传递有关产品和服务的信息，以激发消费者的购买欲望，促使消费者做出购买行为的各种活动。

（二）网络促销的特点

1. 通过网络传递信息

网络促销是通过网络技术传递产品和服务的存在、性能、功效及特征等信息。它是建立在现代计算机与通信技术的基础之上的，并且随着计算机和网络技术的不断改进而改进。

2. 在虚拟市场上运行

网络促销是在虚拟市场上运行的，这个虚拟市场就是互联网。互联网是一个媒体，它在虚拟的网络社会中聚集了广泛的人口，是一个连接世界各国的大网络、大平台。

3. 市场更加开放

互联网虚拟市场的出现将所有的企业，不论是大企业还是中小企业，都推向了一个统一的开放市场，传统的区域性市场的小圈子正逐步被打破。

【学习互动】

请介绍一个你熟悉的网络和实体店线上线下互动营销的实例，说明其营销中的优点以及存在的问题。

二、网络促销的主要形式

网络促销是在网络上开展的促销活动，其形式主要有四种，即网络广告、网络站点推广、网络销售促进和关系营销。其中，网络广告和网络站点推广是网络促销的主要形式。

（一）网络广告

网络广告的类型很多，根据形式的不同，可以分为旗帜广告、电子邮件广告、电子杂志广告、新闻组广告、公告栏广告等。

（二）网络站点推广

网络站点推广就是利用网络营销策略扩大站点的知名度，吸引网上流量访问网站，以起到宣传和推广企业以及企业产品的效果。网络站点推广主要有两种方法：一种是通过改进网站内容和服务，吸引用户访问，起到推广效果；另一种是通过网络广告宣传推广站点。前一种方法的费用较低，而且容易稳定顾客访问，但推广速度比较慢；后一种方法可以在短时间内扩大站点的知名度，但费用不菲。

（三）网络销售促进

网络销售促进就是企业利用可以直接销售的网络营销站点，采用一些销售促进方法，如价格折扣、有奖销售、拍卖销售等，宣传和推广产品。

（四）关系营销

关系营销就是通过互联网的交互功能吸引顾客与企业保持密切关系，培养忠诚顾客。

【学习互动】

结合你购买书籍的经历，你认为到新华书店购书和从网上书店购书有什么异同？

三、网络促销的实施

（一）创建网站

开展网络促销的第一步是创建一个网站，企业必须设计有吸引力的站点并寻找方法使顾客访问网站，在网站上逗留并且经常光顾。

首先，做好网站规划。网站规划的内容主要包括：明确网站建设的目的，拟定网站域名和名称，获得IP地址，确定网站建设内容，明确网站的技术解决方案，编制网站建设财务预算等。

其次，做好网站制作工作。一是做好网站设计工作，企业网站要简单实用，页面下载速度要快，易于导航和使用，提供搜索引擎或网站地图，联系信息方便多样，设计易于更新的工具，兼容多种浏览器，无错误链接，有良好的容错性能，可扩展性强，安全性能好；二是合理确定网站内容和形式，科学定位网站的CI形象，合理设计页面的视觉信息等。

（二）网站的管理与推广

1. 网站的管理

一是做好网站运行的管理，如对网站实施域名维护、网站空间测试、邮件系统测试、网站系统维护服务等方面的管理工作；二是做好网站内容的管理，如网站页面格式和版面要定期做一些调整或技术上的更新，定期更新页面信息，添加一些功能或信息，做好网站客户的管理，注意网站的安全，保证网站服务器、程序、信息、数据的安全。

2. 网站的推广

企业建立网站的目的是提高企业的知名度，拓展企业的销售渠道。要使网站成为企业创造利润的工具，企业还必须做好网站推广的工作，具体包括：

（1）不断对企业的网站进行搜索引擎优化；

（2）购买关键词排名；

（3）利用博客推广企业网站；

（4）利用群发软件推广企业网站。

此外，企业也可采用注册加入行业网站、邮件宣传、论坛留言、友情链接、互换广告、网站推广、分类网站信息发布等推广方式。

总之，对于大多数企业而言，网络促销是企业进入市场的一种新的方式。随着企业熟练地将电子商务融入日常战略和决策中去，网络促销将不断发展，并成为企业更快更有效地与顾客建立联系、提高销售业绩、交流企业和产品信息、提供产品和服务的一个强有力的工具。

案例分析

烤鱼店爆红网络

某烤鱼店位于一家大型购物商城的四楼，主打产品“烤全鱼”采用沿袭数百年的古法秘方烹制而成，深受消费者喜欢。但是，好东西也需要好的宣传，才能让更多人有口福。这家烤鱼店经过多方考虑，最终选择了借力微信第三方平台进行品牌宣传推广，不到一个月便迅速爆红于网络。成功的秘诀总的来说，分为以下三个步骤：

第一步，开通微信红包。该店商圈周边的人群，只需要扫一扫二维码，关注本店微信公众号就可以抢得微信红包。“送钱”永远是最好的宣传吸引客户的方式。短短3天时间，每天吸引粉丝800—1000名，微信公众平台粉丝数量迅速突破3000个，而且都是本地真实的活跃粉丝。

第二步：当有了足够多数量的本地精准微信粉丝之后，就可以定期通过微信免费推送信息的形式，向粉丝推送该店的微官网（微官网就是企业在微信上展示自己品牌形象及产品的平台）。

第三步：静候客户光顾，门庭若市，财源滚滚来！每天都有很多客户通过微信得知在本市有一家非常有名的微信订餐主题的烤鱼店。

问题：

（1）这家烤鱼店微信营销的成功带给你什么启示？

（2）你还能想到哪些适合这家烤鱼店的网络促销方式？

讨论分析：

个人：请每位同学在固定的学习本上写出自己的认识，并写出这些原则是否适用于网络营销。

小组：请同学们每4个人为一组，1人为组长，1人做记录，小组每个成员都要发表自己的看法，然后讨论分析，形成小组意见，准备在班级交流。

班级：每个小组选1位代表在班级发言，陈述本组观点。

老师：老师记录各小组的陈述要点，最后进行点评。

拓展学习

网络消费者调查

1. 拓展学习内容

（1）目前网络促销花样很多，请调查网络消费者的消费特点。

（2）按表8-6的内容进行调查。

表8－6　　网络消费调查表

商品类别	喜欢网络消费的人群	网络消费的优点	网络消费存在的问题	你的建议
吃的商品				
穿的商品				
用的商品				
住的商品				

2. 要求

（1）每两位同学一组，深入调研网络消费的实例。

（2）也可从图书馆和网络上，收集有关的网络消费知识和典型案例。

（3）收集总结的网络消费实例，必须按表8－6的内容填写，并把填写好的网络消费调查表上传到班级微信平台。

（4）教师可选择3—5个小组展示自己的网络消费调查表，并进行点评。

思考与实训

1. 选择题

（1）旨在鼓励购买的各种短期激励手段称为（　　）。

A. 广告宣传　　B. 人员推销

C. 促进销售　　D. 营业推广

（2）一家公司推销大量的积压商品，可选择（　　）促销手段，效果最佳。

A. 上门推销　　B. 路牌广告

C. 公共关系　　D. 营业推广

（3）公共关系促销的对象是（　　）。

A. 社会组织　　B. 中间商

C. 公众　　D. 企业

（4）一些知名企业经常为各种体育比赛、文艺活动提供赞助，这是（　　）促销手段。

A. 广告宣传　　B. 人员推销

C. 公共关系　　D. 营业推广

（5）促销组合是指企业根据促销的需要，对各种促销方式进行的适当选择和（　　）。

A. 综合促销　　B. 综合管理

C. 综合编配　　D. 综合供应

（6）促销策略包括（　　）。

A. 推式促销　　　　B. 拉式促销
C. 地毯式促销　　　　D. 全面促销
(7) 营业推广的目标是（　　）。
A. 促进产品适销对路　　　　B. 刺激顾客即兴购买
C. 提高市场占有率　　　　D. 树立良好的企业形象
(8) 针对推销人员的营业推广方式有（　　）。
A. 推销竞赛　　　　B. 推销津贴
C. 推广资助　　　　D. 协助经营

2. 判断题

(1) 促销的实质是营销者与购买者之间的沟通活动。（　　）
(2) 人员推销是一种“拉”式促销策略。（　　）
(3) 公共关系的目标是塑造企业形象，提高企业的知名度和美誉度。（　　）
(4) 最适宜完成一些短期促销任务的促销工具是上门推销。（　　）
(5) 人员推销最大的特点是面对面地与顾客交流。（　　）
(6) 营业推广是一种经常性的、无规则的促销活动。（　　）
(7) 人员推销过程中，在与顾客推销面谈时应开门见山，直奔主题。（　　）

3. 案例选择题

冰点啤酒公司最近研制出了果汁啤酒系列产品，为了打开市场，让消费者接受其果汁啤酒，公司采取了一系列促销活动。首先在其产品的易拉罐上设计了新颖的图案，并且每个易拉罐附有1元的优惠券，然后组织人员在一些啤酒消费较多的社区设点赠送。同时，冰点啤酒公司还推出了针对零售商的刺激措施，通过提供额外折扣的方式，鼓励零售商将该产品尽量陈列于店头的货架上，以增加销售机会。

华冠电器股份有限公司于2001年1月6日在广州市文化公园成功地组织了“寻宝大行动”。活动现场参与人数近万人，报纸、电台等媒体纷纷作了现场报道。30台空调、500台相机、数万份礼品蓄势待“发”。现场气氛热烈，场面十分壮观。

顶新国际集团武汉食品有限公司生产的“超级福满多”香辣牛肉面，与原先的“福满多”方便面相比，在量上每包由过去的100克增加到125克；在质上面加了鸡蛋；在作料上，除原来的调味包外，增加了一个肉酱包，而且价格也略低于市面上其他的方便面。但是，由于消费者对这种新产品不了解，加之吃惯了康师傅、统一、面霸等老牌子方便面，谁都不愿意花钱去做第一个吃“螃蟹”的人，因此，“超级福满多”方便面刚上市时，销售情况不佳。为了使消费者了解这种经过改进后重新上市的产品，顶新集团除电视广告外，于1998年12月中下旬，在武汉市的高校学生中开展了一次较大规模的“超级福满多”方便面样品派送活动。

(1) 冰点啤酒公司采用的销售促进方式有（　　）。
A. 优惠券　　　　B. 经销商交易补贴
C. 赠送样品　　　　D. 经销商销售竞赛
(2) 冰点啤酒公司的销售促进活动主要是以（　　）为对象的。

A. 消费者　　B. 推销人员
C. 中间商　　D. 管理人员

(3) 华冠电器股份有限公司所采用的销售促进方式属于（　　）。

A. POP 广告　　B. 赠奖（礼物）
C. 免费试用　　D. 竞赛（游戏）

(4) 顶新集团在推广“超级福满多”时使用的促销手段是（　　）。

A. 人员推销　　B. 销售促进
C. 公共关系　　D. 广告宣传

(5) 顶新集团的这种促销手段，还可适用于（　　）。

A. 新款服装　　B. 新口味饮料
C. 新型洗发水　　D. 新款手机

(6)“超级福满多”方便面新上市时，销售情况不佳的原因是（　　）。

A. 产品定价不合理　　B. 口味不好
C. 消费者忠诚度影响　　D. 消费者惰性

4. 案例分析题

(1) 在广州百货大厦的小家电柜台前，两个营业员正在做榨汁器的示范表演。一个营业员面前摆了橘子、苹果、西瓜等水果和玻璃器皿，他左一下、右一下地拨动着榨汁机，鲜美的水果原汁流入杯中。另一个营业员向顾客介绍说，这种榨汁器是超级玻璃制成的，防酸、防碱、防裂、打不碎，接着拿起大锤猛砸几下，又把榨汁机狠狠地摔在地上，丝毫未损，看到这样的展示，围观的人信服了，纷纷购买。

问题：①这两个营业员运用了什么推销技巧？
②谈谈这件事对你的启发，再举出一些其他的例子并分析。

(2) 网易云音乐精心挑选了30个乐评，贴到了4亿瓶农夫山泉的瓶子上面，在全国69个城市推出了首款限量版的“乐瓶”。农夫山泉的瓶身上印上了网易云标志性的黑胶唱片图案，消费者扫描瓶身上的二维码，就可以跳转到网易云音乐相关的歌单，欣赏精心挑选的音乐。音乐背后都有一个打动人心的故事，引起了消费者强烈的情感共鸣。

不仅如此，此次的营销活动还采用了最新的VR技术，消费者扫描瓶身的黑胶唱片图案，手机屏幕会出现一个星空画面，点击星球就会弹出随机的乐评。有趣的方式引发消费者自发截图、拍照，并上传到社交网络上。

此次营销的独特之处在于两个品牌的跨界联合。对网易云音乐来讲，遍布全国各大超市的农夫山泉，可以增强品牌的覆盖力度；对于农夫山泉来讲，视听结合的完整体验对年轻人极具吸引力，更为常年不变的外包装增加了很多新意。

问题：

①案例中的促销活动成功的原因是什么？

②你还知道哪些跨界营销案例？谈谈你对跨界营销的看法。

5. 任务实训

促销策略实训

（1）背景与情境

你们已经学完了促销策略的内容，知道什么是促销，也明白了人员促销、营业推广、公共关系促销、网络促销等促销方式的具体内容；你们也到过许多商场，见过许多促销活动，但每次促销具体怎样实施的，为什么这样实施，你还不太清楚。你想深入了解一下企业促销活动是怎样组织实施的和为什么这样做。

（2）实训目标

①素质目标：会用促销策略中相关术语与企业营销人员进行沟通，具有营销伦理道德和信息安全意识。

②能力目标：通过调研，熟悉企业促销时机把握，促销方法应用的相关规范要求，并能结合企业经营特点、产品特性等提出选择运用促销策略建议。

③知识目标：通过调研结合企业实际，深入理解人员促销、营业推广、公共关系促销、网络促销等陈述性知识。

（3）实训步骤

①每组4人，其中1人为组长，由组长组织成员讨论成员分工，明确调研思路，按分工各负其责，相互配合，积极完成任务。

②根据本组所选企业经营商品类别，选择日常经营和重大节日两种情景进行促销调研。

③实际调查前要从网上和图书馆搜集促销策略的相关资料。

（4）实训成果及要求

①每组成员撰写一份促销调研报告，报告要说明调查了什么企业日常产品的经营，什么重大节日，日常经营是如何促销的，重大节日又是如何促销的，详细记录相关促销活动过程和细节，并说明理由。

②报告呈现的形式各组自定，报告不少于1200字。

（5）实训时间

在学生学习完本项目内容开始时，即可让学生分组，布置本实训任务，利用课余时间去企业进行调研，并积极撰写调研报告。在本项目学习完后，用2个课时让各小组介绍展示本组报告，其他组同学可发表个人意见，最后由老师点评。经过展示点评，各组认真修改完善实训报告，并把修改后的报告在班级微信平台展示交流。

（6）实训评价（见表8－7）

表 8-7　　促销策略实训评价表

项目	评价标准	分值	小组个人自评（30%）	小组成员互评（30%）	教师评价（40%）	小计
素养培养	参与实训的态度端正，积极性高，纪律性强，小组讨论积极踊跃	10				
	养成细致、严谨的工作作风，能主动提出关于促销策略的相关问题，商业伦理道德和信息安全意识强	10				
	能够结合实训认识到促销策略营销活动中的重要价值	10				
能力提升	能将所学的促销策略知识运用到实训任务中，学以致用	10				
	正确分析促销策略的时机和方法选择	10				
知识应用	了解促销、人员促销、营业推广、公共关系促销、网络促销等知识	10				
	掌握常用促销方式的注意事项	10				
项目成果展示	能够独立完成实训，完成任务及时、主动，并能主动提出问题，解决问题	10				
	促销策略实训报告结构完整，无错别字	10				
	促销策略实训报告展示形式新颖，语速恰当，语言流畅，有感染力	10				
合计		100				

项目九
销售分析与绩效考评

任务1　了解销售分析

任务学习目标

素质目标：通过本任务知识学习、案例分析和拓展学习，提高同学们在营销分析活动中牢记营销职业道德，坚守道德底线的意识。

能力目标：通过本任务案例分析和拓展学习，能培养利用相关指标、选择不同方法进行销售分析的专业能力。

知识目标：通过本任务知识学习，能陈述销售分析、销售成本、销售额分析、销售成本分析等陈述性知识。

任务描述

现代市场营销在开发优质的产品、制定合理的价格、建立高效率的分销网络系统、制定行之有效的促销策略的基础上，还应进行必要的销售分析。销售分析从单纯依靠经验判断发展到了依靠数据分析，单靠人的经验判断就会经常误判，导致经营损失。所以，现代企业必须正确认识销售分析并应用数据和分析工具来进行销售分析。销售分析主要包括销售额分析和销售成本分析两部分，企业应选择适宜的方法进行分析。

任务学习

销售分析，就是要检查企业的实际绩效与计划目标之间是否有偏差，然后分析原因，并采取改进措施，以确保计划目标的实现与完成。如今企业更加强调留住顾客，做好关系销售工作，并发展与顾客的长期合作关系。因此，销售分析与控制及销售预算控制就越来越重要。

销售分析一般包括对企业销售额、成本的分析与控制及销售预算控制等内容，本任务就是要学习关于销售分析的相关知识。

一、销售额分析

（一）销售额分析概述

销售额分析与评价是销售分析的重要内容，计划执行的结果不仅取决于计划制定得是否正确，更有赖于计划执行与控制的效率如何。销售额分析，就是通过对企业全部销售数据的研究和分析，比较和评估实际销售额与计划销售额之间的差距，为未来的销售工作提供指导。

在实际工作中销售额分析有以下两种：

（1）企业销售差异分析，就是分析并确定不同因素对销售绩效的不同作用。

（2）特定产品或地区销售差异分析，就是具体分析和确定未能达到计划销售额的特定产品或地区等。

（二）销售额分析的目的

1. 销售额分析是企业进行销售业绩考评的依据

进行销售额分析，就是要在销售管理过程中及时发现问题，并分析和查找原因，以便及时采取措施，解决问题。销售额分析与评价的结果，也是对各级销售经理和营销人员进行绩效评估的基本依据。

2. 分析企业各产品对企业的贡献程度，针对产品采取相应的营销对策

通过对各产品销售额的分析，可以得出企业所生产产品的市场占有率，市场占有率是反映产品市场竞争力的重要指标。同时，也可以通过对销售额的分析得出各产品的市场增长率，市场增长率是衡量产品发展潜力的重要指标。根据市场增长率和市场占有率，大致可以了解产品对企业的贡献程度，企业据此可以对相应的产品采取合适的销售策略。

相关链接

波士顿矩阵（BCG Matrix：Boston Consulting Group），又称市场增长率—相对市场份额矩阵、波士顿咨询集团法、四象限分析法、产品系列结构管理法等，是由美国著名的管理学家、波士顿咨询公司创始人布鲁斯·亨德森于1970年首创的一种用来分析和规划企业产品组合的方法。

通过市场增长率和市场占有率两个因素相互作用，会出现四种不同性质的产品类型，形成不同的产品发展前景：销售增长率和市场占有率“双高”的产品群（明星类产品）；销售增长率和市场占有率“双低”的产品群（瘦狗类产品）；销售增长率高、市场占有率低的产品群（问号产品）；销售增长率低、市场占有率高的产品群（金牛类产品），如图9-1所示。

（1）明星产品（Stars）。明星产品是指处于高增长率、高市场占有率象限内的产品群，这类产品可能成为企业的金牛产品，需要加大投资以支持其迅速发展。采用的发展战略是：积极扩大经济规模和市场机会，以长远利益为目标，提高市场占有率，加强竞争地位。

（2）金牛产品（Cash Cow）。金牛产品又称厚利产品，是指处于低增长率、高市场占有率象限内的产品群，已进入成熟期。其财务特点是销售量大，产品利润率高、负债比率

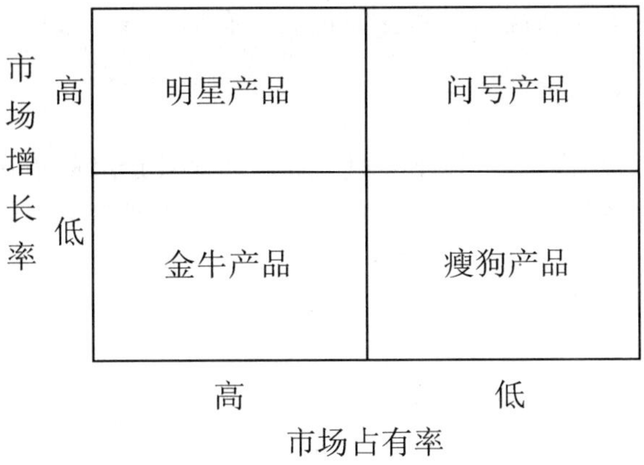

图 9－1 波士顿矩阵图

低，可以为企业提供资金，而且由于增长率低，也无须增大投资，因而成为企业回收资金、支持其他产品，尤其明星产品投资的后盾。对于这一象限内的销售增长率仍有所增长的产品，应进一步进行市场细分，维持现存市场增长率或延缓其下降速度。

（3）问号产品（Question Marks）。问号产品是处于高增长率、低市场占有率象限内的产品群。前者说明市场机会大，前景好，而后者则说明在市场营销上存在问题。其财务特点是利润率较低，所需资金不足，负债比率高。例如在产品市场生命周期中处于投入期、因种种原因未能开拓市场局面的新产品即属此类问题的产品。对问题产品应采取选择性投资战略。

（4）瘦狗产品（Dogs）。瘦狗产品也称衰退类产品，它是处在低增长率、低市场占有率象限内的产品群。其财务特点是利润率低、处于保本或亏损状态，负债比率高，无法为企业带来收益。对这类产品应采用撤退战略：首先，应减少批量，逐渐撤退，对那些销售增长率和市场占有率均极低的产品应立即淘汰；其次，是将剩余资源向其他产品转移；最后，是整顿产品系列，最好统一管理。

3. 分析本企业的经营状况，为改善企业经营状况提供相关数据

采用盈亏平衡点对本企业的销售额和经营成本进行分析，可以得出本企业的经营状况信息。若企业实际销售额高于盈亏平衡点的销售额，企业就有盈利；若等于或低于盈亏平衡点的销售额，则企业处于保本或亏损状态。

4. 对企业的客户进行分析，认识客户价值，做好客户服务工作

企业要将客户按客户价值分成不同的等级，这样企业就能将有限的时间、精力、财力放在高价值的客户身上。

（三）销售额分析的内容

1. 市场占有率分析

市场占有率又称市场份额，是指在一定时期内，企业产品在市场上的销售额或销售量占同类产品销售总量或销售总额的比重。市场占有率高，说明企业在市场上处于优势地位，适应市场的能力强；市场占有率低，说明企业在市场上处于劣势，适应市场的能力弱。用公式表示如下：

$$\text{市场占有率}=\frac{\text{本期企业某种产品的销售额}}{\text{本期该产品市场销售总额}}\times 100\%$$

企业产品的市场占有率情况可以概括为市场占有率上升、市场占有率下降和市场占有率不变三类。

（1）市场占有率上升。

市场占有率上升大致可以分为以下4种情况：①企业产品的销售增长速度快于行业的增长速度；②企业产品的销售额增加，市场上同类产品的销售额不变；③企业产品的销售额不变，市场上同类产品的销售额下降；④企业产品的销售下降速度低于行业的下降速度。

（2）市场占有率下降。

市场占有率下降大致可以分为以下4种情况：①本企业产品的销售额下降，市场同类产品的销售额不变；②企业产品的销售下降速度大于行业的下降速度；③本企业产品的销售额不变，市场同类产品的销售额增加；④企业产品的销售增长速度低于行业的增长速度。

（3）市场占有率不变。

市场占有率不变大致可以分为以下3种情况：

①企业产品的销售额与市场上同类产品的销售额以相同比例增加；②企业产品的销售额与市场上同类产品的销售额以相同比例下降；③企业产品的销售额与市场上同类产品的销售额均维持在原有水平上保持不变。

2. 总销售额分析

总销售额是企业所有客户、所有地区、所有产品销售额的总和。这一数据可以展现一个企业的整体运营状况。总销售额分析一是要分析公司近几年的销售趋势，二是分析公司在整个行业的市场占有率的变动趋势。对于管理者来说，销售趋势比某一年的销售额更重要，其中包含：一是企业近几年的销售趋势；二是企业在整个行业的市场占有率的变动趋势。

实 例

根据表9－1分析企业的销售趋势与市场占有率趋势如何？

表9－1 **企业销售表**

年度	企业销售额（万元）	行业销售额（万元）	企业市场占有率（%）
2015	21	300	7
2016	22	320	6.9
2017	23	360	6.4
2018	25	390	6.4
2019	27	410	6.6

启示：分析销售趋势与市场占有率比单纯分析销售额更重要。

3. 地区销售额分析

只对总销售额的分析是不够的，不能为企业管理层提供销售进程中的详尽资料，对管理层的价值有限，所以还需要按地区对销售额作进一步分析，见表9－2。

表9－2　　某公司5个地区销售额分析

地区	市场指数（%）	销售目标（万元）	实际销售（万元）	实际市场指数（%）	业绩完成率（%）	销售额偏差（万元）
A	27	3 645	2 700	20	74	－945
B	22	2 970	3 690	27.3	124.2	＋720
C	15	2 025	2 484	18.4	122.7	＋459
D	20	2 700	2 556	19	94.7	－144
E	16	2 160	2 100	15.3	97.2	－60
合计	100	13 500	13 530	100	100.2	＋30

注：市场指数指地区销售占公司总销售的百分比。

例如，某公司的实际销售额完全按照原计划目标实现，但是从表9－2中可以看出，地区之间的销售额并不令人满意，因此应当重点分析B、C区成功经验，从而改善A区的工作。

4. 产品销售额分析

与按地区分析销售额一样，按产品系列分析企业销售额对企业管理层的决策也很有帮助。

从表9－3中可以看出，A地区的三种产品和B地区的一种产品与目标有偏差，从而帮助企业管理层做出正确的决策。

表9－3　　某户外用品企业A、B两地区产品销售业绩分析　　单位：万元

产品	A地区			B地区		
	目标	实际	偏差	目标	实际	偏差
滑雪板	1 629	1 710	＋81	1 263	1 620	＋357
滑雪裤	900	360	－540	765	1 080	＋315
风雪衣	846	396	－450	720	630	－90
附件	270	234	－36	222	360	＋138
合计	3 645	2 700	－945	2 970	3 690	＋720

【学习互动】

地区销售额分析与产品销售额分析的相同点和不同点是什么？

二、销售成本分析

一定销售量的获得总是以一定的销售成本付出为代价的，如果一个企业不进行销售成本分析，就很难知道投入与产出之间的关系，也就很难有效地分配销售资源、确定销售地

区和目标市场。投入产出分析，正是销售成本分析的目的所在。

（一）销售成本概述

在销售管理活动中，成本分析是销售额分析的补充。销售额分析是着重对已获得销售成果进行分析，而销售成本分析就是对影响销售成本的数据进行收集、分类、比较和研究。

销售成本是指在销售过程中发生的、为实现销售收入而支付的各项费用，包括营销人员报酬、广告费用、公关费用、业务费用、售后服务费用和销售物流费用，见表9－4。

表9－4　销售成本构成表

销售成本构成		具体项目
推销费用	营销人员报酬	底薪、佣金、奖金等
	广告费用	广告策划费、媒体费、制作费、管理费和杂费等
	公关费用	公关人员费用、赞助费用、会议费用、庆典活动费等
	业务费用	培训费、差旅费、会议费、业务招待费、销售折扣与折让、坏账损失、印刷费等
管理费用	售后服务费用	消耗材料与燃料动力费、工资及附加费、顾客损失赔偿费等
	物流费用	库存费用、包装费用和运输费用等

（二）销售成本分析的目的

企业进行销售成本分析的目的，主要表现为：用以作为拟定企业销售政策的基础；为选择销售途径提供依据；为制定价格或计算折扣比率提供依据；用以作为销售活动的管理资料。

（三）销售成本分析的内容

通过对企业销售成本分析，可以知道销售成本的组成，从而加强成本控制，减少不能为企业带来利润的成本，增加企业的盈利能力。

1. 推销费用率

推销费用率就是推销费用占销售总额的比率。

推销费用率＝（推销费用÷销售总额）×100%

分析推销费用占销售总额的比率，用于确定销售费用的分配是否得当、结构是否平衡、效率是否优异，从分析其得失原因从而求得改进。各行业推销费用率的标准不一，通常在10%—20%。

2. 管理费用率

管理费用率是管理费用与销售总额的比率。

管理费用率＝（管理费用÷销售总额）×100%

分析管理费用占销售总额的比率，以测定管理费用是否过高、有无浪费。各行业管理费用率的标准不一，通常在10%—20%。

三、销售分析方法

（一）比较分析法

将两个或两个以上的同类经济指标进行数量比较，从而揭示它们的差异和程度，并对有关指标进行评价的办法，是经济活动分析的基础。

1. 比较分析绝对值

一是实际与计划比：如计划销售1850万元，实际销售2000万元，2000 - 1850 = 150（万元），即超额完成150万元。

二是本期与去年同期比：又如去年同期1750万元，问比去年同期增加多少？2000 - 1750 = 250（万元），即比去年同期增加250万元。

2. 比较分析相对值

一是实际与计划比：按照上例中的数据，实际销售比计划销售增长幅度是多少？150 ÷ 1850 × 100% = 8.1%，即比计划销售增长8.1%。

二是本期与去年同期比：按照上例中的数据，今年比去年同期增长幅度是多少？250 ÷ 1750 × 100% = 14.29%，即比去年同期增长14.29%。

（二）动态分析法

用同一经济指标对不同时期的两个数值进行比较，用来观察这一指标在时间上的变动情况来揭示这一经济指标的发展趋势。包括增长量、增长幅度（这两种方法同比较分析法）、发展速度（可以与计划比，也可与基期比）。

发展速度 = 实际数值（报告期数值）÷ 基期数值 × 100%

增长速度 = [（实际数值 - 基期数值）÷ 基期数值] × 100%

发展速度 = 增长速度 + 1

发展速度 = 2000 ÷ 1750 × 100% = 114.29%

增长速度 = （2000 - 1750）÷ 1750 × 100% = 14.29%

发展速度 = 114.29% - 1 = 增长速度 = 14.29%

（三）结构分析法

某个指标的各个组成部分占整体指标的比重来分析。

某部分结构 = （组成部分数值 ÷ 整体数值）× 100%

例如：企业测算其畅销商品就可以用结构分析法来解决。假设企业共经营十种商品，分别计算每一种商品销售额占总销售额的比重，销售占比超过10%的商品就是这家企业的畅销商品。

（四）因素分析法〈替代法〉

因素分析法是用实际数和基数的差额来寻找差异。分析步骤为：列出算式（分析对象的确定）因素替代、找出差异、汇总结论，见表9-5。

表9-5　　某企业计划与实际销售对比表　　单位：元

项目	计划	实际	差异
销售	380000	400000	+20000
毛利率	12%	12.5%	+0.5个百分点
毛利额	45600	50000	+4400

实际比计划增加毛利额：

50000 - 45000 = 4400（元）

毛利额的增加受两个因数的影响：

（400000 - 380000） ×12% = 2400（元）（由于销售额增加而影响的毛利额）

（12.5 - 12%） ×400000 = 2000（元）（由于毛利率提高而影响的毛利额）

综合影响：4400元 = 2400元 + 2000元

（数据资料来源：周勇．连锁超市运作规范［M］．上海：立信会计出版社，2011.）

案例分析

杭州商场春节后怎么过？

据杭州市贸易局统计数据显示，相比2008年春节，2009年杭州春节单店销售额普遍下跌。不完全统计表明，从农历大年二十九至正月初五，十几家大超市累计降幅为1.2%，其中初一、初四的降幅较大，但1月24日（年二十九）的销售略有增长。

从1月24日至1月30日，杭州大厦、百货大楼、银泰百货、解百等四家商场累计销售18637.41万元，比去年同期降低11.68%，其中1月26日（初一）当天降幅更高达32%左右；苏宁、永乐、国美、五星、话机世界五大家电通信卖场累计销售4586.13万元，同比降低44.20%，单店降幅最高达五成多。

据业内人士分析，因为浙江省内多为沿海城市，外贸出口量较大，所以受到的经济冲击也较严重；即使今年春节期间，杭州市政府向市民发放了亿元消费券。他同时不无惆怅地向联商网编辑表示，面对经济危机，2008年的十一黄金周是中国零售业的第一个拐点，2009年春节则是第二个拐点。节后销售惨淡更是难以避免。行业内正在发生一些变化，比如大型商场的服装销售开始下降，而超市的服装销售在增长，这里就有顾客消费心理的作用，他们认为大商场的服装相对价格较高，而超市较低端。

联商网《店长》专栏作者周勇教授建议："今年春节后怎么过？我觉得应该注意两个基本点：一是超越单纯的赢利性目标，以现金流量的把握为重点，包括对自己、对供应商。沃尔玛可以降价20%来促销，我们为什么不能做？零售前几年赚了钱，现在大家遇到困难，就应该拿出一部分钱惠及我们的相关群体。二是要给顾客真正的实惠，不要用噱头来引诱顾客，一个企业的生命力体现在哪里？在最困难的时候，顾客、员工、供应商仍然很忠诚！"

（资料来源：联商网，www.linkshop.com.）

问题：（1）杭州各商场遇到的实际问题是什么？是如何得出这一结论的？

（2）面对以上问题，你认为该怎么做？

讨论分析：

个人：每位同学根据案例内容，在固定的学习本上写下你的看法。

小组：请同学们每4个人分为一个组，1人负责记录，负责把本组同学们交流的观点，形成小组意见，准备在班级交流。

全班：每组选一位代表在班级发言，陈述本小组观点。

教师：记录各小组陈述要点，最后做点评。

【**提示：**案例中应用比较分析的方法得出杭州各大商场销售额急剧下降，年后可能会更加销售低迷。面对以上问题，一方面，案例中已经提示了如何扩大销售额度过难关的方

法；另一方面，可以在降低销售成本上做文章。】

拓展学习

便利店销售分析

1. 拓展学习内容

（1）假如你负责一家便利店，2019 年年终两个月的销售数据见表 9－6，请选择合适的分析方法对便利店进行销售分析。

表 9－6　　便利店销售状况　　单位：元

时间	销售额		毛利额		销售成本	
	计划	实际	计划	实际	计划	实际
2019 年 11 月	42000	41850	14700	15520	8400	8152
2019 年 12 月	45000	49670	15750	16780	9000	9365

（2）依据表 9－6 中的数据，计算表 9－7 中的数据。

表 9－7　　销售分析计算表　　单位：元

时间	销售额		毛利额		销售成本	
	实际比计划增减额	增减（%）	实际比计划增减额	增减（%）	实际比计划增减额	增减（%）
2019 年 11 月						
2019 年 12 月						

（3）用因素分析法分析表 9－6 中的数据，分别计算企业 11 月和 12 月，由于销售额和销售成本的变化对毛利的影响。

2. 要求

（1）学生两人分为一组。

（2）利用上述资料按要求进行分析，把分析结果上传到班级微信平台。

（3）每个小组用适当的方式展示小组分析的结果。

（4）选取 3 个小组，在班级交流分析结果，其他小组同学可提问或点评，老师做总体点评。

任务 2　熟悉营销人员绩效考评

任务学习目标

素质目标：通过本任务知识学习、案例分析和拓展学习，提高同学们关注绩效中对职业道德因素的考核意识。

能力目标：通过本任务案例分析和拓展学习，能明确绩效考评的注意问题，培养利用相关指标、选择不同方法进行绩效考评的专业能力。

知识目标：通过本任务知识学习能陈述营销人员绩效考评、绩效考评的程序及考评方法等陈述性知识。

任务描述

在整体市场营销的过程中，人的因素起到了关键作用。如何对营销人员进行评价与考核，从而调动他们的工作热情与积极性就显得尤为重要。在营销绩效考评过程中，应当把握绩效考评的原则与注意问题，遵循一定的绩效考评程序，选择合适的方法对营销人员合理考评。

任务学习

绩效考评是销售控制的有效途径，也是营销经理对营销人员进行管理的基本内容之一。

绩效考评是通过系统的方法和原理来评定预测营销人员在职务上的工作行为及工作效果。绩效考评的结果直接影响到营销人员薪酬的调整、奖金的发放及职务的升降等，涉及员工的切身利益。本任务主要学习绩效考评的原则、考评的程序及应注意的问题等内容。

一、营销人员绩效考评的原则

（一）公开原则

公开就应该最大限度地减少考核者和被考核者双方对考评工作的神秘感，绩效标准和水平的制订是通过协商来进行的，考核结果公开，使考评工作制度化。

（二）客观原则

客观性原则，即用事实说话，切忌主观武断。缺乏事实依据，宁可不做评论，或注上“无从观察”“待深入调查”等意见，按个体的绝对标准进行考核，引导成员改进工作，避免人与人之间的攀比，破坏团结精神。

（三）反馈原则

在绩效考评之后重视反馈的原则，进行面谈讨论，把结果反馈给被考核者，同时听取被考核者的意见及自我评价情况，存在问题不要紧，应给予修改，达到互相信赖的关系。

（四）可行性和实用性原则

可行性应考虑：①和绩效标准相关的资料来源；②潜在的问题分析，预测在考评过程中可能发生的问题、困难和障碍，准备应变措施。

实用性应考虑：①考评的手段是否有助于组织目标的实现；②考评的方法和手段是否和相应的岗位以及考评的目的相适应。

（五）时效原则

绩效考评是对考核期内的所有成果，形成综合的评价，而不是将本考核期之前的行为强加于当期的考评结果中，也不能取近期的业绩或比较突出的一两个成果过来代替整个考核期的绩效进行评估，这就要求绩效数据与考核时段相吻合。

（六）工作相关原则

考评过程应与工作相关，就事论事。绩效考评的项目是针对工作，不可将与工作无关的因素带入考评工作，更不可涉及人员的隐私。在现实的绩效考评中，往往分不清哪些和工作有直接联系，结果将许多有关人格的问题的判断掺进评判的结论，这是不恰当的。

二、绩效考评的程序

营销人员的绩效考评工作应严格按照一定的程序进行，具体包括收集考评资料，建立绩效标准，选择考核方法，实施绩效考评，反馈考评结果。只有这样才能对营销人员的业绩做出合理、全面、科学的评定。

（一）收集考评资料

（1）营销人员的销售报告。

（2）企业销售记录，如顾客记录、区域销售记录、销售费用支出记录等。

（3）顾客意见，如顾客投诉、顾客调查资料。

（4）企业内部员工的意见，主要是反映营销人员合作态度和人际关系技能方面的信息。

（二）建立绩效标准

1. 客观性绩效标准

客观性绩效标准主要是反映营销人员的职务履行情况，对应于工作的客观完成情况。客观性绩效标准主要有以下指标：

（1）销售量。

（2）毛利。

（3）订单的数量和订单平均规模。

（4）平均每天访问顾客的次数

（5）平均访问成功率。

（6）直接销售成本。

2. 主观性绩效标准

主观性绩效标准主要是反映营销人员的工作职能的整体情况，对应于营销人员自身的工作能力。主观性绩效标准主要有以下指标：

（1）销售技巧标准，包括发现卖点、产品知识、倾听技巧、获得客户参与、克服客户异议、达成交易等。

（2）销售区域管理标准，包括销售计划、销售记录、客户服务、客户信息的收集与跟踪等。

（3）个人特点，包括工作态度、人际关系、团队精神、自我提高等。

【学习互动】

主观性绩效标准相对于客观性绩效标准而言，不能将指标进行量化，你认为针对主观性绩效标准应该如何进行衡量呢？

（三）选择考评方法

1. 横向比较法

横向比较法就是把各位营销人员的销售业绩进行比较和排队。通过将重要指标进行比较，得出相应营销人员的当期绩效成绩，从而进行评价。

如表9－8所示，将三名营销人员分别比较，最终发现营销人员C的绩效最高。

表9－8　三名营销人员绩效考评表

考评因素		A	B	C
销售额	① 权数	5	5	5
	② 目标（万元）	50	40	60
	③ 完成（万元）	45	32	57
	④ 达成率（%）	90	80	90
	⑤ 绩效水平（权数×达成率）	4.5	4.0	4.5
订单平均批量	① 权数	3	3	3
	② 目标（万元）	800	700	600
	③ 完成（万元）	640	630	540
	④ 达成率（%）	80	90	90
	⑤ 绩效水平（权数×达成率）	2.4	2.7	2.7
每周平均访问次数	① 权数	2	2	2
	② 目标（万元）	25	20	30
	③ 完成（万元）	20	17	24
	④ 达成率（%）	80	85	80
	⑤ 绩效水平（权数×达成率）	1.6	1.7	1.6
绩效合计		8.5	8.4	8.8

2. 纵向分析法

与横向比较法不同的是，纵向分析法是将同一营销人员的现在和过去的工作实绩进行比较，通过对比得出同一营销人员的考评绩效。

纵向分析不仅能够得出营销人员的绩效水平，更为重要的是，纵向分析法在客观比较相应数值的基础上，还可以得出营销人员的销售绩效的相关变化趋势，从而能对营销人员进行主观性绩效标准的相关评价。

实　例

试根据表9－9，运用纵向分析法分析该名营销人员的绩效状况。

表9－9　同一营销人员不同时期营销绩效对比表

考评因素	2016年	2017年	2018年	2019年
① 产品A的销售额（万元）	376 000	378 000	410 000	395 000

续表

考评因素	2016 年	2017 年	2018 年	2019 年
② 产品 B 的销售额（万元）	635 000	660 000	802 000	825 000
③ 销售总额（万元）③=①+②	1 011 000	1 038 000	1 212 000	1 220 000
④ 产品 A 的定额达成率（%）	96. 0	92. 6	88. 7	85. 2
⑤ 产品 B 的定额达成率（%）	118. 3	121. 4	132. 8	130. 1
⑥ 产品 A 的毛利（元）	75 200	75 600	82 000	79 000
⑦ 产品 B 的毛利（元）	63 500	66 000	80 200	82 500
⑧ 毛利总额（元）⑧=⑥+⑦	138 700	141 600	162 200	161 500
⑨ 销售费用（元）	16 378	18 476	18 665	21 716
⑩ 销售费用率（%）⑩=⑨/③	1. 62	1. 78	1. 54	1. 78
⑪ 销售访问次数	1650	1 720	1 690	1 630
⑫ 每次访问成本⑫=⑨/⑪	9. 93	10. 74	11. 4	13. 32
⑬ 平均客户数	161	165	169	176
⑭ 新客户数	16	18	22	27
⑮失去客户数	12	14	15	17
⑯ 每个客户平均购买额⑯ =③/⑬	6 280	6 291	7 172	6 932

启示：对于同一名营销人员按照近 3 年的相关工作业绩进行比较发现，该名营销人员近三年的总体营销绩效呈上升趋势，尤其 2018 年的营销绩效最好。

3. 360 度考核法（全视角考核法）

由上级、其他部门上级、下级、同事和顾客对营销人员进行多层次、多维度的评价，这样可以综合不同评价者的意见，得出一个全面、公正的评价结果，这就是 360 度的考核体系，如图 9－2 所示。

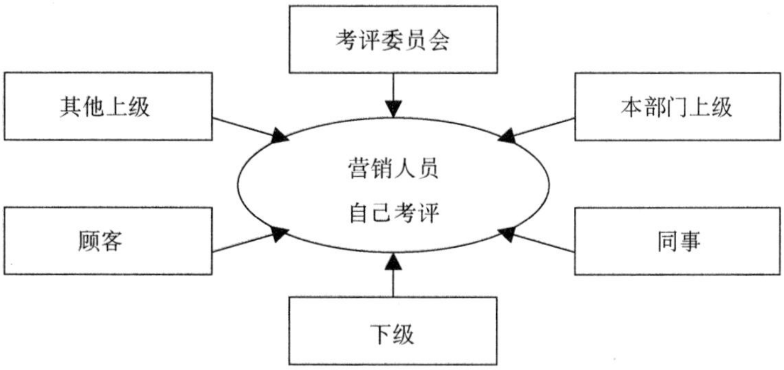

图 9－2 360 度考评体系示意图

4. 关键绩效指标考核法（KPI）

通过对营销人员工作绩效特征的分析，提炼出最能代表绩效的若干关键绩效指标，并以此为基础进行绩效考核。

对营销人员进行的关键绩效考核通常有以下几种指标：

（1）客户满意度，如客户满意度提高率或客户投诉量。

（2）平均销售订单数额，如平均销售订单额或销售订单额增长率。

（3）货款回收，如货款回收额或货款回收目标完成率。

（4）销售费用，如直接销售费用率或直接销售费用降低率。

相关链接

KPI 法符合一个重要的管理原理——“八二原理”。在一个企业的价值创造过程中，存在着“80/20”的规律，即20%的骨干人员创造企业80%的价值；而且在每一位员工身上“八二原理”同样适用，即80%的工作任务是由20%的关键行为完成的。因此，必须抓住20%的关键行为，对之进行分析和衡量，这样就能抓住业绩评价的重心。

（四）实施营销人员的绩效考评

对营销人员的绩效进行具体的考评，一般包括以下内容：

（1）日活动情况考评，营销人员要填写好销售日报表。

（2）月度业绩考评，主要考核营销人员月度和年度销售业绩，包括各类财务指标如销售额、利润率、回款率等。

（3）服务能力考评，营销人员的投诉率不应高于5%。

（4）工作能力考评，主要包括沟通能力、创新能力、信息处理能力、与人合作能力等。

（五）反馈考评结果

1. 对被考核者的表现达成双方一致的看法

对同样的行为表现，往往不同的人会有不同的看法。管理者对员工的考核结果代表的是管理者的看法，而员工可能会对自己的绩效有另外的看法，因此，必须进行沟通以达成一致的看法，这样才能制定下一步的绩效改进计划。

2. 使员工认识到自己的成绩和优点

每个人都有被别人认可的需要，当一个人做出成绩时，他需要得到其他人的承认和肯定。因此，绩效反馈面谈的一个很重要的目的就是使员工认识到自己的成绩，从而对员工起到积极的激励作用。

3. 指出员工有待改进的方面

员工的绩效中可能存在一些不足之处，或者员工目前的绩效表现比较优秀，但如果今后想要做得更好仍然有一些需要改进的方面，这些都是在绩效反馈面谈的过程中应该指出的。通常来说，员工想要听到的不只是肯定和表扬的话，他们也需要有人中肯地指出其有待改进的方面。

4. 制订绩效改进计划

在双方对绩效考核的结果达成一致意见之后，员工和管理者可以在绩效反馈面谈的过程中一同制订绩效改进计划。通过绩效反馈面谈，双方可以充分地沟通关于改进绩效计划的方法和制订相应的具体计划。

5. 协商下一个绩效周期的目标与绩效标准

一个绩效周期的结束，同时也是下一个绩效周期的开始。因此，上一个绩效周期的绩效反馈面谈可以与下一个绩效周期的绩效计划面谈合并在一起进行。

三、绩效考评应注意的问题

（一）考评要客观公正

（1）以共同的利益、共同的理想追求与道德标准为基础，强调管理的科学性与人性化的结合、科学管理和全员管理的结合。

（2）业绩考评与素质考评相结合，既考察营销人员工作业绩，又着眼于营销人员的发展，强调产出与人才造就的结合、销售业绩与企业文化的结合。

（3）在考评环节上，实行长短结合，强调过程控制与目标控制的结合。

（4）在考评过程中实行上下结合、纵横结合，上级评议、下级评议、同级评议、内部评议、客户评议等多种评议方法相结合。

（5）在考评方法上，定性考评与定量考评相结合，并最大限度地量化各项考评指标，使之易于把握和衡量，从而使考评力求准确。

（6）考评结果与工资奖金分配、人员任用挂钩，强调奖罚兑现。

（二）科学设计绩效考核指标

（1）绩效标准必须具有战略导向性。

（2）绩效考评标准的水平要适度。

（3）绩效标准要有一定的稳定性。

（三）考评操作过程要规范化

（1）要确保考评者个人对在业绩评价工作中容易出现的问题有清楚的了解。

（2）选择正确的绩效考评工具。

（3）对考评人员进行如何避免绩效考评误差问题的培训。

（4）减少外部因素对工作绩效考评所带来的限制。

（四）建立绩效考评档案

销售经理要为每一名员工建立一份有效的绩效档案，记录营销人员的绩效目标、绩效能力、绩效表现、绩效考评结果以及需要改进的绩效缺陷等。

案例分析

小王的困惑

小王是一家私营企业的营销主管，在去年年终考评时，小王的营销经理同他谈话。当时小王很是不安，虽然一年来的营销任务都已经超额完成，但是，他是一个较为内向的人，平时不常和上司交往，这让他很担心。

在谈话中，经理对小王的工作总体上很满意，但同时也指出了他在工作中应当改进的地方，小王也认可这些建议，整个谈话非常令人愉快。

最终，当小王看到自己的年终绩效考评结果时，小王感到非常震惊并难以置信。书面报告中罗列了他的很多问题，而一年来的成绩只字不提。小王知道，书面考评结果是要装入个人档案长期保存的，这有可能对小王今后的工作产生一定影响，小王为此十分困惑。

问题：（1）你怎样看待小王的这次考评？

（2）如果你是小王，接下来该怎么办？

讨论分析：

个人：每位同学根据案例内容，在固定的学习本上写下你对该案例的看法。

小组：请同学们每4个人分为一个组，1人负责记录，负责把本组同学们交流的观点，形成小组意见，准备在班级交流。

全班：每组选一位代表在班级发言，陈述本组观点。

教师：记录各小组陈述要点，最后做点评。

【**提示：**小王的这次绩效考评工作存在着一定的问题，考评的操作过程与结果并不公开与规范，关键是结果与实际不符，没有做到客观公正的考评。从小王来说，他应当及时向公司人事部门提出异议并反映情况，必要时，可以重新考评】。

拓展学习

企业营销人员的绩效考评调查

1. 拓展学习内容

（1）背景资料：去你熟悉的一家营销企业，针对这家企业调查了解或走访营销人员，了解企业营销人员的绩效考评方法。

（2）通过学习营销人员绩效考评的相关内容，结合企业的走访调查，了解企业营销人员绩效考评原则、程序、方法等内容，认真填写企业绩效评价调研表，见表9－10。

表9－10　绩效评价调研表

项目	企业高层管理人员	企业中层管理人员	企业基层管理人员	一线员工
绩效考评原则				
绩效考评程序				
绩效考评方法				
分析评价				

2. 要求

（1）学生两人一组，共同协商完成本实训内容。

（2）通过调查走访企业，了解实际情况（每个小组调查的企业，其经营规模和业务性质应有较大差异）。

（3）两人共同填写绩效评价调研表，小组之间可互相交流、修改完善。把完善后的绩效评价调研表上传到班级微信平台。

（4）选择有代表性的4个小组在班级交流，老师最后做点评。

思考与实训

1. 选择题

(1) 销售分析就是要检查企业的实际绩效与（　　）之间的偏差。

A. 销售成本　　B. 企业赢利

C. 计划绩效　　D. 市场占有率

(2) 明星产品是处于（　　）象限内的产品群。

A. 高增长率　　B. 低增长率

C. 高市场占有率　　D. 低市场占有率

(3) 问号产品是处于（　　）象限内的产品群。

A. 高增长率　　B. 低增长率

C. 高市场占有率　　D. 低市场占有率

(4) 瘦狗产品是处于（　　）象限内的产品群。

A. 高增长率　　B. 低增长率

C. 高市场占有率　　D. 低市场占有率

(5) 金牛产品是处于（　　）象限内的产品群。

A. 高增长率　　B. 低增长率

C. 高市场占有率　　D. 低市场占有率

(6) 销售的分析方法主要包括（　　）。

A. 比较分析法　　B. 动态分析法

C. 结构分析法　　D. 因素分析法

(7) 以下哪一项指标不属于客观性绩效考评标准（　　）。

A. 销售额　　B. 毛利率

C. 顾客投诉量　　D. 销售成本

(8) 以下哪一项指标属于主观性绩效考评标准（　　）。

A. 销售额　　B. 毛利率

C. 团队合作次数　　D. 销售成本

(9) 纵向分析法重点是对（　　）进行绩效考评的方法。

A. 单个营销人员　　B. 多个营销人员

C. 两个营销人员　　D. 营销团队内部的各个成员

(10) 对营销人员绩效考评应当注重（　　）。

A. 客观公正　　B. 科学设计

C. 准确规范　　D. 人际关系

2. 判断题

(1) 客观性绩效标准主要是反映营销人员的职务履行情况与工作能力。　　（　　）

(2) 横向比较法就是把各位营销人员的销售业绩进行比较和排队。　　（　　）

(3) 在销售分析中，销售额分析比销售成本分析更为重要。 （ ）

(4) 企业的市场占有率与市场增长率能够反映各产品对企业的贡献程度。 （ ）

(5) 如果一个企业不进行销售成本分析，就很难知道投入与产出之间的关系，也就很难有效地分配销售资源，确定销售地区和目标市场。 （ ）

(6) 总销售额是企业所有产品销售额的总和，同一产品不同地区应该分别计算。 （ ）

(7) 360度考评主要是上下级之间的考评方法，同事之间没有业务往来，不需要参与考评。 （ ）

(8) KPI考评法主要是确定营销人员的关键考评指标，其他指标不需要考虑。 （ ）

(9) 营销人员绩效考评结果涉及个人隐私，不能公开。 （ ）

(10) 360度的考核体系可以综合不同评价者的意见，得出一个较为全面、公正的评价结果。 （ ）

3. 案例选择题

宝洁公司的销售分析

宝洁公司（Procter & Gamble），简称P&G，是一家美国消费日用品生产商，也是目前全球最大的日用品公司之一。其产品包括洗发、护发、护肤用品、化妆品、婴儿护理产品、医药、食品、饮料、织物、家居护理及个人清洁用品。

1987年，自从宝洁公司登陆中国市场以来，仅用了十余年时间，就成为中国日化市场的第一品牌。在中国，宝洁旗下共有6大洗发水品牌，20多个系列。6大品牌包括飘柔、潘婷、海飞丝、沙宣洗发护发系列、润妍、伊卡璐等洗发护发用品品牌。

2012年，宝洁公司针对旗下六大洗发水品牌进行销售分析发现：在六大品牌中，飘柔、潘婷、海飞丝的销售较2011年相比，市场占有率很高，但销售增长缓慢；沙宣是市场占有率和销售增长率最高的；与之相反，润妍的各项指标较2011年全线下滑；伊卡璐品牌产品虽然市场占有率不高，但是销售迅速增长。

(1) 宝洁公司2012年的销售分析主要应用了（ ）分析方法。

A. 因素分析法　　B. 动态分析法

C. 结构分析法　　D. 比较分析法

(2) 根据宝洁公司2012年的销售分析，（ ）属于该公司的问号产品。

A. 沙宣　　B. 伊卡璐

C. 润妍　　D. 海飞丝

(3) 宝洁公司的销售分析反映出（ ）是该公司的现金牛产品。

A. 沙宣　　B. 潘婷

C. 海飞丝　　D. 伊卡璐

E. 润妍　　F. 飘柔

(4) 根据宝洁公司2012年的销售分析，润妍品牌产品应（ ）。

A. 逐步撤退　　B. 扩大规模

C. 增加投资　　　　　　　　　　　　D. 快速撤脂

(5) 宝洁公司从总销售额分析，企业整体运行情况（　　）。

A. 整体经营良好　　　　　　　　　　B. 整体经营欠佳

C. 整体经营一般　　　　　　　　　　D. 整体经营下滑

4. 案例分析题

新星公司是一家小型公司。创业初期，降低成本、提高销售额成为公司的总目标。由于业务繁忙，公司没有时间制定一套正式的、完整的绩效考评评价制度，只是由以前公司老总王某兼任人力资源总监，采取了一些补救措施。例如，他会不定期地对工作业务好的员工提出表扬，并予以物质奖励；也对态度不积极的员工提出批评；一旦员工的销售业绩连续下滑，他会找员工谈心，找缺陷，补不足，鼓励员工积极进取。现在公司规模大了，已经由最初的十几个人发展到现在的上百人。随着规模的不断扩大，管理人员和销售人员增加，问题也出现了：员工的流失率一直居高不下，员工的士气也不高。王某不得不考虑，是否该建立绩效考评的正式制度以及如何对管理人员考评等问题。

问题：

(1) 你认为在该企业建立正式的绩效考评制度是否必要？请说明具体原因。

(2) 假如你是王某，请为销售人员或管理人员设计一套绩效考评方案，并说明如此设计的原因。

5. 任务实训

促销策略实训

(1) 背景与情境

你们已经学完了销售分析和绩效考评的内容，知道什么是销售分析和绩效考评，也明白了销售分析和绩效考评等的具体内容，你们也到过许多商场，听说过许多销售分析和绩效考评的事情，但具体是怎样组织实施销售分析和绩效考评的？为什么这样实施？你还不太清楚，你想深入了解一下企业销售分析和绩效考评活动是怎样组织实施的和为什么这样做？

(2) 实训目标

①素质目标：会用销售分析和绩效考评活动中相关术语与企业营销人员进行沟通，具有营销伦理道德和信息安全意识。

②能力目标：通过调研，熟悉企业销售分析和绩效考评方法应用的相关规范要求，并能结合企业经营特点等提出选择运用销售分析和绩效考评的方法建议。

③知识目标：通过调研结合企业实际，能够陈述销售分析和绩效考评等陈述性知识。

(3) 实训步骤

①每组4人，其中1人为组长，由组长组织成员讨论成员分工，明确调研思路，按分工各负其责，相互配合，积极完成任务。

②根据本组所选企业进行销售分析和绩效考评调研。

③实际调查前要从网上和图书馆搜集销售分析和绩效考评等相关资料。

（4）实训成果及要求

①每组成员撰写一份销售分析和绩效考评调研报告，报告要说明调查了什么企业，企业是如何进行销售分析和绩效考评的，详细记录相关销售分析和绩效考评工作的过程和细节，并说明理由。

②报告呈现的形式各组自定，报告不少于2000字。

（5）实训时间

在学生学习完本项目内容开始时，即可让学生分组，布置本实训任务，利用课余时间去企业进行调研，并积极撰写调研报告。在本项目学习完后，用2个课时让各小组介绍展示本组报告，其他组同学可发表个人意见，最后由老师点评。经过展示点评，各组认真修改完善实训报告，并把修改后的报告在班级微信平台展示交流。

（6）实训评价（见表9-11）

表9-11　促销策略实训评价表

项目	评价标准	分值	小组个人自评（30%）	小组成员互评（30%）	教师评价（40%）	小计
素养培养	参与实训的态度端正，积极性高，纪律性强，小组讨论积极踊跃	10				
	养成细致、严谨的工作作风，能主动提出关于销售分析和绩效考评的相关问题，商业伦理道德和信息安全意识强	10				
	能够结合实训认识销售分析和绩效考评在营销活动中的重要价值	10				
能力提升	能将所学的销售分析和绩效考评知识运用到实训任务中，学以致用	10				
	结合企业实际能正确选择销售分析和绩效考评方法	10				
知识应用	了解销售分析和绩效考评等基本知识	10				
	掌握常用的销售分析和绩效考评工作的注意事项	10				
项目成果展示	能够独立完成实训，完成任务及时、主动，并能主动提出问题，解决问题	10				
	销售分析和绩效考评实训报告结构完整，无错别字	10				
	销售分析和绩效考评实训报告展示形式新颖，语速恰当，语言流畅，有感染力	10				
合计		100				

参考文献

1. 张卫东. 市场营销理论与实训［M］. 北京：电子工业出版社，2011.

2. 侯贵生. 市场营销综合实训教程［M］. 重庆：重庆大学出版社，2005.

3. 任会福，李娜. 市场营销理论与实训［M］. 北京：人民邮电出版社，2011.

4. 何永祺. 基础市场营销学［M］. 广州：暨南大学出版社，2004.

5. 胡德华. 市场营销实务［M］. 北京：人民邮电出版社，2011.

6. 梅洪常. 市场营销学［M］. 重庆：重庆大学出版社，2003.

7. 郭国庆. 市场营销学［M］. 武汉：武汉大学出版社，2003.

8. 吴健安. 市场营销学［M］. 合肥：安徽人民出版社，2003.

9. 吕一林. 现代市场营销学［M］. 北京：清华大学出版社，2004.

10. 陈信康. 市场营销学案例集［M］. 上海：上海财经大学出版社，2003.

11. 杨德昌. 市场营销基础［M］. 北京：中国财政经济出版社，2002.

12. 菲利普·科特勒，加里·阿姆斯特朗. 科特勒市场营销教程［M］. 北京：华夏出版社，2000.

13. 唐纳德·勒曼，刘艳红等. 营销实务分析［M］. 北京：企业管理出版社，2004.

14. 彼得·圣吉，郭进隆等. 第五项修炼［M］. 上海：上海三联书社，2004.

15. 范慰慈. 营销师［M］. 北京：中国劳动社会保障出版社，2006.

16. 李宇红. 市场营销理论实践教程［M］. 北京：人民邮电出版社，2009.

17. 詹姆斯·L. 伯罗. 市场营销［M］. 北京：电子工业出版社，2011.

18. 科特勒. 市场营销教程［M］. 北京：华夏出版社，2011.

19. 中国就业培训技术指导中心. 国家职业资格培训教程（助理营销师）［M］. 北京：中央广播电视大学出版社，2006.

20. 郭国庆. 营销伦理［M］. 北京：中国人民大学出版社，2012.

21. 杨洪涛. 市场营销［M］. 北京：机械工业出版社，2015.

22. 吕一林，岳俊芳. 市场营销学［M］. 北京：科学出版社，2015.

23. 郭国庆. 市场营销通论［M］. 北京：中国人民大学出版社，2016.

24. 肖涧松. 现代市场营销［M］. 北京：高等教育出版社，2017.

25. 张润琴. 市场营销基础［M］. 北京：高等教育出版社，2017.

26. 张云起. 市场营销学［M］. 北京：高等教育出版社，2018.